Manger du faux pour de vrai

Ingrid Kragl

Manger du faux pour de vrai

Les scandales de la fraude alimentaire

Robert
Laffont

92, avenue de France – 75013 Paris
ISBN 978-2-221-25301-4
Dépôt légal : mars 2021

«Je n'accepte plus les choses que je ne peux pas changer.
Je change les choses que je ne peux pas accepter.»

Angela Davis

Prologue

> « Ne fais pas confiance à tout ce que tu vois.
> Même le sel ressemble à du sucre. »
>
> Anonyme

Pendant des années, j'ai fait mine d'aimer ça. J'en ai « mangé », des faux aliments. Chaque fois, le bruit sec de la porte du four miniature, claquée d'autorité, constituait le top départ du festin le plus improbable. Des heures durant, mon fils et plus tard ma fille se régalaient à me gaver de fenouil vert fluo, mélangé par leurs soins à des bananes peu crédibles, accompagnés de leurs infâmes fromages inodores en plastique. Les minuscules couverts étaient rouges. J'aurais dû me méfier, y voir un signe. Mais mon bandit préparait le meilleur cappuccino invisible du monde (oui, au four : tout est permis quand on a trois ans). Et ma chipie jubilait de me faire avaler ses mélanges – en toc – détonants. Tout en riant de leur malice, je *savais* qu'il s'agissait de jouer ; aucun doute là-dessus.

Aujourd'hui, mes gastronomes en culottes courtes ont grandi. L'existence des « faux aliments » ne me fait plus rire. Parce qu'il est probable que j'en avale toujours, à mon insu désormais. Et vous aussi : au restaurant, au supermarché, à la maison entre amis, dans ces sushis livrés tard dans la nuit et même dans les produits achetés chez le boucher du coin. Je le sais; j'investigue sur ce juteux business depuis des années. Je l'ai documenté, traqué avec l'ONG européenne foodwatch. Je suis aux premières loges, bien placée pour vous raconter les résultats de ces enquêtes.

De quoi parle-t-on?

Par «faux aliments», comprenez ceux qui ne devraient jamais finir dans nos assiettes, mais y parviennent pourtant. Non pas parce qu'ils sont en plastique, mais parce qu'ils sont le résultat de la fraude alimentaire. Ce sont peut-être vos pâtes aux œufs frais ou votre flan pâtissier qui contenaient des œufs au fipronil, cet antipoux interdit et dangereux qui n'aurait jamais dû se retrouver dans la chaîne alimentaire. Ou cette viande de cheval glissée dans des saucisses ou des plats préparés à la place du bœuf. Carrefour, Lidl, E. Leclerc, Auchan, Casino, Picard, Cora, Monoprix, Système U, Findus en ont tous vendu; on en a peut-être avalé à notre insu. Il y a aussi eu ces tonnes de viande avariée saisie[1] et destinée à la restauration rapide ou encore cette viande polonaise tout aussi pourrie qui a bel et bien été vendue en boucheries en France, de l'aveu même du ministère de l'Agriculture[2]. Fan de poisson? Avez-vous entendu

1. «Cinq tonnes de viande avariée saisies dans l'Oise», Huffington Post (source AFP), 9 août 2018.

2. «Viande avariée polonaise : la totalité des lots incriminés retrouvée», LCI, 2 février 2019.

parler du scandale du thon de nos sushis injecté[1] d'additifs contenant un niveau dangereux pour la santé de nitrites ou de monoxyde de carbone, qui le rend rouge et alléchant de nouveau, quand, en réalité, il est devenu brun et immangeable ? Locavore ? Des kiwis bio français venaient en réalité de champs conventionnels italiens... Et que dire de ces chevaux impropres à la consommation qui continuent d'entrer dans la chaîne alimentaire[2], alors que le scandale de la viande de cheval remonte à... 2013 ? Souvenez-vous : le ministre délégué à la Consommation de l'époque, Benoît Hamon, avait confirmé que des chevaux ayant servi à des tests médicamenteux pour le laboratoire Sanofi avaient été réintroduits avec de faux passeports dans la chaîne alimentaire[3]. En avons-nous mangé ? Nous n'en savons rien, car très peu – bien trop peu – d'informations sur ces scandales sont rendues publiques. Et que dire de ces bêtes à viande nourries pendant des années avec des tonnes d'organismes génétiquement modifiés chinois interdits en Europe[4] ? Il s'agissait d'un additif présentant un sérieux risque, selon l'Autorité européenne de sécurité des aliments (EFSA), puisqu'il induit l'antibiorésistance chez l'homme – rien que ça. Ces OGM ont pourtant trouvé preneurs dans une vingtaine de pays, dont le nôtre.

1. « Illegal treatment of Tuna: from canning grade to Sushi grade », Food Fraud Network EU-coordinated case, Commission européenne, septembre 2017.

2. Katy Askew, « Horsemeat scam shows weak links in food chain: "Traceability, controls, sanctions and transparency must be improved" », Food Navigator, 22 janvier 2020.

3. Joël Ignasse, « Nouvelle escroquerie à la viande de cheval », *Sciences et Avenir*, 16 décembre 2013.

4. « Des tonnes d'OGM interdit dans la chaîne alimentaire depuis des années : foodwatch exige la vérité », foodwatch, 29 novembre 2018.

Les fraudeurs ignorent les frontières. Plusieurs éleveurs français ont trouvé malin d'importer d'Espagne des médicaments vétérinaires interdits en France[1] pour traiter leurs troupeaux de bêtes destinées à la consommation. Ce ne sont là que quelques exemples, mais j'en connais malheureusement beaucoup d'autres. Pour la plupart, on ignore précisément quels revendeurs, quelles marques sont impliqués, avec quels produits et dans quelles quantités...

Cette fraude semble presque inarrêtable. N'allez pas croire qu'elle est uniquement le fait de sombres cartels mafieux ou d'un abattoir isolé dans un bled perdu d'Europe de l'Est. La fraude est tant locale qu'internationale. Quelle que soit son échelle, elle ne s'embarrasse pas d'états d'âme : elle joue parfois avec la vie des gens, c'est vrai. Mais que voulez-vous ? Elle rapporte gros. Et, franchement, la probabilité d'être attrapé est bien maigre et le risque de sanctions dissuasives bien faible face aux profits qu'elle engendre. Le jeu en vaut la chandelle. Adeptes du bio, locavores, clients du hard discount ou bobos avertis, soyez-en sûrs : la fraude alimentaire nous concerne toutes et tous, riches ou pauvres.

Un trafic juteux

Je me propose ici d'apporter un nouvel éclairage sur ce que vous pensez avoir compris des récents scandales alimentaires. Je vous parlerai aussi de tous ceux qui ne font pas la une des médias, car, dans une nation qui se prétend championne de la sécurité sanitaire, franchement,

1. Cour de cassation, chambre criminelle, Paris, 18-82.989, audience publique du 5 novembre 2019.

cela ferait désordre. En France, la communication publique est donc verrouillée et souvent opaque. Eh bien, cela suffit. Nous voulons savoir et surtout avoir la garantie d'être protégés. Car, en vérité, «la fraude alimentaire touche tous les types de produits, et toutes les régions du monde, souligne Jari Liukku, chef du Centre européen pour le crime organisé au sein d'Europol[1]. Elle fait du mal au portefeuille des consommateurs : dans le meilleur des cas, on paie quelque chose que l'on n'obtient pas, mais, dans le pire des cas, la fraude alimentaire peut causer de graves dommages à la santé publique».

Le commerce des faux aliments est dans certains cas le fruit d'un vaste réseau organisé. Moins risqué, il s'avère parfois plus juteux que celui de la drogue et génère des millions d'euros de profits[2] : «Derrière certains réseaux, on retrouve les grandes organisations criminelles. Elles facilitent les choses, avec la capacité de mobiliser logistique et capitaux. Les mêmes qui font dans la drogue et les filles peuvent ponctuellement intervenir sur une filière de tomates ou d'agrumes[3]», affirme Nikolas Giannakopoulos, directeur adjoint de l'Observatoire universitaire de la sécurité à Genève, ancien président et fondateur de l'Observatoire du crime organisé.

Dans les ministères, à la Commission européenne, au sein des agences des Nations unies, chez les géants de l'industrie agroalimentaire, de la grande distribution, dans les ports, aux douanes, dans le secteur du bio, au sein

1. «Over €100 million worth of fake food and drinks seized in latest Europol-Interpol operation» (communiqué de presse), Europol, 21 juin 2019.

2. «2 500 tonnes d'aliments frelatés saisis dans 47 pays», foodwatch, 17 février 2015.

3. «Europol saisit des tonnes d'aliments contrefaits ou périmés», *L'Express* (source AFP), 17 février 2014.

de nombreux laboratoires, services d'enquêtes ou vétérinaires, et même au fin fond de certains terroirs, tout le monde est au courant. On en débat régulièrement dans des conférences, des comités à huis clos. Là se peaufinent les collaborations, se fourbissent les armes, les outils de pointe. On y parle blockchain et intelligence artificielle, présentées comme la panacée. Dans certains pays, des services de contrôle officiels s'équipent de technologie expérimentale : des testeurs d'ADN portables, des détecteurs de faux steaks ou de faux millésimes, etc. À demi-mot, certaines multinationales avouent débaucher d'ex-agents des services secrets (FBI, Securitate roumaine…); cela évite que la police ne mette trop son nez dans leurs affaires. Et pour cause : si les réseaux de trafiquants sont une réalité, la plupart des fraudes seraient commises par des personnes internes à la chaîne d'approvisionnement des aliments et des boissons[1]. Les agences mondiales travaillant sur le crime organisé prennent d'ailleurs le problème très au sérieux.

Il y a du boulot : personne ne peut prétendre aujourd'hui avoir la maîtrise complète du phénomène. Sans oublier que les fraudeurs ont toujours un coup d'avance, m'ont avoué les experts des laboratoires ou des brigades spécialisées en Europe que j'ai interrogés. Ils prennent souvent les décideurs politiques, les organes de contrôle voire les industriels de court.

Et pour cause. Les consommateurs sont friands de nouveautés. L'offre alimentaire s'accroît donc sans cesse avec de nouveaux produits, multipliant ainsi les opportunités de tricherie. Les criminels, appâtés, s'adaptent donc avec une rapidité extraordinaire à l'évolution des habitudes

1. « Food and drink fraud. What consumers expect », Crowe, janvier 2018.

de consommation (bio, sans gluten, vegan, etc.) et du marché. Et ils infiltrent tous les stades de la production : la fabrication (culture, élevage, abattage, trafic), la transformation (adultération, substances interdites), le transport, l'emballage, l'étiquetage, la distribution[1].

Selon la Commission européenne[2], les pertes pour l'industrie mondiale liées à cette fraude alimentaire sont estimées à environ 30 milliards d'euros chaque année. Un montant colossal, mais sans doute bien en deçà de la réalité, puisque la Grande-Bretagne seule évaluait à près de 12 milliards d'euros le coût de la fraude alimentaire en 2017[3]. Tandis que l'Italie chiffre[4] à 24,5 milliards d'euros (en hausse de 12,4 % en 2018) l'impact de ce qu'elle englobe sous le terme d'*agromafia*, soit toutes les activités criminelles liées à l'alimentation. Pour vous donner un aperçu de l'ampleur des dégâts : dans la botte, les services de contrôle ont constaté en 2019 une augmentation de près de 50 % des fausses mozzarelle[5], dont une bonne partie vendue… en ligne. Les *carabinieri* appellent ça la « mafia 3.0 ».

1. *Agromafie. 6° rapporto sui crimini agroalimentari in Italia*, Eurispes, Coldiretti, Fondazione « Osservatorio sulla criminalità nell'agricoltura e sul sistema agroalimentare », Minerva, 2019.

2. « The EU Food Fraud Network and the System for Administrative Assistance – Food Fraud », Commission européenne, rapport annuel, 2018.

3. « UK food and drink companies could be losing £12 billion annually to fraud », *New Food Magazine*, 5 mai 2017.

4. « Cresce business agromafie, vale 24,5 miliardi (+12,4 %). Rapporto 2018 Coldiretti-Eurispes, coinvolge tutta la filiera », ANSA, 14 février 2019.

5. « Sempre più "fake mozzarelle", task force Consorzio bufala dop », ANSA, 14 janvier 2020.

Fabricants, consommateurs : on se fait tous avoir

Que faire ? Éviter les plats transformés ? C'est une bonne idée pour d'autres raisons, mais là, pas de chance : le poisson, la viande, l'huile d'olive, mais aussi les épices, le miel, les fruits et légumes sont parmi les produits les plus à risque en termes de fraude. Consommer *made in France* ou local ne constitue malheureusement pas non plus un rempart fiable. Les tricheurs ont flairé le bon filon des indications géographiques protégées (IGP) – telles que « champagne », « prosciutto di Parma », « Bordeaux », « Parmigiano Reggiano », etc. La contrefaçon envahit 9 % du marché des IGP en Europe. Au sein de l'Union européenne, les producteurs français sont les plus grands perdants de ces faux produits, ayant perdu une valeur totale de 1,6 milliard d'euros, suivis par l'Italie (682 millions d'euros), l'Allemagne (598 millions d'euros), l'Espagne (266 millions d'euros) et la Grèce (235 millions d'euros).

Les fabricants se font avoir, mais nous aussi. Car les consommateurs sont les premières victimes de la fraude. La perte annuelle pour ceux de l'Union européenne qui paient plus en pensant acheter une IGP de qualité était estimée à 2,3 milliards d'euros (dont 1,35 milliard d'euros pour le secteur du vin) par an[1].

1. D'après les données de l'Office de l'Union européenne pour la propriété intellectuelle (EUIPO) dans « Infringement of protected geographical indications for wine, spirits, agricultural products and foodstuffs in the European Union », 2016. Ces chiffres ont sans doute augmenté depuis lors.

Un tabou, quatre critères

La fraude alimentaire est, selon les points de vue, un manque à gagner, une menace, un casse-tête, un réel danger. En tout cas, c'est un tabou. D'après la Commission européenne[1], «il y a fraude alimentaire lorsque des personnes ou des entreprises trompent intentionnellement les consommateurs, obtenant ainsi un avantage injuste et violant la législation sur la chaîne agroalimentaire». Le modus operandi répond donc à quatre critères, sur lesquels tous les pays de l'Union européenne s'accordent :

1. une violation de la législation qui régit la chaîne alimentaire d'abord (faire fi des lois en mettant sur le marché de la viande avariée, du lait ou des légumes contaminés, du bétail nourri aux antibiotiques ou OGM interdits) ;
2. ensuite une intention de tromper (tout le contraire du hasard, en choisissant de substituer un ingrédient cher par un autre de qualité inférieure – ainsi du miel «coupé» auquel est ajouté du sirop de sucre, par exemple, ou en faisant passer du cheval pour du bœuf, voire en commercialisant des produits contaminés) ;
3. puis un gain économique (la fraude est profitable) ;
4. et enfin la tromperie des consommateurs (vendre un produit qui n'est qu'une pâle imitation mais contient un allergène non renseigné sur l'étiquette ou faire passer du vin du Languedoc pour du pomerol en mélangeant des cépages à la traçabilité douteuse).

L'élément déclencheur est quasi immuable : un groupe ou un individu avide de profits s'aperçoit un jour que le risque de se faire attraper est plutôt minime. Ses

1. https://ec.europa.eu/food/safety/food-fraud/what-does-it-mean_en

magouilles peuvent ainsi parfois durer pendant des années, des décennies. Les récidivistes s'en donnent à cœur joie. À l'heure où j'écris ces mots, certains, en France, ailleurs en Europe, sur d'autres continents qui exportent vers le nôtre, se frottent les mains. Ils savent qu'ils peuvent aisément passer entre les mailles du filet d'un système de surveillance et répression loin d'être au point. Car leurs stratagèmes sont de plus en plus affûtés, m'ont confié des enquêteurs. Nombre d'entre eux ne sont donc pas encore rentrés sous leur radar. Le seront-ils un jour ? Pas sûr.

« S'il y a des fraudes… » : l'intenable silence radio

Le 30 juillet 2019, sur le plateau de « Bourdin Direct », la journaliste Apolline de Malherbe interrogeait le ministre de l'Agriculture de l'époque à propos du risque d'importation du Canada de viande bovine nourrie aux farines animales (produites à partir de restes d'animaux et interdites en Europe) :

Apolline de Malherbe – Alors vous me dites : "On ne laissera pas rentrer", mais en même temps vous me dites : "Je ne peux pas vous le garantir à 100 %."

Didier Guillaume – Bah oui, parce que s'il y a des fraudes, il y a des fraudes. Qu'est-ce que vous voulez que je vous dise ?

La lutte contre la fraude alimentaire ne serait pas, aujourd'hui, une priorité politique ? Hélas, non. Et il faut s'en inquiéter. Cette fraude est en effet rendue possible parce que le système actuel est défaillant, sanctionne peu ce jeu dangereux et favorise la récidive en demeurant extrêmement opaque. J'en détiens les preuves puisque j'ai moi-même régulièrement interpellé les ministères de l'Agriculture et de l'Économie (qui chapeaute la Répression des fraudes) pour obtenir des détails, des noms, des marques, des quantités, des lieux de vente. Avec, chaque fois, le même résultat : un inacceptable silence radio. L'industrie agroalimentaire en France étant l'un des plus gros pourvoyeurs d'emplois, ces questions agacent. On ne nous donne pas de marques, ni les lieux de vente sous prétexte que les autorités « ont géré », nous disent-elles.

Sur le terrain, pourtant, des enquêteurs font en un temps parfois record un travail considérable et salutaire. Je l'ai constaté lors du scandale Lactalis qui a vu du lait infantile contaminé à la salmonelle partir vers plus de 90 pays. Mais tout en haut, dans les ministères, ce système, que j'ai mis à l'épreuve à de nombreuses reprises en investiguant sur les scandales alimentaires, paraît bien opaque. Les magouilles des tricheurs sont gérées dans l'ombre. Et nous, citoyens et consommateurs, sommes priés d'avoir confiance. Toute question qui fâche est même taxée d'*agribashing*. C'est un peu facile…

Malaise et solutions

Cet ouvrage existe parce que cela fait trop longtemps que je vois la problématique de la fraude alimentaire enfler, les risques s'aggraver, les machinations se perfectionner et l'omerta régner, inlassablement. Scandale après scandale, j'en ai décrypté les mécanismes complexes, au regard de nos réglementations protectrices, certes, mais aussi truffées de zones grises… qui profitent aux tricheurs de tous calibres, y compris ceux auxquels vous n'auriez jamais pensé. J'ai sillonné l'Europe, interrogé de nombreux experts, rencontré des lanceurs d'alerte. Le sujet est très sensible : j'ai mis des personnes si mal à l'aise avec mes questions que c'en était palpable. Certaines ont même préféré se débiner. J'ai assisté à des conférences où débattent les pros de l'agroalimentaire. J'ai entendu des industriels de ce secteur s'inquiéter, tenter de déployer des solutions. J'ai également croisé des gens passionnés qui visent la tolérance zéro, veulent imposer de nouveaux modèles et changer les choses, y compris dans les institutions nationales et européennes.

Plongée dans des tableaux répertoriant des quantités hallucinantes d'aliments saisis ou encore dans des décisions de justice, j'ai eu la nausée en découvrant des informations qui ont sérieusement entamé ma confiance en l'humanité. Mais je n'ai rien lâché.

J'ai englouti des milliers de pages de rapports dans plusieurs langues et j'en ai discuté à bâtons rompus avec mes collègues pour façonner, enfin, des solutions. Car il y en a, sachez-le. Et il est grand temps de s'y attaquer : le marché alimentaire est désormais global et la fraude ne s'embarrasse pas des frontières. Il faut donc coordonner la lutte, ce qui n'est pas simple lorsqu'on est 27 autour de la table européenne. Rappelons que les réglementations qui régissent l'alimentation et nous protègent se décident à Bruxelles, mais que ce sont bien les États membres qui sont responsables de la mise en œuvre des contrôles et des sanctions dans leurs pays respectifs. Or tous ne jouent pas le jeu de la même façon : cela se chamaille – très diplomatiquement – sur le perfectionnement des outils, des approches, à propos des moyens à déployer, et même sur la définition de ce qu'est une fraude. « L'Europe est une *success story*, c'est aussi un cauchemar », peut-on lire dans la présentation de ce haut fonctionnaire sur la gestion des importations sur notre vieux continent… On ne peut lui donner tort.

Vous et moi ne sommes pas suffisamment armés pour nous défendre contre les fraudeurs d'aliments. En juillet 2020, à l'annonce[1] d'une grosse opération mondiale de saisie d'aliments frauduleux, le secrétaire général d'Interpol, M. Jürgen Stock, alertait : « Alors que les pays du monde entier poursuivent leurs efforts pour contenir le Covid-19, les réseaux criminels qui distribuent ces produits potentiellement dangereux ne montrent que leur détermination à faire des bénéfices. » Là où cela devient inquiétant, c'est quand il souligne : « L'ampleur et la variété des denrées alimentaires et des boissons saisies au cours de cette opération rappellent aux citoyens qu'ils doivent être vigilants quant à ce qu'ils achètent et que les services chargés de l'application de la loi doivent rester vigilants et agir. »

Fraude au temps de la Covid-19

Le risque de fraude s'est accru avec la crise sanitaire liée au coronavirus. Les restrictions aux frontières ont fortement perturbé les chaînes d'approvisionnement. Chez les industriels agroalimentaires, des audits programmés – parfois pour des denrées provenant de très loin – n'ont tout simplement pas eu lieu à cause de la pandémie et des limitations des déplacements. Les organisations criminelles de type mafieux y ont illico vu des opportunités, profitant de la peur des gens face à l'insécurité alimentaire « pour offrir leurs articles plus largement en raison d'une

1. « Food fraud in times of Covid-19 », Interpol, 22 juillet 2020.

demande accrue», comme l'explique Europol[1]. Des colis en provenance du Brésil, de Chine, d'Allemagne, de Suède et du Royaume-Uni et faussement déclarés comme étant des confiseries, contenaient en réalité des compléments alimentaires contrefaits vendus sur Internet. Sur un autre produit, composé d'herbes médicinales et intercepté dans un colis postal, on pouvait lire en toutes lettres : *Recommended by the Beijing Administration of Traditional Chinese Medicine for the prevention of Covid-19*[2]. La Commission européenne a dû mettre en place, en avril 2020, un plan d'action renforcé dans 25 États membres, dont la France bien sûr. L'attention des autorités s'est alors portée sur les produits prétendant protéger du coronavirus ou booster le système immunitaire (plusieurs centaines de cas frauduleux), mais la fraude ne s'est sans doute pas limitée aux compléments alimentaires.

Ulrich Singer, expert pour Mérieux NutriSciences, l'affirme[3] : «Depuis le début de la crise, la fraude alimentaire augmente sensiblement dans le monde.» Selon lui, le risque d'adultération se serait accru de 94 % entre décembre 2019 et mars 2020, et le risque de contrefaçon de 37 %. «Les produits les plus concernés restent le miel, les produits à base de viande, les épices, les vins et spiritueux et les produits laitiers.» Le Food Authenticity Network (FAN)[4] établit également un lien entre l'augmentation observée des cas de fraude alimentaire de janvier

1. «Counterfeits, substandard goods and intellectual property crime in the Covid-19 pandemic», Europol, 17 avril 2020.

2. Traduction : Recommandé par l'Administration de la médecine traditionnelle chinoise de Pékin pour la prévention de la Covid-19.

3. Cité *in* Marjolaine Cérou, «Covid-19 : le risque de fraude alimentaire s'accroît», *Process alimentaire*, 17 avril 2020.

4. Massimo Frera, Selvarani Elahi, Mark Woolfe, Sterling Crew et John Spink, «Has Covid-19 caused a significant increase in observed food fraud incidents?», Food Authenticity Network, 21 décembre 2020.

à juin 2020 et «la diminution au niveau mondial de la surveillance réglementaire qui semble s'être produite pendant la pandémie». De fait, au début de la crise, la grande distribution a vu son chiffre d'affaires exploser tandis que les contrôles de la Répression des fraudes (DGCCRF) étaient, eux, quasiment à l'arrêt avec la majorité des agents en télétravail. En France, quand les contrôles physiques ont repris, il a fallu réallouer les moyens humains à d'autres priorités en lien avec la crise sanitaire (faux gels hydroalcooliques, vérification de la fermeture des commerces non essentiels, compléments alimentaires anti-Covid à la poudre de perlimpinpin, etc.).

Rester vigilants

Nous, simples citoyens, sommes assez démunis pour affronter cette déferlante. C'est à nos autorités de nous protéger. Mais, au moment où je couche ces mots, je me demande si elles ne sont pas, elles-mêmes, complètement larguées. Je me pose – sérieusement – la question, comme l'a fait l'Organisation mondiale de la santé par le biais de son Réseau international des autorités de sécurité sanitaire des aliments (INFOSAN[1]). L'OMS, consciente qu'un problème aussi global appelle une réaction internationale, a sondé[2] les autorités de 166 États membres (sur 186) du réseau INFOSAN sur leur gestion de la fraude alimentaire, la prévention et l'information. Tandis que 93 % d'entre eux reconnaissent que la fraude est bel et bien une question de sécurité alimentaire à traiter, 84 %

1. https://www.who.int/foodsafety/areas_work/infosan/fr
2. J. Spink, P.B. Embarek, C.J. Savelli *et al.*, «Global perspectives on food fraud: results from a WHO survey of members of the International Food Safety Authorities Network (INFOSAN)», *NPJ Sci Food*, 3, 12, 2019.

admettent ne pas réaliser de façon proactive d'évaluation de la vulnérabilité de leur pays à ce fléau ni d'évaluation des risques. 84 % ! Un paradoxe insupportable. Tous les répondants ou presque (97 %) disent avoir besoin de « plus de conseils et d'informations sur les pratiques exemplaires en matière de gestion et de prévention des événements liés à la sécurité des aliments impliquant la fraude alimentaire ». Les auteurs de cette étude publiée en mai 2019 – experts de l'OMS ou de la Michigan State University – n'y vont pas avec le dos de la cuiller et soulignent « un besoin non satisfait de renforcement des capacités en matière de prévention et de gestion des événements liés à la fraude alimentaire, ainsi qu'un besoin d'éducation sur les différents types de fraude et les moyens de les détecter et d'y répondre ». Bref, le constat est implacable : les réponses des autorités sonnent comme un aveu. La majorité des États est désarmée face à la fraude alimentaire.

Ils y travaillent, bien sûr, mais avec les moyens du bord qui se réduisent, en France, à peau de chagrin d'année en année. L'écrémage est même inquiétant. La Répression des fraudes a par exemple perdu 90 agents sur la période 2018-2019. Par ailleurs, en France, le nombre des inspections sur la sécurité sanitaire a diminué de 33 %[1]. Inutile de baisser les yeux : cela va forcément impacter « la capacité à réagir aux situations d'urgence ». Cet avertissement n'est pas de moi ; c'est la Commission européenne qui en frissonne d'avance dans un rapport[2].

1. Entre 2012 et 2019.

2. « Rapport de la Commission au Parlement européen et au Conseil sur le fonctionnement global des contrôles officiels effectués dans les États membres (2014-2016) pour assurer le respect de la législation alimentaire et de la législation relative aux aliments pour animaux ainsi que des règles relatives à la santé et au bien-être des animaux », Commission européenne, 14 septembre 2018.

Cela suffit. Je refuse de miser sur un coup de chance. J'aimerais être sûre que des aliments illégaux ou dangereux ne voient jamais la lumière de mon frigo. Mais, aujourd'hui, j'en doute. Parce que si nos décideurs s'attellent certes à gérer au mieux les crises lorsqu'elles surviennent, ils ne sont vraiment pas au point pour mettre en place les mesures de prévention capables d'enrayer la fraude et les scandales à répétition. Le trafic de « faux aliments » est tel que la situation leur échappe. J'ai donc rédigé ces pages dans l'espoir qu'elles leur ouvrent les yeux et qu'ils mobilisent enfin les moyens appropriés pour prévenir plutôt que guérir. Pour qu'ils cessent aussi de protéger le business par leurs silences. Parce que nous avons le droit de savoir.

1

Une menace grandissante

« *Who you gonna believe,*
me or your own eyes ? »

Chico Marx, *Duck Soup*

Ma première rencontre avec la contrefaçon avait des allures felliniennes. Elle était aussi intimement liée à un moment savoureux. Je devais avoir un peu plus de vingt ans et je me trouvais à Naples, en Italie. Je sortais, l'eau à la bouche, d'une étroite pizzeria réputée pour avoir servi Bill Clinton quelques semaines auparavant. Cette année-là, le G7 se tenait à l'ombre du Vésuve et, avant de s'entretenir avec les puissants de ce monde sur le cours du dollar, le Président américain avait tenu à vérifier en personne la légende qui veut que la pizza ait été créée dans ce quartier napolitain. Tripadvisor n'avait pas encore été inventé mais, sur les hauteurs de Naples, tout le monde connaissait l'adresse. Je déambulais dans les rues mal éclairées tout en savourant mon fumant butin – la meilleure pizza de la ville –, quand mes pas m'ont menée jusqu'au port. Là, tout à coup, un homme surgissant de nulle part m'a laissé entrevoir l'intérieur de son imperméable. C'était comme dans un film : des paquets de cigarettes, des montres... Il vendait de tout. L'effronté Napolitain, ignorant royalement ma moue désintéressée, mit ses pas dans les miens tout en me parlant argent. Or je n'avais besoin de rien, si ce n'est prolonger le délicieux moment que je venais de faire vivre à mes papilles. À ce moment précis, la pizza avalée, j'avais même très envie d'une glace comme seuls les Italiens savent la confectionner. Et les montres et les cigarettes ne se mangeaient pas. J'ignorais alors que la contrefaçon allait bientôt toucher aussi les aliments eux-mêmes.

C'est interdit, mais c'est une réalité

Lorsqu'on pense trafic ou contrefaçon, la plupart d'entre nous imaginent les escrocs à la petite semaine, voire les vendeurs à la sauvette que l'on a tous croisés un jour. Pourtant, la contrefaçon est bien plus que cela. Il y a de faux aliments comme de fausses clopes. C'est interdit, bien sûr, dangereux – on peut en mourir –, mais bel et bien une réalité dans l'Hexagone, en Europe, partout dans le monde. Cela semble fou mais, en France aussi, nous achetons et mangeons des aliments issus du trafic. À la différence du trench particulièrement bien achalandé de mon Napolitain, quand on parle trafic de denrées alimentaires ou de boissons, il ne s'agit pas, pour un pauvre sbire, de gagner quelques euros en refilant sous le manteau sa marchandise « tombée du camion ». Non, l'affaire est bien plus grave : les volumes donnent le tournis tant ils sont importants – et pourtant, on n'en a rien su –, les bénéfices sont faramineux – mais les sanctions, quand elles tombent, souvent ridicules. Les fraudeurs, parfois éduqués dans les meilleures universités, démontrent un « talent » rare à profiter des faiblesses du système dans lesquelles ils s'engouffrent avec une certaine audace, il faut l'avouer.

J'ai pris conscience de l'étendue du phénomène il y a quelques années en découvrant, ébahie, qu'Interpol et Europol étaient sur le coup avec l'opération Opson. Opson ? En grec ancien, le mot *ὄψον* désigne la nourriture qui, par extension, accompagnait le pain. Ainsi, depuis 2011 au moins et la toute première opération Opson, Interpol et Europol, deux organisations spécialisées dans la grande criminalité internationale, le terrorisme, la fraude organisée, la contrefaçon, le trafic de stupéfiants, le blanchiment d'argent… travaillent *aussi* sur la question de la fraude alimentaire, considérée comme une menace importante pour la sécurité de la population.

« La plupart des gens seraient surpris par les aliments et les boissons de tous les jours qui sont contrefaits, et le volume des saisies montre qu'il s'agit d'un grave problème mondial[1] » : ce n'est pas moi, mais Michael Ellis qui l'affirme. Et lorsqu'on sait que ce monsieur n'est autre que l'ancien chef de l'unité trafic de marchandises illicites et contrefaçon d'Interpol, et qu'il a aussi été inspecteur au sein du prestigieux Scotland Yard à Londres pendant plus de vingt ans, où il luttait contre la grande criminalité internationale et organisée, nul doute que l'affaire est à prendre très au sérieux, comme je vais l'expliquer dans ces pages. D'ailleurs, M. Ellis ajoute : « Interpol s'est engagée à faire reculer cette menace pour la santé et la sécurité publiques par les réseaux criminels

1. « Thousands of tonnes of fake food and drink seized in Interpol-Europol operation » (communiqué de presse), Europol, 13 février 2014.

organisés. Ceux-ci réalisent des millions de dollars de profits qui peuvent ensuite être canalisés vers d'autres activités illicites telles que le trafic d'êtres humains et de drogue. » Ce n'est donc pas du cinéma.

Un électrochoc italien

Revenons à Opson et ses origines. Quittons les ruines de la Grèce antique, contournons la botte italienne et voguons jusqu'au port de Sabaudia. Amarrons-nous dans les eaux turquoise de cette station balnéaire méditerranéenne à l'architecture voulue par Mussolini, située à mi-chemin entre Rome et Naples. Nous sommes en 2010. Les Italiens – autorités, mais aussi consortiums d'industriels – en ont assez : leur célèbre vin rouge Brunello di Montalcino est contrefait[1] ; du parmesan… à trous (qui ressemble étrangement à de l'emmental !) circule aux quatre coins du globe ; les fausses étiquettes DOP (*Denominazione di Origine Protetta* ou Appellation d'origine protégée) se multiplient à une vitesse affolante ; de l'huile d'olive vendue 100 % italienne s'avère être constituée de douteux mélanges d'huiles étrangères[2] – parfois ce n'est même pas de l'huile d'olive, mais une banale huile végétale teintée – ou à base d'huiles lampantes (impropres à la consommation). Et cette offre – abondante – de produits illégaux qui jouent la carte de l'*italian sounding* (comprenez : « qui sonne italien ») trouve preneurs. Pour l'Italie, pays d'Europe qui compte le plus grand nombre d'appellations ou d'indications protégées

1. « Lotta alla contraffazione alimentare: una questione internazionale », *Romagnagazzette*, 11 août 2013.
2. *Agromafie. 1° rapporto sui crimini agroalimentari in Italia*, Eurispes, 2011.

(307) dans le domaine gastronomique (juste avant la France, avec 249[1]), c'en est trop. Et elle va le faire savoir à Sabaudia, lors d'une rencontre internationale dont je vais parler plus avant, tant elle revêt un caractère historique.

Car, en plus d'être une tromperie pour le consommateur et de représenter un potentiel danger pour la santé, le trafic, l'usurpation de ces dénominations constitue une sérieuse menace pour l'économie du pays : à l'époque, on parlait déjà de 12,5 milliards d'euros de manque à gagner à cause de l'*agromafia* englobant les activités criminelles liées à l'agroalimentaire au sens large.

On le sait, les consommateurs sont friands de produits du terroir ; sensibles, au moment d'acheter, aux marques de qualité que sont les AOP et IGP, ils sont prêts à dépenser plus pour manger local et favoriser les « petits producteurs ». Les produits AOP français génèrent plus de 23 milliards euros de chiffres d'affaires[2] par an : plus de 2 milliards pour les fromages et plus de 21 milliards pour les vins et spiritueux. Cinquante fruits, légumes et huiles d'olive *made in France* sont protégés. Les fraudeurs n'ont donc évidemment pas tardé à repérer l'engouement et à exploiter le filon.

IGP à la sauce n'importe quoi

Je ne suis pas une contrôleuse à la répression des fraudes rompue aux pratiques malhonnêtes, et pourtant il ne m'a pas fallu plus de deux minutes pour repérer,

1. https://www.originfood.info/aop-europe
2. https://www.inao.gouv.fr/Les-signes-officiels-de-la-qualite-et-de-l-origine-SIQO/Appellation-d-origine-protegee-controlee-AOP-AOC

sur le site Alibaba, des pruneaux d'Agen en provenance… du Chili et commercialisés par une société mexicaine! Or le pruneau d'Agen bénéficie d'une indication géographique protégée. Il doit être produit dans une zone bien délimitée. Selon le très officiel Institut national de l'origine et de la qualité, l'INAO, un nombre précis de localités[1] situées dans le Tarn-et-Garonne, le Lot-et-Garonne, le Lot, la Gironde, le Gers ou la Dordogne peuvent se targuer de fabriquer le véritable pruneau d'Agen IGP. Bien loin donc des Andes chiliennes…

N'allez pas croire que seuls les cyber-bandits s'adonnent à ce type de fraude, grossière, certes, mais bien réelle. Sur les petits marchés de plein air comme dans les grandes surfaces – qui pratiquent une politique de prix agressive et favorisent ainsi les fraudes, aux dires mêmes de la Répression des fraudes (DGCCRF) –, des produits qui ne respectent pas du tout les rigoureux cahiers des charges s'y fraient aisément un chemin : de la supposée crème fraîche d'Isigny, des fromages contrefaits de Salers, Cantal, Saint-Nectaire, Comté ou Morbier, des noix de Grenoble qui proviennent en réalité de Dordogne (vendues en Bretagne), etc.

Un supermarché dans le Nord-Pas-de-Calais s'est par exemple fait épingler parce qu'il bluffait sur les signes de qualité dans ses dépliants (AOP, labels rouges, produits régionaux) pour de nombreux produits. L'intention de tromper est parfois difficile à démontrer, et ces «petites erreurs» – Oh! Vous n'allez pas nous embêter pour si peu… – souvent mises sur le compte du manque de formation du personnel. Mais, dans ce cas précis, la DGCCRF n'a rien laissé passer. L'affaire s'est conclue par le paiement d'une transaction de 12000 euros pour

1. https://www.inao.gouv.fr/produit/3418

diffusion d'un prospectus mensonger. Nous, consommateurs, n'en avons jamais rien su. Ces transactions ne laissent en effet aucune trace dans la jurisprudence ou les archives judiciaires. Ni vu ni connu.

Un contrôleur de la DGCCRF m'a raconté que les grosses chaînes de supermarché préfèrent en effet payer les amendes en catimini plutôt que de courir le risque d'une mauvaise publicité. Et cela arrive bien plus souvent qu'on ne le pense. Les tribunaux sont tellement engorgés qu'un inspecteur me confiait que la Direction générale de la concurrence, de la consommation et de la répression des fraudes encourageait ses agents à négocier de telles transactions financières.

On se fait donc avoir dans tous les rayons : aucun n'y échappe. Dans celui de la charcuterie traditionnelle de ce supermarché de Bourgogne, du « bœuf charolais du Bourbonnais » vendu évidemment plus cher que de la simple viande de bœuf n'a jamais pu montrer patte blanche aux contrôleurs : plusieurs pièces de viande inspectées dans la chambre froide étaient totalement dépourvues de marquage d'identification. Bref, leur traçabilité faisait sérieusement défaut. Un procès-verbal a été dressé. Le supermarché a payé 800 euros pour qu'on n'en parle plus. Mais depuis quand jouait-il à ce petit jeu ? A-t-il engrangé des profits grâce à cette avantageuse duperie ? On ne le saura jamais.

En région Provence-Alpes-Côte d'Azur, l'opération promotionnelle d'une autre grande surface autour de la tomme de Savoie a été débusquée, et les documents ont parlé : il ne s'agissait pas du tout d'une IGP. C'était indiqué noir sur blanc sur les factures du fournisseur. La direction des achats du supermarché ne pouvait l'ignorer, mais a préféré faire comme si… À l'œil nu, après tout, les consommateurs n'y verraient que du feu.

Les produits réputés de qualité, on le voit, ne sont pas épargnés par la fraude alimentaire. Alors l'Italie, excédée, souhaitant que cela s'arrête, en fait un véritable sujet auquel les pays voisins et plus lointains sont priés de s'intéresser[1]. Ce qui me ramène à Opson.

Fraudes sans frontières

En Italie à cette époque-là, la majorité des contrefaçons provient d'Asie. Mais les *carabinieri* n'ignorent pas qu'elles sont aussi le fait d'opérateurs italiens véreux. C'est ainsi qu'un fromage quelconque composé d'un lait de piètre qualité devient, par la magie de l'étiquette, une véritable *mozzarella di Bufala* destinée aux marchés étrangers. Les réseaux mafieux, l'Italie les connaît bien et les traque depuis belle lurette sur son territoire. Mais le trafic d'aliments ne s'embarrasse pas des frontières. Le terrain de jeu est à l'échelle du monde ; tous les coups sont permis. Et la course folle au prix le plus bas – y compris et surtout quand on est une importante chaîne de supermarchés qui achète et vend de très gros volumes – répond à une règle d'or : le profit maximal.

Il y a dix ans, les magouilles dans l'agroalimentaire ne faisaient pas encore – ou peu – la une des journaux. Bien avant ses voisins européens, l'Italie savait qu'elle ne pourrait pas régler seule ce trafic d'aliments aux

1. Alberto Grimelli, « A caccia di contraffazioni alimentari. Poche chiacchiere e molti sequestri, grazie a Opson », Teatro Naturale, 25 mai 2013.

ramifications internationales. En avril 2010, donc, à Sabaudia, le Corps forestier italien (*Corpo forestale dello Stato*) – que l'on peut comparer à notre Office central de lutte contre les atteintes à l'environnement et à la santé publique, l'OCLAESP, composé en France de gendarmes et policiers – et la direction centrale de la police criminelle du ministère de l'Intérieur organisent la toute première rencontre internationale sur la contrefaçon des denrées alimentaires à appellation d'origine protégée. Des délégations de plusieurs pays répondent à l'appel : Espagne, Portugal, Égypte, Algérie, Afrique du Sud, mais aussi la France, qui saisit d'emblée l'enjeu. L'Allemagne est aux abonnés absents. Il faut dire que, deux ans auparavant, le 28 février 2008, l'arrêt de la Cour de justice européenne[1], saisie par la Commission européenne et l'Italie dans l'espoir de recadrer ce pays, avait provoqué un gros malaise politique. La République fédérale refusait de sanctionner sur son territoire des fromages à pâte dure évoquant le parmesan alors que ceux-ci ne correspondaient pas au cahier des charges de l'appellation d'origine protégée (AOP) «Parmigiano Reggiano». La Commission considérait[2] que, ce faisant, l'Allemagne «favorisait l'usurpation de la renommée dont jouit le produit authentique protégé à l'échelon communautaire». Dans cette affaire, l'Autriche et la République tchèque se tenaient aux côtés de Berlin. Le règlement (CEE) n° 2081/02 prévoyait bien la protection des indications géographiques et des appellations d'origine des produits agricoles et des denrées

1. «Arrêt de la Cour dans l'affaire C-132/05 Commission des Communautés européennes/République fédérale d'Allemagne», Cour de justice de l'Union européenne, 26 février 2008.

2. Conclusions de l'avocat général M. Ján Mazák présentées le 28 juin 2007.

alimentaires, mais il restait aussi extrêmement flou sur les mesures que les États membres étaient tenus d'adopter pour le mettre en œuvre, tout simplement. Tous les États européens guettaient donc la décision de la Cour. S'il fallait commencer à veiller au respect des appellations des produits étrangers, où allions-nous ? Cela allait créer un sacré bazar dans l'organisation des contrôles... Finalement, la Cour a estimé que seuls les fromages portant l'AOP « Parmigiano Reggiano » pouvaient être vendus sous la dénomination « parmesan ». Mais, contrairement au grief invoqué par la Commission européenne, il n'y avait pas d'obligation faite à un État membre de prendre d'office les mesures nécessaires en vue de sanctionner, sur son territoire, les atteintes aux AOP qui proviennent d'un autre État membre. Argutie, argutie.

À Sabaudia, Interpol était là. Et c'est ainsi que l'idée a émergé de créer un groupe de travail permettant aux forces de police de collaborer sur ce sujet au niveau international[1]. Quoi, n'était-ce pas déjà le cas depuis le scandale de la vache folle qui a connu son paroxysme au tout début des années 2000 ? Apparemment non. Ou pas suffisamment ? Ou pas sur la question des fraudes alimentaires !

Alors, tant qu'ils y sont, les participants décident aussi d'une ambitieuse opération. Soyons fous ! Qu'ils baptiseront « Opson ». L'idée d'Opson serait née donc par un beau jour de printemps 2010 sur les rives de la Méditerranée, sous l'égide de plusieurs pays bien décidés à en découdre ; dont la France, rappelons-le.

Opson peut compter sur un parrain et une marraine de choc : Europol et Interpol veillent sur elle.

1. « Lotta alla contraffazione », Il Forestale, mars-avril 2010.

L'opération est en effet coordonnée par Europol qui soutient depuis son siège à La Haye (Pays-Bas) les (désormais) 27 États membres de l'Union européenne dans leur lutte contre la grande criminalité et le terrorisme, et par Interpol, l'organisme intergouvernemental basé à Lyon dont le nom complet est « Organisation internationale de police criminelle[1] » et qui favorise la collaboration entre les autorités de police de 194 pays membres, par l'échange d'informations sur les infractions et les criminels et par un appui technique et opérationnel.

Tout de suite, la barre est placée très haut : l'objectif était de mettre en place une réponse globale au phénomène croissant des produits alimentaires contrefaits et de qualité inférieure. Et la réponse ne se fait pas attendre. L'opération Opson I est lancée fin 2011, soit très peu de temps après la conférence de Sabaudia.

Officiellement, les objectifs d'Opson sont clairs : retirer du marché les denrées alimentaires et boissons contrefaites et non conformes, démanteler les groupes criminels organisés qui en sont à l'origine. Rien que ça ! En fouillant davantage[2], d'autres sous-objectifs sont évoqués : comme ceux de sensibiliser aux dangers des aliments contrefaits, de protéger les consommateurs (ouf), mais aussi d'« établir des partenariats avec le secteur privé afin d'apporter une réponse cohérente à ce type de criminalité ». On ne risque pas sa vie avec un faux sac Gucci ou une pâle imitation de montre Rolex. Pour l'industrie agroalimentaire, la contrefaçon est bien plus inquiétante : les consommateurs qui achètent, sciemment ou non, de faux produits portant leur marque

1. https://www.interpol.int/fr/Qui-nous-sommes/Qu-est-ce-qu-Interpol

2. « Tonnes of illicit foods seized across Europe in Interpol-Europol led operation » (communiqué de presse), Europol, 6 décembre 2011.

mettent leur santé en danger, car les aliments et boissons contrefaits ne sont soumis à aucun contrôle de qualité de fabrication, et sont transportés ou stockés sans tenir compte des normes d'hygiène.

Opson : la France joue le jeu d'emblée

Dans sa version initiale, Opson s'étale sur quelques jours à peine, entre le 28 novembre et le 4 décembre 2011. La France compte parmi la dizaine de pays participants dès le début, aux côtés de la Bulgarie, du Danemark, de la Hongrie, de l'Italie, des Pays-Bas, de la Roumanie, de l'Espagne, de la Turquie, du Royaume-Uni. Toujours pas d'Allemagne. La République démocratique du Congo y passe une tête en simple observatrice. Car il se dit déjà qu'Opson ne s'arrêtera pas à un coup d'essai. Le continent africain pourrait bien être concerné par l'opération de l'année suivante…

Dans ces dix pays donc, la police, les douanes et les organismes nationaux en charge de l'inspection alimentaire sont mobilisés, en plus de partenaires du secteur privé. Les aéroports et les ports maritimes font alors l'objet de contrôles extrêmement serrés. Pour aider les autorités néerlandaises, Europol déploie même des équipes spéciales à Rotterdam, le plus grand port d'Europe de trafic de marchandises. Les magasins et les marchés des pays participants sont passés au peigne fin pendant la semaine que dure l'opération.

Pour une première, Opson est fière d'avoir « perturbé efficacement les bandes criminelles organisées à l'origine des fraudes » et peut se targuer d'un joli coup de filet : plus de 13 000 bouteilles d'huile d'olive sont saisies, ainsi qu'environ 77 000 kilos de fromage de contrefaçon, plus de 12000 bouteilles de vin de qualité inférieure à ce qui est promis sur l'étiquette (pour une valeur de 300000 euros), 5 tonnes de poisson et de fruits de mer périmés, près de 30000 barres de chocolat contrefaites. Sur Internet, les contrôleurs mettent aussi la main sur du faux caviar. Au total, plus de 2654 tonnes de produits alimentaires et de boissons ont été récupérées ou retirées du marché.

Mais tout cela, dans l'Hexagone, semble s'opérer dans la plus grande discrétion. Le bilan des activités 2011 de la DGCCRF[1] ne mentionne d'ailleurs même pas l'opération Opson ! Début 2012, le communiqué de presse du secrétaire d'État chargé de la Consommation, Frédéric Lefebvre, salue pourtant « la qualité et l'efficacité des contrôles réalisés par la DGCCRF dont l'action est restée particulièrement soutenue en 2011 [...] malgré une réduction des effectifs [...] d'environ 5 % ». La DGCCRF compte alors 3 178 agents, mais bien sûr tous ne sont pas dédiés à l'inspection du secteur alimentaire. Coup de chapeau au passage pour ces contrôleurs mis à rude épreuve : « Le nombre d'actions de contrôle a diminué de 2 %[2], soit des gains de productivité de près de 3 %. »

Avec Opson, la traque de la fraude alimentaire devient un véritable sujet à l'échelle européenne. La France joue le jeu dès le départ et entend faire sa part. Mais « en même temps », elle taille dans les effectifs auxquels elle demande de donner toujours plus... Cela commence mal.

1. « Le dossier de presse du bilan d'activité 2011 de la DGCCRF », présenté par Frédéric Lefebvre, secrétaire d'État chargé de la Consommation, 14 février 2012.

2. Avec 853 000 actions de contrôle réalisées dans 153 600 établissements.

Et chez nos voisins ? En Espagne, le gouvernement communique[1] sur sa participation dès la première année (et aussi les suivantes) en diffusant des chiffres et des images peu ragoûtantes que la presse relaie[2]. Il faut dire que le pays met le paquet : il mobilise alors 5 075 agents de la garde civile du Seprona (le service espagnol de la protection de l'environnement), de la police judiciaire, du service fiscal et de la sécurité publique pour cette opération spéciale sur tout le territoire national. Cette année-là, la Guardia Civil saisit plus de 300 tonnes de nourriture. 400 infractions sont relevées après 812 inspections chez des grossistes, supermarchés, et même hôtels, dans les ports et aux frontières. 71 personnes sont arrêtées pour falsification d'étiquetage, contrebande, substitution d'ingrédients, utilisation de produits douteux, voire dangereux pour la santé, distribution, etc., et trois sont inculpées.

En Italie, une vidéo tournée à Scafati, à un petit quart d'heure de route de Pompéi, montre l'intérieur d'une entreprise agroalimentaire qui ressemble à s'y méprendre à une vraie : des bras mécaniques vissent des couvercles sur des bocaux de sauce tomate qui défilent sur un tapis roulant sous le regard sévère de l'agent de la *Guardia di finanza* – équivalent italien de notre police douanière. Le policier saisit un bocal, retourne le produit et l'inspecte sous tous les angles. L'étiquette est bluffante : elle porte la pastille ronde aux couleurs rouge et jaune qui signale une appellation d'origine protégée. L'emballage promet des *pomodori* « San Marzano », ces

1. https://www.miteco.gob.es/es/actuaciones-seprona/campanas/campanas_2011.aspx
2. « La Guardia Civil interviene unas 300Tm de alimentos », *El Día de Guadalajara*, 6 décembre 2011.

tomates allongées réputées pour leur saveur qui se vendent plus cher car elles renferment peu de graines et parce que leur chair est compacte et charnue. Mais les bocaux promettant ces «véritables» tomates San Marzano, qui doivent provenir d'une zone d'Italie bien délimitée, sont en réalité de pâles imitations[1]. Cette année-là, dans le cadre de l'opération Opson I, les autorités italiennes saisissent 30 tonnes de fausse sauce tomate destinées principalement au marché américain!

La pointe de l'iceberg

Opson I est donc un succès. Les versions suivantes ne le démentiront pas. Chaque année, un nombre croissant de pays rejoint l'opération. Ils étaient 10 en 2011, trois fois plus l'année suivante (29) en 2012, et jusqu'à atteindre 83 en 2020[2].

---

1. «I Mercati illegali. Traffici illeciti di rifiuti, merci contraffatte e specie animali. Numeri, storie e nuovi scenari della "globalizzazione in nero"», Legambiente, 12 février 2013.

2. Afrique du Sud, Albanie, Allemagne, Angola, Argentine, Arménie, Autriche, Azerbaïdjan, Bélarus, Belgique, Bosnie-Herzégovine, Brésil, Bulgarie, Burkina Faso, Burundi, Cambodge, Cameroun, Canada, Chypre, Corée du Sud, Croatie, Danemark, Équateur, Érythrée, Espagne, Estonie, Eswatini, États-Unis, Éthiopie, Finlande, France, Ghana, Grèce, Hongrie, Inde, Indonésie, Irlande, Italie, Jordanie, Kazakhstan, Kenya, Kirghizistan, Lesotho, Lettonie, Liechtenstein, Lituanie, Luxembourg, Macédoine du Nord, Mexique, Moldavie, Monténégro, Namibie, Nigeria, Norvège, Ouganda, Ouzbékistan, Pakistan, Paraguay, Pays-Bas, Pérou, Philippines, Portugal, République tchèque, Roumanie, Royaume-Uni, Russie, Rwanda, Saint-Domingue, Seychelles, Sierra Léone, Singapour, Slovaquie, Slovénie, Somalie, Soudan du Sud, Suède, Suisse, Tanzanie, Togo, Uruguay, Vietnam, Zambie et Zimbabwe.

Malgré la crise du coronavirus dans le monde, l'opération Opson IX, en 2020, qui a duré six mois[1] (contre une semaine neuf ans auparavant), a conduit à la saisie de quelque 12 000 tonnes de faux aliments, 2 000 tonnes de boissons alcoolisées, 5 000 tonnes d'aliments pour animaux (destinés à la consommation humaine) ; le tout pour une valeur de plus de 28 millions d'euros. 406 personnes ont été arrêtées et 19 groupes de crime organisé démantelés.

D'année en année, Opson prend de l'ampleur : la moitié de la planète a aujourd'hui rejoint l'opération. Et pourtant, pour le commun des mortels, cette nécessaire lutte est très peu visible. Même si, à chaque opération, des quantités toujours impressionnantes d'aliments ou de boissons sont saisies, Opson n'est que la pointe de l'iceberg, un tout petit bout de lorgnette, le fruit d'une opération réalisée, rappelons-le, une fois par an seulement et dans un laps de temps limité.

J'ai suivi l'évolution des prises des autorités : accrochez-vous, elles se révèlent toujours plus choquantes. Aussi répugnantes soient-elles, elles racontent au monde entier qu'une telle offre trouve forcément acheteurs, y compris en France. Quand les saisies ont lieu, il faut se dire que ce sale trafic dure parfois depuis des années… C'est un véritable catalogue des horreurs que j'entrouvre pour vous. Frissons garantis.

47 pays participent à Opson IV, menée entre décembre 2014 et janvier 2015 dans des magasins, marchés,

1. « 320 tonnes of potentially dangerous dairy products taken off the market in operation Opson IX targeting food fraud » (communiqué de presse), Europol, 22 juillet 2020.

aéroports, mais aussi des zones industrielles. En Belgique, les autorités douanières saisissent des compléments alimentaires dérivés de médicaments traditionnels chinois contenant des concentrations élevées de mercure. Au Royaume-Uni, 20 000 bouteilles étiquetées « vodka » s'apprêtaient à être remplies… d'antigel. En Hongrie, un abattoir illégal a été fermé.

En Italie, 31 tonnes de fruits de mer ont été congelées puis plongées dans une substance chimique contenant de l'acide citrique, du phosphate et du peroxyde d'hydrogène (l'eau oxygénée) avant qu'ils ne soient présentés comme « frais ». *Buon appetito!* Les autorités ont également découvert un trafic de fausse mozzarella : du fromage frais périmé en provenance d'Europe de l'Est était traité avec de l'acide et de l'hypochlorite de sodium pour lui donner l'apparence de mozzarella fraîche, puis « fumée » à l'arrière d'un camion. Des déchets brûlés servaient de source de chaleur. La Côte d'Ivoire met de son côté la main sur 18 tonnes de fausses boissons énergisantes en provenance du Brésil. Des bouteilles d'eau vides mais déjà affublées de fausses étiquettes sont quant à elles saisies en Norvège. Une usine d'embouteillage d'eau est fermée au Soudan du Sud. En Thaïlande – y étiez-vous en vacances à ce moment-là ? –, 85 tonnes de viande importée illégalement sans aucune garantie d'hygiène doivent être détruites en urgence.

Près de 4 produits sur 10 dénichés par Opson IV présentent un danger pour la santé. « Des gens prennent des risques importants et parfois meurent à cause de l'avidité de criminels dont le seul souci est le profit », commente alors Michael Ellis, chef de l'unité dédiée à la lutte contre le trafic de marchandises illicites au sein d'Interpol.

Les résultats d'Opson V, l'opération qui s'est déroulée entre novembre 2015 à janvier 2016, sont quatre fois plus élevés que ceux de l'année précédente. 10000 tonnes d'aliments frelatés et 1 million de litres de boissons dangereuses ont été saisis dans 57 pays. Les détails font là encore froid dans le dos. Et les images sont écœurantes.

En Belgique, plusieurs tonnes de viande de singe ont été saisies à l'aéroport de Bruxelles (Zaventem). En Europe de l'Est (Hongrie, Lituanie et Roumanie notamment), des chocolats, des bonbons et du vin mousseux sans alcool destinés aux enfants étaient contrefaits. En Zambie, plus de 3200 cartons de boissons de régime en poudre étaient périmés depuis longtemps, mais avec une date d'expiration modifiée. Au Togo, 24 tonnes de tilapias – sans doute pas destinées à l'unique consommation locale – ont été jugées impropres à la consommation. Au Soudan, 9 tonnes de sucre étaient contaminées à l'engrais. En Australie, 450 kilos de miel contenaient des arachides et des pignons de pin sans le mentionner sur l'étiquette : une pratique extrêmement dangereuse pour les personnes souffrant d'allergies. En Thaïlande, 4 tonnes de viande avaient été importées illégalement d'Inde. Les enquêteurs ont également détruit plus de 30 tonnes de viande de bœuf et de buffle impropres à la consommation destinées à être vendues dans des supermarchés.

Tout cela est bien loin de nous, pensez-vous? Détrompez-vous.

Un abattoir clandestin, par exemple, a été démantelé aux portes de Paris[1]. Dans le cadre d'Opson VI, menée entre décembre 2016 et mars 2017, les douanes, la

1. Opération Opson III de décembre 2013 à janvier 2014.

gendarmerie nationale et l'Office central de lutte contre les atteintes à l'environnement et à la santé publique, en collaboration avec la DGCCRF, les services vétérinaires et ceux du ministère de l'Agriculture, sont intervenus dans plusieurs départements simultanément. En Hautes-Alpes, ont été découvertes 2 tonnes de poires traitées avec un pesticide interdit. En Côtes-d'Armor, 8 000 litres de lait ont été déclarés impropres à la consommation car beaucoup trop chargés en antibiotiques. En Mayenne, ils mettent la main sur 2 tonnes de porc vendu comme étant du canard et du saumon d'élevage présenté comme sauvage. Dans les Pyrénées-Atlantiques, les contrôleurs se sont aperçus avec horreur que de la soude caustique avait été versée dans des cuves recevant du lait (650 litres concernés). Dans l'Yonne, 100 kilos de viande périmée ont été saisis *in extremis*. En Charente-Maritime, du vin, du sucre et de l'eau ont été ajoutés à au moins 600 litres de whisky. Non loin de là, en Charente, près de 3,7 millions de litres d'une boisson à base de vin espagnol se faisaient passer pour du « brandy français ». En Côte-d'Or, l'ajout de sucre dans 9 400 litres de vin bio a provoqué un taux de sulfites bien trop élevé ; ils n'auraient pas dû pénétrer le marché. Enfin, en région parisienne, 180 000 faux cubes de bouillon Maggi (Nestlé) ont été saisis chez un grossiste.

Par chance, avons-nous échappé à ces marchandises illégales ? Nous l'ignorons.

Traquer ne suffit pas

Pour l'Association nationale des industries agroalimentaires, l'ANIA[1], qui défend les intérêts des fabricants en France – multinationales comme petites ou moyennes entreprises –, «le monde entier nous envie notre modèle alimentaire et nos produits, notre chaîne alimentaire est l'une des meilleures au monde et nous avons l'une des réglementations les plus strictes au monde». L'ANIA se veut rassurante : «La sécurité sanitaire des denrées alimentaires n'a jamais été aussi élevée, et la France est même championne en la matière. [...] Notre système de traçabilité est l'un des plus performants au monde.»

Chacune de leur côté, les industries agroalimentaires consacrent de plus en plus de budget à assainir leur chaîne d'approvisionnement, à tester davantage, à tenter aussi de «penser comme un fraudeur» pour anticiper la prochaine magouille, le prochain scandale.

J'ai poursuivi l'enquête au-delà des chiffres préoccupants d'Opson. Et je peux d'ores et déjà vous annoncer que non, nos réglementations ne nous protègent pas efficacement. Même si les prises de l'opération Opson sont impressionnantes – c'est toujours cela qui ne finira pas dans nos assiettes –, elles interviennent *a posteriori*. Traquer les fraudeurs quand le mal est fait ne suffit pas. Entre-temps, combien de leurs produits finissent sur le marché ? Et où, précisément ? Si une partie des réseaux criminels est bel et bien démantelée grâce à Opson, combien continuent de passer entre les mailles du filet le reste de l'année ?

1. https://www.ania.net/alimentation-sante/livre-christophe-brusset

Notre système actuel n'est pas au point pour prévenir ces fraudes. Les industriels, les contrôleurs, les décideurs, les laboratoires le savent et sont d'ailleurs mal à l'aise avec le sujet. Ils redoutent le prochain scandale. Car la question n'est pas de savoir s'il arrivera, mais… quand ?

2

Dix « raisons » de frauder

> « Ils arrivent le ventre alourdi de fruits,
> les bateaux. »
>
> Charles Aznavour

Vous vous demandez peut-être comment on en est arrivés là. En fait, ces nombreuses affaires sont bien plus qu'une addition de cas isolés. Certaines conditions favorisent en effet la fraude alimentaire. C'est donc bien au système créant un terrain propice à la fraude qu'il faut s'attaquer.

Je vois au moins dix « raisons » de frauder, exemples à l'appui. Bien sûr, personne n'a dit que le problème est simple à résoudre. Mais il va pourtant falloir les affronter, une à une. Toutes, en fait.

1. Parce que c'est rentable : l'appât du gain.
2. Parce qu'on a le champ libre, alors pourquoi se gêner ?
3. Parce que c'est plus fort que tout : la récidive.

4. Pour diversifier ses activités criminelles, blanchir de l'argent.
5. Parce que les catastrophes naturelles et le climat impactent l'offre et la demande.
6. Parce qu'on est obligé.
7. Parce qu'on se croit au-dessus des lois.
8. Parce qu'il est difficile d'éviter corruption et violation des droits de l'homme dans les chaînes d'approvisionnement.
9. Parce qu'on est dans une impasse.
10. Parce que les modes créent des opportunités.

C'est parti.

1. Parce que c'est rentable : l'appât du gain

La tromperie qui a le plus frappé les esprits ces dernières années est évidemment le scandale de la viande de cheval[1]. Plus de 4,5 millions de plats cuisinés (des saucisses, aussi) conçus à partir de viande frauduleuse ont été écoulés en Europe dans au moins 13 pays. Le chiffre d'affaires de Spanghero – l'entreprise de Castelnaudary – entre février et décembre 2012 pour le seul négoce de viande de cheval (maquillée en viande de bœuf) s'élevait à près de 2 millions d'euros[2] ; pas mal en dix mois ! Lors du procès qui s'est tenu à Paris début 2019, ont été retenus contre quatre prévenus – deux Français de l'usine Spanghero, un trader hollandais et son employé – les délits de tromperie sur la nature et l'origine de la viande, mais aussi l'introduction de viande interdite de mouton

1. « Procès Spanghero (viande de cheval) : un autre scandale est possible, selon foodwatch » (communiqué de presse), foodwatch, 19 janvier 2019.
2. Précisément 1 900 704 euros.

séparée mécaniquement en provenance du Royaume-Uni. L'affaire est énorme.

Pourtant, quand les sanctions tombent le 16 avril 2019 au tribunal de Paris, Jacques Poujol, l'ancien dirigeant de Spanghero, est «seulement» condamné à l'interdiction d'exercer dans le secteur de la viande pendant deux ans, à la confiscation de 100 000 euros et à deux ans de prison dont dix-huit mois de sursis (il avait déjà effectué quatre mois de détention préventive). Franchement, ça valait la peine de frauder[1].

De l'autre côté de l'Atlantique, Randy Constant[2], un fermier du Missouri, s'en est mis plein les poches, lui, avec trois autres agriculteurs, d'une autre manière. Il a accumulé plus de 120 millions de dollars rien qu'en faisant passer du maïs et du soja traditionnels – c'est-à-dire cultivés avec des pesticides – pour des produits biologiques. Ces céréales nourrissaient des animaux destinés à devenir des produits carnés biologiques. Soit l'une des plus grosses fraudes dans le bio qu'ait connue l'Amérique!

Pendant sept ans, les quatre acolytes ont mélangé ces céréales avec des petites quantités de céréales certifiées biologiques ou ont pulvérisé des champs certifiés bio avec des pesticides interdits dans le biologique. «Des milliers et des milliers de consommateurs ont payé pour des produits qu'ils n'ont pas reçus et ont payé pour des produits dont ils ne voulaient pas, a assené le juge C.J. Williams.

1. «Procès Spanghero : les sanctions tombent mais rien n'a changé sur le fond, prévient foodwatch» (communiqué de presse), foodwatch, 16 avril 2019.

2. Ryan J. Foley, «Leader of largest US organic food fraud gets 10-year term», Associated Press, 17 août 2019.

Cela a causé un préjudice incalculable à la confiance du public américain dans les produits biologiques. »

Le chef de la bande, Randy Constant, soixante ans, marié, père et grand-père, fréquentant l'église et très apprécié dans sa communauté[1], a utilisé une partie de sa fortune indûment gagnée pour entretenir trois *escort girls* à Las Vegas, leur offrir des voitures, payer leurs opérations chirurgicales d'augmentation mammaire, énumère l'hallucinant compte rendu du procès. Un sacré numéro. Les agences certificatrices du bio, le ministère de l'Agriculture américain, le FBI (Federal Bureau of Investigation) ont fait en sorte que la cour rende un jugement exemplaire, présenté d'ailleurs comme un solide avertissement pour tout candidat fraudeur : Randy Constant a été condamné en août 2019 à plus de dix ans de prison ferme… qu'il n'a cependant jamais effectués puisqu'il s'est suicidé dans son garage juste avant d'être incarcéré.

L'argent, d'accord. Mais encore ?

2. Parce qu'on a le champ libre, alors pourquoi se gêner ?

Loin de moi l'idée de « placer un gendarme à chaque coin de rue », comme le dit l'expression, mais tout de même, il y a des limites au laisser-aller en matière de contrôles. Peu de contrôles, c'est presque une invitation à frauder ; en tout cas, c'est le signe qu'il y a très peu de probabilités de se faire prendre la main dans le sac.

---

1. Mike Hendricks, « Missouri charmer led double life, masterminded one of the biggest frauds in farm history », *The Kansas City Star*, 12 janvier 2020.

Les comptes rendus tombent avec une certaine fréquence sur le site Internet de la Répression des fraudes (DGCCRF), qui travaille sous la houlette de Bercy (ministère de l'Économie) : des pourcentages vertigineux issus des enquêtes sur les non-conformités dans tel ou tel secteur alimentaire (viande, fruits, poisson, etc.), des denrées contaminées par des bactéries comme la salmonelle, l'*E. Coli* ou la *Listeria*, des sociétés qui fraudent, des procès-verbaux dressés et même carrément du flagrant délit de tromperie... avec potentiellement un procès à la clé.

Toutefois, on a beau éplucher ces rapports, si l'on y devine le résultat d'un travail remarquable et minutieux, on déplore qu'ils soient uniquement illustrés par des chiffres. Jamais la DGCCRF ne publie les marques, le détail des points de vente, les quantités précises, les noms de ceux qui trichent. Aussi graves que soient les méfaits, ils restent désespérément opaques. Impossible de savoir si soi-même on a acheté aux fraudeurs, si leurs produits circulaient librement sur notre marché ou au cœur de notre supermarché. Ou si on en a donné à manger à nos enfants. C'est évidemment une aberration qui doit être corrigée. Le seul moyen serait de rendre obligatoire la divulgation de ces informations.

Il faudrait pour cela réviser la réglementation européenne 178/2002 qui fait reporter la charge de la sécurité alimentaire sur les États membres, mais ne les contraint pas à informer les citoyens, sauf vraiment en cas de risques pour la santé (et même dans ce cas, il est parfois ardu, voire impossible, d'obtenir les détails). En attendant, l'opacité reste de mise.

Pour l'instant, certains malhonnêtes peuvent dormir tranquilles, ils ne seront pas exposés : le manque de transparence des autorités suffit à les «protéger».

Dans l'ombre, les tricheurs finiront-ils par entendre raison ? Pas sûr. Le contexte, regardé froidement, ne s'y prête en rien : hausse des prix des denrées alimentaires, forte demande de produits bon marché, manque de moyens – de plus en plus réduits – des services de contrôle, faible risque de détection et absence de sanctions dissuasives fortes[1]. Et, pour couronner le tout, les chaînes d'approvisionnement deviennent de plus en plus longues et complexes. Sans oublier que le e-commerce recèle d'infinies possibilités.

Pour s'y attaquer fermement, il faudrait des moyens dignes de ce nom. Car la fraude nécessite une surveillance accrue, une expertise et des budgets à la hauteur pour contrôler, contenir, sévir et surtout prévenir.

Contrôles : des chiffres révélateurs

En 2013, le bureau départemental de la répression des fraudes de l'Aude (DDCSPP) – département où est basé Spanghero, au cœur du scandale de la viande de cheval – disposait d'un contrôleur sur le secteur alimentaire, selon le syndicat Solidaires-CCRF. Vous avez bien lu : un seul.

« En dix ans, la Répression des fraudes [ministère de l'Économie], a perdu 416 postes, une coupe de quasiment 13 % d'équivalents temps plein (ETP), précise Emmanuel Paillusson, secrétaire général du syndicat Solidaires-CCRF. Pour une administration autant mise en avant par nos décideurs, c'est incohérent. »

1. « Fighting food fraud » (compte rendu), Service de recherche du Parlement européen, 16 janvier 2014.

Un ancien responsable régional de la DGCCRF le confirme, particulièrement remonté : «Le politique veut du chiffre et pas de fond. Si je fais trois cents contrôles, ils sont contents. Mais je peux faire trois cents contrôles de deux heures et je n'aurai rien fait du tout. C'est le travail de fond, long, patient, attentif qui permet de sortir des gros dossiers. C'est en examinant dans le temps une multitude de documents que l'on peut trouver d'éventuelles infractions. Quand on arrive dans une entreprise pour faire un contrôle, on passe déjà pas mal de temps à se présenter, à expliquer pourquoi on est là, comment on va travailler. Après il faut demander la liste des fournisseurs sur plusieurs mois, pour comprendre par où passe la marchandise. Il faut examiner la liste des factures, puis celle des clients. Moi, j'avais pour habitude de faire le tour des poubelles et de regarder attentivement les pots d'adjuvants dans les entreprises de transformation de la viande. Tout cela peut prendre des jours, voire des mois. Et ce temps, qui fait la qualité des enquêtes, nous en avons de moins en moins. Il y a aussi des défauts de formation, et nous avons de moins en moins de temps pour faire des échanges de compétences. Les laboratoires publics auxquels on envoie des échantillons en cas de doutes sur tel ou tel produit ont eux aussi de moins en moins de moyens. Or, pour trouver des produits antibiotiques ou phytosanitaires, il faut en avoir de vrais. Et nous n'avons pas toujours les budgets pour sous-traiter ces analyses à des laboratoires privés. Avec toutes ces coupes dans le contrôle de la qualité, j'estime que les politiques ont abandonné les consommateurs, pour leur préférer les entreprises.»

Du côté de la Direction générale de l'alimentation (ministère de l'Agriculture) en charge de l'inspection vétérinaire (abattoirs, etc.) et aussi phytosanitaire (pesticides) aux frontières[1], le nombre des inspections sur la sécurité sanitaire des aliments est passé de 86 239 à 58 200 entre 2012 et 2019[2] : 33 % de contrôles en moins ! Qui peut décemment affirmer que la sécurité alimentaire est garantie et que les fraudes sont arrêtées à temps dans de telles conditions ?

Et du côté des contrôles en abattoirs, la situation n'est guère plus reluisante, explique Philippe Béranger du Syndicat national unitaire interministériel des territoires, de l'agriculture et de la mer (Snuitam-FSU) : « Nous sommes toujours en sous-effectifs et le personnel dans les abattoirs en flux tendu. Quand il y a un congé maternité ou un arrêt maladie, des agents non titulaires – des contractuels – sont mis sur la chaîne sans formation. Tout est géré dans l'urgence, les directions n'ont plus aucune marge de manœuvre. Entre 2007 et 2012, mille emplois ont été supprimés chez les inspecteurs vétérinaires. » Et il n'y aurait pas eu de création d'emplois depuis 2016.

Un rapport[3] de la Commission européenne de 2018, analysant le fonctionnement des contrôles menés par les autorités nationales, fait clairement ressortir que « les ressources en personnel affectées aux contrôles sont de plus en plus limitées et que toute nouvelle réduction des effectifs risque d'influer négativement sur les niveaux et la qualité des contrôles, ainsi que sur la capacité à réagir aux situations d'urgence ». Si c'est bien l'Europe qui

1. https://agriculture.gouv.fr/importation-de-produits-animaux-danimaux-vivants-daliments-pour-animaux-et-de-vegetaux

2. Sources : les rapports annuels de la DGAL.

3. « Rapport de la Commission au Parlement européen et au Conseil sur le fonctionnement global des contrôles officiels effectués dans les États membres (2014-2016) pour assurer le respect de la législation alimentaire et de la législation relative aux aliments pour animaux ainsi que des règles relatives à la santé et au bien-être des animaux », Commission européenne, 14 septembre 2018.

définit les exigences en termes de sécurité sanitaire des citoyens, ce sont les États membres qui décident chacun des moyens alloués…

Les sénateurs français, eux-mêmes, en 2019, dans le rapport d'information intitulé «La France, un champion agricole mondial : pour combien de temps encore[1] ?», s'alarmaient que de nombreux aliments importés ne respectent pas les normes sanitaires minimales requises en France, mais pénètrent pourtant nos placards, nos frigos. «Multipliées par deux depuis 2000, les importations occupent désormais une place significative dans l'alimentation quotidienne des Français. La France importe sans doute 20 % de son alimentation. Or sans doute un quart de ces importations ne respectent pas les normes sanitaires minimales requises en France. Si rien n'est fait, cette tendance s'accentuera au détriment de la sécurité sanitaire de nos concitoyens, comme du revenu de nos agriculteurs», prévenaient-ils.

La Cour des comptes alerte également depuis des années. En 2014, puis de nouveau en 2019[2] : «des insuffisances subsistent à toutes les étapes de la chaîne de contrôle de la sécurité sanitaire de l'alimentation, depuis les autocontrôles réalisés par les entreprises jusqu'à la publication des résultats des inspections».

Dans les restaurants aussi, il y a largement de la marge pour frauder : «Au titre de la sécurité sanitaire de l'alimentation, un établissement de restauration est contrôlé en moyenne tous les quinze ans par les services de l'État», selon la Cour des comptes[3]. Cela n'a pas échappé à la Commission européenne lors de l'audit mené en France

1. http://www.senat.fr/rap/r18-528/r18-5289.html
2. https://www.ccomptes.fr/fr/publications/le-rapport-public-annuel-2019
3. «Rapport public annuel 2019 : le contrôle de la sécurité sanitaire de l'alimentation», Cour des comptes, février 2019.

en 2018 pour évaluer « les contrôles officiels sur la production de denrées alimentaires prêtes à consommer[1] ». Le rapport qui en ressort distribue des bons points : « Plusieurs mesures visant à faciliter la mise en conformité et à réduire le nombre de foyers de toxi-infection alimentaire sont prévues à l'intention des autorités compétentes, des exploitants du secteur alimentaire et des consommateurs. Certaines mesures et procédures nationales de contrôles officiels vont au-delà des exigences de l'Union européenne, tandis que d'autres semblent moins strictes ». Et aussi un bonnet d'âne, qui révèle qu'on a vraiment un souci : « L'élément "prêt à consommer" n'est pas en soi particulièrement pris en compte dans l'organisation et l'exécution des contrôles officiels. En ce qui concerne différents aspects du paquet "hygiène", les contrôles sont efficaces pour détecter les cas pertinents de non-conformité, mais le suivi et les mesures coercitives ne sont pas efficaces pour garantir une correction systématique et en temps opportun de ces cas – notamment les non-conformités de longue date et/ou l'incidence sur la sécurité alimentaire. L'audit a également révélé à plusieurs reprises que le ciblage des contrôles sur certains domaines avait empêché de détecter des non-conformités qui ne seraient pas passées inaperçues si un contrôle plus systématique des activités des exploitants du secteur alimentaire avait été effectué. » Ah, si un contrôle plus systématique avait été effectué ! C'est ce que l'on appelle la prévention.

1. « Rapport final d'un audit effectué en France du 10 septembre 2018 au 21 septembre 2018 afin d'évaluer les contrôles officiels relatifs à la production de denrées alimentaires prêtes à être consommées », Commission européenne, Direction générale de la Santé et de la Sécurité alimentaire.

3. Parce que c'est plus fort que tout : la récidive

En 2013, quand l'affaire de la viande de cheval explose, très rapidement un multirécidiviste est pointé du doigt : Jan Fasen, qui commerçait avec la société Spanghero par le biais de sa société basée à Chypre. Six ans auparavant, en 2007 déjà, ce trader hollandais faisait en effet passer du cheval pour du bœuf allemand et de la viande provenant d'Amérique du Sud pour hollandaise. Il trafiquait aussi les certificats de viande prétendument halal. M. Fasen avait également été repéré en 2009 pour avoir vendu à une société normande, Chiron ACVF, des lots de viande présentant des problèmes bactériologiques, donc impropres à la consommation[1]. Comme si cela ne suffisait pas, en 2011, les inspecteurs des services sanitaires de la Direction générale de l'alimentation avaient découvert que Jan Fasen avait vendu à au moins quatre sociétés françaises de la viande de « bœuf halal » qui était en réalité du cheval argentin[2]. Avant le scandale dit des lasagnes à la viande de cheval, Jan Fasen était donc connu de la justice puisqu'il avait été condamné par le tribunal de Breda[3], aux Pays-Bas, le 18 janvier 2012.

Tout cela ne l'a pas empêché de poursuivre ses « petites » affaires... sous le soleil d'Espagne. En 2017, il a eu d'autres démêlés avec la justice, espagnole, cette fois : il a été accusé d'avoir dirigé un gang qui vendait

1. « Viande de cheval : un intermédiaire néerlandais, basé à Chypre, récidiviste en France », RFI, 16 février 2013.

2. « Lasagnes au cheval : le sulfureux tradeur avait déjà sévi en France », *Le Parisien*, 16 février 2013.

3. Uitspraak, Rechtbank Breda, Sector strafrecht, parketnummer : 997507-09, vonnis van de meervoudige kamer d.d., 18 janvier 2012.

de la viande de cheval impropre à la consommation humaine dans toute l'Europe. Soixante-cinq personnes ont été arrêtées dans cette affaire, dont des éleveurs, des propriétaires d'abattoirs et des vétérinaires[1].

Le problème, c'est qu'il n'existe pas, aujourd'hui, d'harmonisation pénale au sein de l'Union européenne. On comprend évidemment que chaque pays veuille appliquer son propre système judiciaire, mais cela pose parfois des problèmes. À l'heure actuelle, par exemple, les différentes forces de police européennes ne sont pas contraintes de collaborer sur des sujets tels que la fraude alimentaire. Et même si la collaboration est de plus en plus régulière, Interpol et Europol restent tributaires de la bonne volonté des services d'enquête nationaux.

Du coup, quand ils se sentent repérés, les fraudeurs bougent. Ils délocalisent leurs méfaits, en quelque sorte, pour passer entre les mailles du filet… On l'a vu avec le cas de malfrats qui commercialisaient du faux lait infantile, d'abord en Pologne, avant de déménager en Espagne. C'est aussi l'option prise par Jan Fasen qui a poursuivi son business en Espagne après avoir été mis en cause aux Pays-Bas et en France.

4. Pour diversifier ses activités criminelles, brouiller les pistes, blanchir de l'argent

Vous prendrez bien un peu de cocaïne avec vos oranges sanguines ? Du trafic de drogue à celui des agrumes, il n'y a qu'un pas. Ou quelques camions. Ou quelques millions

1. « Scandale de la viande de cheval : un Néerlandais arrêté en Espagne », *Ouest France* (source AFP), 31 juillet 2019.

d'euros… à blanchir. Ou un réseau international organisé. Ou la mafia 3.0. Parfois, tout à la fois.

Le crime organisé est une réalité dans le domaine alimentaire. Le risque de se faire coincer est très faible avec le trafic de denrées *via* des canaux illicites, puisqu'il ressemble à s'y méprendre à du commerce légal, au contraire du trafic d'armes ou de stupéfiants qui, lui, passe moins facilement inaperçu, en plus d'être totalement illégal (est-il besoin de le préciser ?). En Europe, le transport dans des camions exploités par des réseaux mafieux permet même à l'aller de transporter des fruits et légumes et, au retour, de faire passer des armes ou de la drogue… quand celles-ci ne sont tout simplement pas planquées dans un double-fond ou parmi des bananes[1].

En 2020, l'opération Opson[2] a démantelé pas moins de 19 groupes de crime organisé actifs dans ce secteur. Lors de l'opération Opson VII, deux ans auparavant, 66 groupes de crime organisé avaient été démantelés, dont 24 au Burundi où les saisies d'alcool contrefait avaient permis de mettre la main sur des armements : kalachnikovs, grenades, munitions. «L'opération Opson met en lumière le problème de la fraude alimentaire et donne d'excellents résultats, commente Peter Whelan, directeur de la division audit et investigations à la Food Safety Authority d'Irlande. Mais, dans le même temps, il est décevant de constater que, chaque année, de plus en plus de groupes criminels organisés sont démantelés et que de plus en plus de denrées alimentaires sont saisies.

1. William Vuillez, «Rungis : 500 kilos de cocaïne découverts dans un chargement de bananes», RTL (source AFP), 25 janvier 2020.

2. «320 tonnes of potentially dangerous dairy products taken off the market in operation Opson IX targeting food fraud» (communiqué de presse), Europol, 22 juillet 2020.

Le phénomène ne cesse de s'amplifier. Pour lutter contre la fraude alimentaire, nous avons besoin de ressources.»

Les criminels qui s'adonnent aux trafics d'alcool frelaté, de faux pesticides, d'aliments contrefaits (usurpation de marques connues) ne rechignent pas à trafiquer aussi des faux médicaments, des ressources naturelles, des imitations de jouets, et sont très souvent impliqués dans bien des activités illicites : trafic d'armement, de drogue et même traite d'êtres humains (prostitution, main-d'œuvre à bas coût – *caporalato*). L'argent sale du crime organisé alimente aussi les grands conflits et le terrorisme dans le monde entier, selon Interpol[1].

Cela peut sembler étonnant, mais des crimes apparemment sans lien entre eux – le trafic de fruits siciliens et celui de stupéfiants en provenance d'Amérique latine, par exemple – sont interconnectés, les profits réalisés dans un domaine servant tout simplement à en financer un autre. Ainsi, une opération menée par les autorités italiennes et allemandes sous la houlette d'Europol a permis de saisir 12 000 bouteilles de faux champagne, puis, lors des perquisitions en Allemagne, montré que derrière cette fraude se cachait en réalité un sacré trafic de cocaïne[2].

Il est possible que nous ayons, sans le savoir, acheté nous-mêmes ces produits frauduleux. Car «on retrouve ces faux aliments dans les rayons des magasins du monde entier, et leur vente croissante en ligne exacerbe la

1. https://www.interpol.int/fr/Actualites-et-evenements/Actualites/2018/La-criminalite-organisee-alimente-les-grands-conflits-et-le-terrorisme-dans-le-monde-entier

2. «2017 situation report on counterfeiting and piracy in the European Union», projet conjoint entre Europol et l'Office de l'Union européenne pour la propriété intellectuelle (EUIPO).

menace que la criminalité alimentaire fait peser sur le public», confirme le directeur du service criminalité organisée et émergente d'Interpol, Paul Stanfield[1].

De nombreux experts[2] s'accordent pour dire que ces réseaux criminels ont souvent un coup d'avance sur les autorités de contrôle; ils adaptent leurs modus operandi beaucoup plus vite que n'évoluent nos réglementations, par ailleurs très disparates. Les fraudeurs le savent et profitent des faiblesses des diverses législations, mais aussi du fait que les contrôles sont beaucoup plus légers à certains points d'entrée en Europe. Ils sont particulièrement doués pour flairer les opportunités (développer le faux *made in Italy*, par exemple), exploiter les moindres failles du système. Il ne s'agit pas de petites frappes, mais de puissances extrêmement bien organisées: «Les contrefacteurs n'opèrent plus de manière isolée et ponctuelle, mais sont devenus de véritables entrepreneurs internationaux, reliés à de grands réseaux extrêmement organisés. Jamais la contrefaçon n'a semblé aussi fortement structurée. Le nouveau visage du crime organisé ressemble de plus en plus à celui d'une entreprise commerciale classique, mais dotée de structures totalement flexibles, la rendant dangereusement réactive aux évolutions de son environnement», constate l'Union des fabricants pour la protection internationale de la propriété intellectuelle, Unifab[3].

1. «Illicit food and drink seized in global operation», Interpol, 21 juin 2019.

2. «Fighting transnational organised crime : Europol and the Italian anti-mafia investigation directorate host first operational conference in The Hague» (communiqué de presse), Europol, 16 avril 2019.

3. «Contrefaçon et terrorisme. Rapport 2016», Union des Fabricants – Protection internationale de la propriété intellectuelle (Unifab). Voir aussi : «Dangerous liaisons. Why IP infringements are the new Eldorado for organized crime», Indicam & Unicri Conference, octobre 2020. En 2019,

Débusquer ces réseaux s'avère ardu, admet Europol : « Leurs activités criminelles sont de plus en plus complexes, et requièrent des compétences et une expertise technique variées. Les groupes de crime organisé de haut niveau utilisent également la corruption pour infiltrer les organisations des secteurs public et privé, en s'appuyant sur la corruption, les conflits d'intérêts, le trafic d'influence et la collusion pour faciliter leurs activités criminelles. »

Mafia 3.0

Lorsque je rencontre Gian Maria Fara, le président d'Eurispes, un institut de recherche basé à Rome qui publie chaque année (ou presque) un rapport sur l'agromafia[1], la cigarette sur laquelle il tire nerveusement passe un mauvais quart d'heure. Gian Maria Fara fait l'aller-retour entre la fenêtre de son bureau ouverte sur la rue et le fauteuil où je me suis enfoncée à l'autre bout de la pièce. Il ne cache pas son agacement : « La France est tellement pénétrée par la mafia qu'elle ne la voit même plus. Plus tu t'éloignes du cadavre, moins tu sens la puanteur », prévient-il. Pour lui, c'est évident : la mafia blanchit son argent sale à l'étranger, donc aussi chez nous. Il lâche le chiffre clé du dernier rapport sur l'agromafia

l'Office de l'Union européenne pour la propriété intellectuelle (EUIPO) et l'Organisation de coopération et de développement économiques (OCDE) ont estimé les importations de contrefaçons dans l'Union européenne en provenance du reste du monde à 121 milliards d'euros, soit 6,8 % des importations totales de l'UE (OECD/EUIPO, 2019).

1. L'Eurispes publie ses rapports « Agromafie » presque tous les ans depuis 2011. Les derniers l'ont été en collaboration avec l'Observatoire sur la criminalité alimentaire et Coldiretti (Confederazione Nazionale Coltivatori Diretti), la plus grande association représentant l'agriculture italienne.

en Italie : près de 25 milliards d'euros par an, un bond de 12,4 % par rapport à l'année précédente[1], «une croissance qui ne semble pas affectée par la stagnation à l'échelle mondiale, à l'abri des tensions sur le commerce mondial et des obstacles à la circulation des biens et des capitaux». Entre 2016 et 2017, l'agromafia avait carrément vu ses activités croître de 30 %[2]. «Ils ont des disponibilités d'argent énormes! tonne Gian Maria Fara. À quoi peut bien servir cet argent? Aux armes, à la drogue.»

L'agriculture et l'alimentation sont des secteurs où la pègre investit en priorité, car, même en temps de crise, personne ne peut se passer de nourriture, rappelle le sixième rapport sur les crimes agroalimentaires en Italie. Si la mafia plante traditionnellement ses racines dans le milieu rural, les choses sont en train de changer. Oubliez l'image hollywoodienne des gangsters, avec kalachnikovs et règlements de comptes qui sèment la terreur en pleine rue. La mafia de sang est devenue une mafia de cols blancs, soucieuse de discrétion et de rendement. Le crime organisé a progressivement abandonné la tenue de combat pour adopter le veston croisé. 'Ndrangheta, Camorra, Casalesi, Cosa Nostra ont désormais pour stratégie de ne plus se faire remarquer par leur violence, de rester ainsi en dehors des radars, tout en s'enrichissant sous le couvert d'activités légales. Elles ne vident plus le chargeur des mitraillettes; elles font les choses «proprement».

---

1. *Agromafie. 6° rapporto sui crimini agroalimentari in Italia, op. cit.*
2. Lucio Luca, «Agromafie, un giro d'affari di 21,8 mld: così la criminalità controlla l'industria del cibo», *La Repubblica*, 14 mars 2017.

Giovanni Melillo, procureur de la République auprès du tribunal de Naples, qui est à l'origine d'une centaine d'arrestations de mafieux, le constate : « Depuis plusieurs années, on note une forte réduction du nombre de meurtres, qui s'élevaient autrefois à 123 ou 133 par an. En 2018 et en 2019, il y a eu 10 homicides imputables à la logique mafieuse, largement liée à une purge interne visant à empêcher toute tentative de remise en cause de la structure globale. » C'est ce que la Cour suprême italienne appelle « leur mutation génétique pour se camoufler au moment même où elles s'infiltrent dans les ganglions de l'économie productive et financière et dans les marchés publics et les services ». Rien que ça.

À l'Eurispes, l'institut de recherche romain, on parle de mafia 3.0 parce que, pour opérer cette mutation, elle est astucieusement montée en compétences : « Les nouvelles recrues de la mafia proviennent en partie des "familles" traditionnelles qui ont orienté les enfants, les petits-enfants et divers parents vers des études dans de prestigieuses universités italiennes et internationales, et en partie d'une opération de "recrutement", richement rémunérée, d'opérateurs dans les différentes places financières du monde. » La nouvelle génération, diplômée en droit ou commerce de prestigieuses écoles britanniques, est cultivée, préparée, multilingue ; bref, parée pour s'attaquer au monde merveilleux du secteur agroalimentaire – fruits, légumes, viande, poisson – qui se prête particulièrement bien aux activités criminelles : de la production au transport, de la distribution à la vente. Et, effectivement, cette mafia 3.0 prospère en contrôlant le contenu de nos assiettes de bout en bout.

Copains comme cochons ?

On croit rêver. Plutôt que de s'écharper, des clans mafieux ennemis vont maintenant jusqu'à sceller des alliances surprenantes afin de se partager le butin... des fruits et légumes. Ils ont ainsi pris le contrôle de toute la logistique du marché professionnel de fruits et légumes de Fondi, l'un des plus grands marchés d'Europe, situé entre Rome et Naples. Le marché de Fondi – à l'image de Rungis – fait la jonction entre le nord et le sud de l'Europe[1] avec plus de 120 grossistes, 11 millions de quintaux (1 quintal vaut 100 kilos) de produits frais par an[2], soit 1,1 million de tonnes de fruits et légumes frais ! Chaque année, un MILLION DE TONNES de fruits et légumes partent de Fondi en camions vers les supermarchés de toute la Méditerranée ; sans doute aussi la France[3].

Pour garder le monopole du transport routier des produits sortant de Fondi, les gangsters du clan des Casalesi, célèbre cartel criminel de la mafia napolitaine (Camorra), ont formé une véritable alliance avec la Cosa Nostra (mafia sicilienne) menée par les frères Riina[4]. Ce faisant, ils contrôlaient toute la logistique, mais fixaient aussi librement le prix des oranges siciliennes – l'*arancia connection* –,

---

1. Le marché de Fondi se présente comme une plate-forme logistique immense entre le nord et le sud de l'Europe, lieu d'approvisionnement privilégié des métropoles italiennes et de la grande distribution, mais aussi une structure commerciale stratégique pour le placement de la production de fruits et légumes dans tout le Bassin méditerranéen (et donc potentiellement la France).

2. http://www.mof.it

3. «Arancia connection, Casalesi e Cosa nostra alleati per trasportare la frutta», Stylo24, 21 décembre 2017.

4. «Frutta e verdura della mafia: patto Riina-Casalesi, le mani di Cosa nostra sul made in Italy», PalermoToday, 14 mars 2017.

des fraises, des pêches… devenues bientôt trois fois plus chères. Rien de surprenant, les Casalesi ne sont pas des enfants de chœur. Leur berceau est Casal di Principe, non loin de Naples, où se déroule le récit de *Gomorra*, le best-seller de Roberto Saviano qui vit sous escorte policière depuis la parution de son livre les évoquant. Afin de vous donner une idée, sachez que Roberto Saviano souligne que, « en comparaison de Casal di Principe, Corleone la Sicilienne – le fief du *Parrain* – ressemble à Disneyland[1] ». Cela donne le ton.

Pour que ces deux clans mafieux s'intéressent à ce point au marché de fruits et légumes de Fondi, il fallait donc qu'ils y voient un réel intérêt pour leurs activités illicites !

La mafia ayant énormément de liquidités qu'elle blanchit dans des activités apparemment légales, le secteur agroalimentaire est parfait pour elle : marchés de gros, restaurants, supermarchés, mais aussi commerce du poisson ou de la viande. Vous vous demandez comment se déroule concrètement ce blanchiment ? L'Office des Nations unies contre les drogues et le crime (UNODC) résume ainsi le processus[2] : « Les profits de la plupart des activités illégales [drogue, armes] sont générés en espèces, ce qui est risqué pour les criminels. Il leur est difficile de se cacher, les espèces accroissant le risque d'exposition, de vol par des criminels rivaux et de saisie par la police. Lorsque des espèces entrent dans l'économie légale, elles peuvent facilement être identifiées et déclencher l'intervention des services de police. Aussi les

1. Philippe Broussard, « Casal di Principe, le berceau de *Gomorra* », *Le Monde*, 18 mai 2016.
2. https://www.unodc.org/toc/fr/crimes/organized-crime.html

criminels s'emploient-ils à éviter d'attirer les soupçons. Ils peuvent, par exemple, transférer les espèces à l'étranger, les utiliser pour acheter d'autres actifs ou tenter de les introduire dans l'économie légale par le biais d'entreprises qui brassent beaucoup d'espèces. Dans le cas de la criminalité transnationale organisée, on estime qu'environ 70 % des profits sont blanchis par l'intermédiaire du système financier. Malgré cela, pourtant, il n'est intercepté et confisqué que moins de 1 % de ces produits blanchis». Vous avez bien lu : seul 1 % est intercepté. La grande lessive du blanchiment de l'argent mafieux n'a pas trop de soucis à se faire; elle s'opère donc surtout à l'étranger; et forcément aussi chez nous.

Partout en Europe

Sabrina Pignedoli est une eurodéputée italienne et auteure d'un ouvrage sur la mainmise de la mafia en Allemagne, paru en décembre 2019[1], dans lequel elle raconte comment celle-ci tisse insidieusement son réseau jusqu'à pénétrer en profondeur l'économie d'un pays.

Elle en est convaincue : «Aucun pays européen n'est à l'abri du problème mafieux et de l'agromafia. C'est une vision naïve de penser que la mafia n'agit qu'en Italie. Si elle est très présente en Allemagne, elle est forcément active aussi en France.» Selon elle, les restaurants, la grande distribution se prêtent particulièrement bien au recyclage d'argent sale, car, «vu de l'extérieur,

1. Sabrina Pignedoli et Ambra Montanari, *Le Mafie sulle macerie del muro di Berlino. Gli affari di 'ndrangheta, Cosa nostra e camorra in Germania*, Diarkos, 2019.

le business présente toutes les caractéristiques d'une entreprise légale. En Allemagne, par exemple, le clan Rinzivillo aurait eu des rapports financiers avec des supermarchés du groupe Lidl». Et, effectivement, le nom de la chaîne de supermarchés à bas prix apparaît dans les actes du tribunal de Caltanissetta où sont rapportées des interceptions qui ont permis aux magistrats de comprendre comment le clan Rinzivillo – clan mafieux de Gela, en Sicile (Cosa Nostra), à la tête notamment de véritables supermarchés de la drogue[1] – avait placé son argent dans le secteur alimentaire, au-dessus de tout soupçon. «Lidl ne savait peut-être pas que des mafieux se cachaient derrière certains commerces, car les activités de ces individus semblent légales. Cependant, il est très facile de se défendre en disant qu'on ne sait pas, cela arrive même souvent dans les entreprises qui sous-traitent à des sociétés mafieuses, dans certains types d'investissement», déplore Sabrina Pignedoli.

Le clan Rinvizillo avait un faible pour les supermarchés, mais il aimait aussi le poisson, qu'il faisait venir du Maroc pour l'acheminer en camion de la Sicile jusqu'à Cologne, mais aussi Milan et Rome. On ignore s'il est parvenu jusqu'en France, frais ou glissé dans des plats préparés. Toujours est-il que, en octobre 2017, 37 personnes appartenant au gang sont arrêtées, de l'argent liquide et une «grosse voiture» saisis pour un montant d'environ 11 millions d'euros. Ces membres de l'organisation criminelle étaient notamment mêlés à «des sociétés de vente en gros de poisson congelé et surgelé, et d'activités liées aux loteries et aux paris», d'après la

1. «Roma, scoperto supermarket della droga a San Lorenzo: 28 arresti», *La Repubblica*, 18 janvier 2018.

police italienne. Des activités en réalité bien plus tentaculaires. Car elle s'occupait, avec l'aide d'un avocat romain, «du trafic international de drogue, de l'extorsion, des prête-noms fictifs et du trafic d'armes, et d'un volet entrepreneurial qui s'occupait de la construction, du transfert frauduleux de marchandises et de la commercialisation de véhicules, de denrées alimentaires en général et de produits de la pêche». En Allemagne, précisent les autorités italiennes, «le clan a revitalisé une cellule criminelle opérant dans les villes de Karlsruhe et de Cologne, dans les terres allemandes du Bade-Wurtemberg et de la Rhénanie du Nord-Westphalie, en identifiant chez un homme insoupçonné, d'origine sicilienne, le nouveau lieutenant à qui confier l'organisation du trafic de drogue et la réalisation d'investissements articulés dans les secteurs de la construction et de l'alimentation». Vous avez relevé, comme moi : «et de l'alimentation».

Et en France aussi

Je ne compte plus le nombre de documents officiels, auditions, comptes rendus, articles de presse, toutes récentes interceptions d'Europol qui témoignent de la présence des mafias italiennes dans l'Hexagone. La redoutable 'Ndrangheta (mafia calabraise) – qui génère un chiffre d'affaires combiné (elle est constituée de centaines de clans) de 44 milliards d'euros par an, selon Europol[1] – est présente à la frontière entre l'Italie et la

1. Miles Johnson, «Italian mafia bonds sold to global investors», *Financial Times*, 7 juillet 2020.

France, et dans plusieurs localités de la Côte d'Azur. Elle aurait même installé à Nice une « chambre de contrôle », sorte d'ambassade du crime qui dirige les *locali*, ces clans de 50 à 60 membres, constitués de plusieurs familles (les *'ndrine*). Cela fait des années que le journaliste d'investigation Marco Grasso[1], également auteur d'un livre[2] sur le sujet, surveille l'infiltration de la mafia dans le nord de l'Italie, mais aussi le sud de la France : « Elle a pris ses aises dans la région Provence-Alpes-Côte d'Azur[3]. Des clans "cousins" se sont installés à Menton, Monaco, Vallauris, Antibes, Cannes, Grasse, Toulon, Marseille, Pégomas. Les organisations mafieuses sont enracinées là depuis des années. Et ce n'est pas le genre à commencer quelque chose et à ne pas le finir. Nul doute qu'elles y sont donc toujours actives. »

Dans ces zones, posséder des restaurants est une couverture particulièrement pratique pour disposer de locaux où organiser le prochain coup discrètement[4]. Les noms des familles mafieuses actives dans le sud de la France au moins depuis les années 1980 ou 1990 sont connus. C'est bien simple, ils sont écrits noir sur blanc dans le procès-verbal de l'audition en 1994 du repenti Giovanni Gullà, mafieux de la 'Ndrangheta qui a dirigé

1. Marco Grasso, « Costa Azzurra in mano alle cosche calabresi », *Il Secolo XIX*, 16 juin 2015.

2. Marco Grasso et Matteo Indice, *A meglia parola. Liguria terra di 'ndrangheta*, De Ferrari, 2013.

3. À ce sujet, voir aussi : Ernesto U. Savona et Michele Riccardi (éd.), « Mapping the risk of serious and organised crime infiltration in European businesses – Final report of the MORE Project », Transcrime – Università Cattolica del Sacro Cuore, 2018.

4. « Organised criminals and the legal economy », *in* Ernesto U. Savona, Michele Riccardi et Giulia Berlusconi, *Organised Crime in European Businesses*, Routledge, 2016.

des attentats, des prises d'otage et organisait le trafic de cocaïne, œuvrant lui-même dans l'Hexagone. «Autrefois, la 'Ndrangheta reposait sur les liens du sang, la transmission de père en fils. Aujourd'hui, lâcha-t-il, ceux qui ont le plus d'argent ont le plus de pouvoir.»

Le spécialiste en France de la grande criminalité et cofondateur de Crim'HALT, Fabrice Rizzoli, confirme : «L'argent sale de la mafia réinjecté dans l'économie légale française est une réalité. Si les réseaux organisés blanchissent leur argent dans le secteur agroalimentaire ailleurs en Europe, cela se passe forcément aussi chez nous. Les commerces en liquide comme les restaurants ou les supérettes sont de véritables pompes à blanchiment. Il suffit que le propriétaire soit malin et paie ses impôts, et son petit manège passera en dessous des radars. Le blanchiment d'argent est un délit pénal complexe. Et le souci, c'est qu'on n'a pas en France de lutte efficace contre le blanchiment. Pourquoi? Parce qu'il faut faire le travail de remonter à la source et démontrer dans un tribunal le lien entre l'infraction et l'argent blanchi. Pour contourner cette difficulté, il faudrait que les propriétaires des commerces qui servent à blanchir démontrent, devant un tribunal administratif, l'origine légale de leur bien. Mais ce dispositif n'existe qu'en Italie où l'on confisque plus de 6 milliards d'avoirs criminels chaque année.»

Évidemment, cette gangrène ne pourra être éradiquée à l'échelle européenne sans une véritable volonté politique. En 1990, le célèbre juge antimafia Giovanni Falcone (il fut assassiné en 1992) alertait déjà : «Des "filiales" de Cosa Nostra ont également été ouvertes dans d'autres pays européens. [...] Il faut considérer de plus près le phénomène mafieux en le délimitant et en mettant de côté l'idée confuse et folklorique que l'on en a.» Trente ans plus tard, en février 2020, l'eurodéputée Sabrina Pignedoli a organisé au sein du Parlement européen un événement sur le thème «Mafia, un problème européen», auquel étaient conviés tous ses collègues. Car les réseaux mafieux excellent à détourner les fonds européens, à inventer des propriétés agricoles qui n'existent pas, à utiliser des prête-noms pour récupérer l'argent de la PAC, la Politique agricole commune, qui soutient l'agriculture en Europe. Pourtant, seuls quelques députés élus se sont montrés sensibles à la question, raconte l'eurodéputée.

S'intéresser de trop près aux détournements de fonds de l'UE a coûté la vie à un journaliste slovaque et à sa compagne[1]. «Ján Kuciak enquêtait avant sa mort sur les fraudes aux subventions européennes organisées par la mafia italienne en Slovaquie, avec l'aide de proches du gouvernement», relatèrent les médias[2] lorsqu'on apprit leur assassinat.

La question du crime organisé transfrontalier – qui trafique la bouffe pour mieux écouler, entre autres, sa came – ne va pas se régler du jour au lendemain, mais il faut commencer quelque part. «La réponse doit être graduée, souhaite Sabrina Pignedoli. Il faudrait une réglementation européenne à l'image de la loi italienne Rognoni-La Torre du 13 septembre 1982. Pourquoi? Parce que cette loi punit la simple appartenance à un groupe mafieux, indépendamment du fait que des crimes

---

1. Jason Rezaian, «Police believe a journalist was killed for reporting on fraud in the heart of Europe», *The Washington Post*, 26 février 2018.

2. Laura Andrieu, «Slovaquie : un homme d'affaires jugé pour le meurtre du journaliste Jan Kuciak», *Le Figaro*, 19 décembre 2019.

spécifiques aient été commis (extorsion, usure, incendie, etc.). Et ses biens peuvent être saisis, même de manière préventive. C'est simple : si tu appartiens à un cercle mafieux, tu portes un projet criminel car la mafia n'a que des projets criminels ; ses activités ne sont pas des actions de bienfaisance», résume-t-elle. De la prévention, en fait. Une évidence même.

Mais, avant d'en arriver là, «encore faudrait-il approfondir la connaissance de l'emprise mafieuse à l'étranger pour, ensuite, pouvoir confisquer leurs biens au niveau européen, pas juste en Italie», complète l'eurodéputée. Est-ce une idée dénuée de sens ? Une personne haut placée dans les investigations internationales liées à la fraude alimentaire m'a confirmé que l'approche aiderait grandement.

«À nous, la mafia fait peur, me confiait Gian Maria Faria en soufflant la fumée de sa cigarette dans l'air de son bureau à Rome. La magistrature française n'est pas expérimentée. La France ne s'est pas dotée des moyens que nous avons, nous, pour la contrer. En Calabre, la mafia a acheté 50 supermarchés où elle écoule ses marchandises. Il lui faut bien ensuite recycler son argent sale. Eh bien, c'est vous [la France], la blanchisserie.»

5. Parce que les catastrophes naturelles et le climat impactent l'offre et la demande

Tempêtes tropicales, cyclones mortels, ouragans, sécheresse : quand les éléments se déchaînent, ils n'épargnent rien sur leur passage. À Madagascar, par exemple, les cyclones, avec des vents violents soufflant à près de 300 kilomètres/heure, arrachent les toits des maisons, démolissent les écoles, soulèvent les voitures, brisent les barrages, ruinent les routes et lignes ferroviaires, déracinent les arbres, pulvérisent les troupeaux, engloutissent les villes et aéroports sous des pluies diluviennes, et provoquent le déplacement de millions de sinistrés… quand ils survivent à tout ça. Dans l'un des pays les plus pauvres au monde, ces catastrophes naturelles sont tristement fréquentes. Si j'en parle, c'est parce que ce qu'il se passe à 9 000 kilomètres de chez nous impacte la qualité de la vanille que nous consommons, produit particulièrement exposé à la fraude.

Parmi les cyclones les plus intenses qu'ait connus l'île ces dernières décennies, on peut citer Hary en mars 2002, Gafilo en mars 2004, Ivan en février 2008, Enawo en 2017, Ava en 2018. Chaque fois, les cultures morflent. Les plantations, dans ces cas d'une violence extrême, ne sont pas à même de résister. Or Madagascar concentre à elle seule 80 % de la production mondiale de vanille. Les grands groupes agroalimentaires comme Nestlé, McCormick (Vahiné, Ducros), General Mills (Yoplait, Häagen-Dazs), Mars, Barry Callebaut, Danone, Dr. Oetker s'y fournissent principalement.

Située dans l'océan Indien, à 400 kilomètres à l'est des côtes africaines, l'île offre un climat tropical chaud et humide parfait pour faire pousser les vanilliers. Évidemment, le fruit de ces plantes grimpantes – que les botanistes nomment « capsule » et que nous connaissons plus communément sous la dénomination « gousse » – attise les convoitises. N'ayons pas peur des mots : la vanille de Madagascar est un produit de luxe. C'est même le deuxième produit agricole le plus cher, après le safran. Même sous la forme des sachets de sucre vanillé commercialisés (par Vahiné par exemple), il est vendu en supermarchés le double au kilo – oui, le double – d'un sucre vanillé basique, pourtant de même marque.

La France, pays de pâtissiers et de grands chefs ou de gourmets avides de saveurs naturelles, en est le deuxième plus gros importateur mondial, juste derrière les États-Unis qui en consomment dix fois plus. On s'arrache cet «or noir» tant son prix, ces dernières années, a atteint des niveaux records. Le cours a été multiplié par dix en l'espace de quatre ans, précisément à cause de la multiplication des épisodes climatiques à Madagascar. En 2013, le prix au kilo se négociait autour des 53 euros. En six mois cette même année, avec le passage du cyclone Haruna, il doublait[1]. Mais, quatre ans plus tard, il faut débourser plus de 500 euros pour un kilo, flambée qui a même atteint un pic vertigineux à 650 euros en février 2018.

Le marché mondial est donc extrêmement tendu. Avec les cyclones, l'offre peine à satisfaire la demande[2]; une aubaine pour les fraudeurs et le trafic de vanille de piètre qualité.

Dans un pays où les gens ont faim, n'ont pas les moyens d'envoyer leurs enfants à l'école, les gousses représentent l'eldorado, la possibilité de changer complètement de vie. «La vanille est devenue tellement chère que, dans certains supermarchés de la capitale Antananarivo, les gousses ne se trouvent pas au rayon épices, mais près des caisses, pour dissuader les voleurs», rapporte l'Agence France Presse[3]. Dans le Naturalia de mon quartier à Paris aussi, celles de vanille (bio),

1. Claire Fages, «Les prix de la vanille ont doublé à Madagascar», RFI, 25 avril 2013.

2. Ségolène Allemandou, «Crisis in Madagascar as price of vanilla nears that of gold», France 24, 20 avril 2018.

3. Dylan Gamba, «Le prix de la vanille atteint des niveaux record», *Les Échos*, 22 août 2017.

protégées par un tube de verre, sont prudemment disposées aux caisses où leur prix au kilo est de… 1 998 euros ! Une folie lorsqu'on songe que la plupart des Malgaches vivent avec moins de deux euros par jour.

En France comme ailleurs, les laboratoires – qui réalisent les analyses pour l'industrie agroalimentaire et la grande distribution – tels que Eurofins préviennent depuis des années que, après le passage de cyclones, il faut s'attendre à des fraudes, à l'apparition d'une vanille de moins bonne qualité : « Dans ce contexte de pénurie sur un ingrédient dont les prix de vente sont élevés, il est pertinent de bien veiller à l'intégrité de la vanille et de ses dérivés (extraits, arômes, etc.). » La paranoïa a désormais gagné aussi certains clients, les fabricants ayant compris que le risque de fraude et d'adultération était particulièrement élevé. Du coup, les tests sont devenus une étape incontournable. D'autant que, si les prix flambent, la qualité, elle, se dégrade[1]. Pas question pour les négociants de payer plein pot des gousses pourries ou sans arôme.

Certes, les récoltes ne sont pas bonnes à cause des cyclones, de la sécheresse, mais « cela ne justifie pas une hausse des prix telle qu'on l'a vue. Les opérateurs sont extrêmement spéculateurs[2] », raconte à l'AFP Emmanuel Née, négociant français en vanille. Pour tenter de mettre le holà à cette spéculation débridée, l'ambassade américaine a placé plusieurs entreprises qui abusaient sur liste noire ; certaines vendaient à un prix très bas – donc louche –, d'autres falsifiaient les certificats nécessaires pour l'exportation ou refourguaient des gousses indonésiennes ou indiennes vendues pour de la vanille

1. « À Madagascar, le prix de la vanille flambe, sa qualité se dégrade », *Libération* (source AFP), 8 mai 2016.
2. *Idem.*

de Madagascar. Le gouvernement malgache a de son côté commencé à mettre un peu d'ordre en fixant des dates d'exportation, des contrôles de qualité et un prix plancher – c'est-à-dire minimum! – de 350 dollars pour la vanille exportée en avril 2020.

L'industrie agroalimentaire n'est pas restée les bras croisés face à ces dérives. Les grandes marques se sont intéressées de beaucoup plus près à leurs fournisseurs, aux hommes et aux femmes sur le terrain, et ont fait en sorte de réduire tant que possible les intermédiaires, qui représentent autant d'occasions de frauder et spéculer. Cela paraît évident, mais c'est l'une des clés pour sécuriser sa chaîne d'approvisionnement : connaître la situation locale et ses fournisseurs! Le PDG de Danone, Emmanuel Faber, est ainsi allé en personne voir sur place[1] ce qui grippait l'approvisionnement, raconte le *Financial Times*. Victoria Mars, petite-fille du fondateur du groupe du même nom, a fait de même et découvert que la chaîne d'approvisionnement était bel et bien «cassée», selon ses dires au journal économique. Afin de sécuriser ce qui pouvait l'être, tous les géants industriels de la planète en manque de vanille, habituellement concurrents, se sont en outre alliés pour créer, en 2015, la «Sustainable Vanilla Initiative» (SVI)[2], officiellement lancée pour «promouvoir un approvisionnement stable à long terme en vanille naturelle de haute qualité, produite de manière durable sur le plan social, environnemental et économique», qu'elle vienne de Madagascar ou d'ailleurs.

Le géant des épices McCormick (connu en France pour commercialiser Vahiné ou Ducros), plus gros

1. David Pilling, «The real price of Madagascar's vanilla boom», *Financial Times*, 5 juin 2018.

2. https://www.idhsustainabletrade.com/sustainable-vanilla-initiative-svi

acheteur au monde de vanille, s'est d'ailleurs mis à aller voir ailleurs. Le directeur général de la branche d'approvisionnement mondial, Donald Pratt, ne s'en cache pas : sa société s'approvisionne désormais aussi en Papouasie indonésienne[1]. Mais l'Indonésie produisant vingt fois moins que Madagascar, cela risque de coincer à un moment entre l'offre et la demande. Toutefois, les industriels américains peuvent compter sur USAID, l'agence fédérale américaine pour le développement international qui soutient les producteurs indonésiens[2] se lançant dans la vanille, donc leurs clients. De son côté, Ben & Jerry's (Unilever) a investi dans la production de vanille en Ouganda. Mais ce fut un échec, comme l'a expliqué à Reuters Cheryl Pinto, responsable de la chaîne d'approvisionnement pour la célèbre marque de glaces : « Nous n'avons pas pu obtenir de vanille de l'Ouganda, parce que des acheteurs orientaux ont fait irruption et se sont présentés au village avec une cargaison d'argent avant la date de récolte décidée par le gouvernement. » Comprenez : les Chinois, en somme, payaient mieux.

Les réglementations européenne et américaine interdisent de vanter la présence d'un ingrédient s'il n'est pas contenu dans le produit : il est interdit d'induire le consommateur en erreur. Aussi, face au marasme, les fabricants ont-ils trouvé la parade : dans les rayons des grandes surfaces françaises, on voit pulluler les représentations de fleurs de vanille, se multiplier les mentions – pour se blinder – « saveur » ou « goût » devant le mot

1. Richa Naidu, « Spice maker McCormick's quest to make your vanilla milkshake cheaper », Reuters, 3 juin 2019.

2. Stella-maris Ewudolu, « How USAID is helping Indonesia's vanilla farmers to grow export trade », AEC News Today, 2 janvier 2019.

« vanille », inscrit, lui, en lettres repérables illico et généreuses sur les emballages des yaourts, crèmes glacées, riz au lait et autres produits, histoire d'attirer le chaland. On croit donc acheter un dessert qui contient réellement de la vanille alors que, à y regarder de près, c'est souvent faux. En Europe, d'ordinaire, les autorités laissent faire les industriels qui survendent. Mais, aux Pays-Bas, foodwatch a obtenu[1], en mai 2019, que l'autorité de la publicité juge trompeuse l'étiquette d'un yaourt vanille à boire Optimel (FrieslandCampina) qui n'en contenait aucune trace.

Aux États-Unis, on ne lésine pas du tout avec les promesses non tenues : une cinquantaine de procès[2] concernant la vanille indûment promise ont été intentés ces derniers mois – notamment à l'encontre des barres Mars, Wrigley's, Dove –, et ce n'est pas fini. Des consommateurs américains s'estiment floués quand la véritable vanille ne se trouve pas dans le produit qui les appâte en toutes lettres et gagnent. De sucré, le goût – pour certains – pourrait devenir amer.

Des fraudes épicées

Le changement climatique crée des perturbations massives dans l'offre et la demande de produits alimentaires. Or, quand celles-ci ne se rencontrent pas, forcément des escrocs profitent de la situation de crise. Le hic,

1. Katy Askew, « Dutch ruling shows need for clearer labelling of artificial flavours: "Careful distinction will have to be made" », Food Navigator, 21 mai 2019.

2. Julie Steinberg, « Most popular ice cream's legal history isn't so plain vanilla », Bloomberg Law, 21 avril 2020.

c'est qu'ils jouent avec la santé des gens, notamment allergiques.

Ainsi, fin 2014, la récolte du cumin en Inde a été brutalement interrompue à cause des conditions climatiques désastreuses. Et le pays a fourni 30 % de cumin en moins que d'habitude. Peu après, plusieurs cas de chocs anaphylactiques – une réaction allergique – ont été signalés au Canada et aux États-Unis[1] par des personnes en ayant consommé. Le cumin avait, en fait, été coupé avec des arachides moulues. En Grande-Bretagne, à la même période, la Food Standards Agency (FSA) s'est rendue compte que le cumin était, lui, mêlé avec de l'amande, également allergène.

En fait, les épices font partie des denrées les plus fraudées. Comme notre consommation aurait bondi de 30 % ces dix dernières années[2] et que, selon Loïc Tanguy, directeur de cabinet à Bercy, « les prix ont augmenté de 45 % en dix ans ; donc cela induit un risque de fraude ». Les derniers chiffres de 2018 de la Répression des fraudes portant sur les épices le confirment : 81 % du safran, l'épice la plus chère au monde, n'en est pas vraiment[3]. On a ainsi vu du safran vendu comme de la « fleur de safran » constitué à 100 % de fleur de carthame, 500 fois moins cher. De la cannelle du Sri Lanka provenir en réalité de Chine ; où elle est de moindre qualité et moins chère. C'est simple, en France, en moyenne une épice sur deux (51 %) présente des anomalies frauduleuses ! Le safran est en tête, suivi des poivres (59 %) – vous avez bien lu : près de deux poivres sur trois commercialisés chez nous ne seraient pas ce qu'ils prétendent être –, des paprikas

1. Marjolaine Cérou, « Cas d'épices adultérées : quelles solutions adopter ? », *Process alimentaire*, 16 mars 2015.
2. Lise Galante, « Épices, attention aux arnaques ! », LCI, 20 juin 2018.
3. https://www.economie.gouv.fr/dgccrf/controle-qualite-des-epices

et piments (54 %), des currys et curcumas (41 %) et autres épices et mélanges (35 %). Il est fréquent (19 % des fraudes sur les épices) de retrouver des substances (aussi appelées «substances de charge[1]») qui n'ont rien à y faire, présents uniquement pour diminuer les coûts de revient, augmenter artificiellement la masse et se sucrer sur le prix de vente : amidons exogènes, sel, sable, grignon d'olive moulu ou encore étamines de crocus dans les safrans.

L'approche «Une santé»

Il n'y a plus de temps à perdre. L'Organisation mondiale de la santé recommande[2] d'«intégrer la sécurité alimentaire dans les approches visant à atténuer les effets du changement climatique sur la santé afin de fournir des conseils, des directives et des interventions politiques complètes et efficaces dans tous les secteurs». C'est ce que l'OMS appelle la «One Health» (Une santé). Qui suppose que les gouvernements se penchent sérieusement sur des évaluations scientifiques des risques.

En Italie, l'ICQRF – Ispettorato Centrale Qualità e Repressione Frodi, l'équivalent italien de notre DGCCRF – n'a pas attendu les recommandations de l'ONU et intègre cette vigilance depuis des années. Quand Barbara Catizzone, responsable de la communication aux côtés du directeur de l'ICQRF, me l'explique avec une énergie convaincante, cette approche apparaît comme une évidence qui permet effectivement d'anticiper les fraudes.

1. *Idem.*
2. «Food safety. Climate change and the role of WHO», World Health Organization, janvier 2019.

« Dans l'analyse des risques, la météo est un indicateur que nous tenons particulièrement à l'œil, raconte-t-elle. Prenez l'olivier qui n'aime pas les conditions climatiques extrêmes. Une chaleur excessive, trop de pluie ou la sécheresse vont impacter le rendement en olives lors de la récolte. Comme 80 % de notre équipe ici est composée d'ingénieurs agronomes, ils savent pertinemment évaluer les besoins des oliviers, mais aussi des vignes, vulnérables aux aléas climatiques. Si la saison a été mauvaise, les olives et les raisins ne seront pas de bonne qualité et les rendements, les volumes produits plus faibles que d'habitude. On peut donc s'attendre à davantage de fraudes. »

Quelques degrés de plus sur Terre et...

Outre les épices, la disponibilité de denrées de base est aussi menacée par le changement climatique. Des tensions dans les approvisionnements augmentent le risque de fraude, s'accordent à dire les experts. Et les prédictions des Nations unies à ce sujet sont bien sombres. Pour l'Organisation mondiale de la santé, il ne fait aucun doute[1] que « le changement climatique augmente la fréquence et la gravité des phénomènes météorologiques extrêmes qui ont un impact sur la sécurité alimentaire. [...] Le changement climatique a un impact profond sur la disponibilité et la sécurité des aliments que nous consommons, qui devrait entraîner une augmentation significative du risque pour la santé publique par le biais des bactéries, virus, parasites, produits chimiques et toxines liées aux maladies d'origine alimentaire. La résistance antimicrobienne

1. *Idem.*

[antibiorésistance] et les maladies zoonotiques [liées aux animaux], toutes deux directement liées à la sécurité alimentaire, devraient également être affectées par le changement climatique. […] On s'attend à ce que le changement climatique provoque environ 250 000 décès supplémentaires par an entre 2030 et 2050 ; les augmentations de la mortalité liées à la sécurité alimentaire devraient contribuer à ce chiffre ».

On peut imaginer que la menace concernera seulement les pays lointains d'où nous importons d'exotiques denrées, mais non. En 2017 déjà, le bureau européen de l'OMS tirait la sonnette d'alarme[1] dans un rapport consacré à l'impact du changement climatique sur la santé des citoyens. La page 45 du document m'a fait frissonner ; j'ai compris qu'un tout petit degré de plus sur Terre pouvait contaminer nos aliments et démultiplier les intoxications alimentaires. C'est écrit noir sur blanc dans « Protecting health in Europe from climate change, 2017 update » : « L'augmentation de la température et de l'humidité ainsi que les conditions climatiques extrêmes affectent la capacité de nombreux pathogènes bactériens d'origine alimentaire à survivre et/ou à se développer. Les cas de salmonellose augmentent de 5 à 10 % pour chaque augmentation de 1 °C de la température hebdomadaire lorsque les températures ambiantes sont supérieures à 5 °C. »

La France aussi sera touchée, affirment sept chercheurs universitaires américains[2]. Parce que le réchauffement climatique pourrait favoriser la prolifération des insectes

1. « Protecting health in Europe from climate change: 2017 update », World Health Organization, Bureau régional pour l'Europe, 2017.

2. C.A. Deutsch, J.J. Tewksbury, M. Tigchelaar, D.S. Battisti, S.C. Merrill, R.B. Huey et R.L. Naylor, « Increase in crop losses to insect pests in a warming climat », *Science*, 361 (6405), 2018, p. 916-919.

ravageurs[1]. Est-ce que cela signifie que les agriculteurs devront recourir à davantage de produits phytosanitaires pour s'en débarrasser ? Dans cette étude publiée en 2018, les calculs des scientifiques ont de quoi inquiéter : ils prévoient que la France, la Chine et les États-Unis d'Amérique connaîtront très probablement les plus grandes pertes de récoltes dues à l'augmentation de la population de ravageurs à mesure que les températures monteront. Avec une hausse moyenne de 2 °C à la surface du globe, l'augmentation médiane de la perte de rendement des cultures due à la pression des parasites serait par an de 46 % pour le blé (59 mégatonnes), 19 % pour le riz (92 mégatonnes) et 31 % pour le maïs (62 mégatonnes).

Sous nos latitudes, le maïs en serait une lourde victime[2]. Plusieurs chercheurs italiens et néerlandais y voient une « question brûlante » (*hot topic*), sans mauvais jeu de mots, pour les décideurs européens : « Le futur scénario de +2 °C envisagé pour l'Europe est réaliste et pourrait modifier plusieurs interactions plantes-pathogènes sur l'ensemble du continent. En particulier, en raison du changement climatique, la contamination des grains de maïs par les aflatoxines constituera une préoccupation importante pour la sécurité et la sûreté des denrées alimentaires et des aliments pour animaux. Une réduction de la production de maïs est prévue par cette étude et a également été observée récemment. Cela réduirait la disponibilité du maïs à la fois pour l'alimentation humaine et surtout pour l'alimentation animale. Les cultures

1. « En Europe, le réchauffement climatique va favoriser la prolifération des insectes ravageurs », *Sciences et Avenir* (source AFP), 31 août 2018.

2. P. Battilani, P. Toscano, H. Van der Fels-Klerx *et al.*, « Aflatoxin B1 contamination in maize in Europe increases due to climate change », *Sci Rep*, 6, 24328, 2016.

contaminées auront une valeur économique réduite, car elles doivent être détournées vers d'autres utilisations telles que la production de biocarburants. Cela pourrait entraîner la fin de la production de maïs dans les zones actuelles, jugées non rentables.»

Le problème s'avérera d'une ampleur considérable. Environ 9 millions d'hectares de maïs et 26 millions d'hectares de blé tendre sont cultivés chaque année en Europe, les céréales en général contribuent à environ 30 % de l'alimentation humaine dans les pays industrialisés[1] ainsi qu'à 50 % de l'alimentation animale en Europe[2]. On dispose donc d'ores et déjà des données pour anticiper les fraudes qui pourraient survenir en lien avec le changement climatique…

6. Parce qu'on est obligé

J'ai recueilli plusieurs témoignages qui font mentir l'adage selon lequel «l'honnêteté paie». Car travailler honnêtement ou frauder peut, dans certains cas, devenir un sacré dilemme.

En Espagne, plusieurs entreprises honnêtes du commerce de poisson se sont fait racheter par une grosse société qui les a contraintes à frauder, m'a raconté un fonctionnaire à la Commission européenne. C'était ça ou mettre la clé sous la porte.

Chris Elliott, expert mondialement reconnu sur les questions de fraudes, chercheur et professeur à l'université Queen's de Belfast, a rédigé pour les autorités britanniques

1. Source : FAOStat.
2. «Développement agricole et rural, perspectives à court terme», Commission européenne, 2015.

un rapport qui a fait date – pour son analyse complète du système alimentaire britannique – sur le scandale de la viande de cheval à la place du bœuf. Présent dans toutes les conférences importantes sur le sujet, il ne mâche pas ses mots, conseille sur de nombreux sujets. Il déclare ouvertement que lui aussi « a eu des contacts avec un certain nombre d'opérateurs du secteur alimentaire qui m'ont dit que leur plus grand dilemme était de décider s'ils devaient tricher comme leurs concurrents ou faire faillite ». Et d'ajouter : « Je suis conscient que les entreprises qui "font ce qu'il faut" peuvent perdre des contrats au profit de celles qui ne le font pas. »

« Quittez la région, monsieur »

Comment sortir de la spirale de la fraude quand, en tant qu'entrepreneur, on y est coincé ? Faut-il parler ? Et quand, à qui ? Pas simple.

Un patron français, qui s'est fait prendre à ce sale jeu, m'a confié son histoire… cauchemardesque. Son affaire, qui relève du pénal, doit encore être jugée à l'heure où j'écris ces lignes. La justice aura bien sûr à faire toute la lumière sur les responsabilités, mais son témoignage me paraît extrêmement éloquent quant à l'omerta qui règne dans l'industrie agroalimentaire. Pour préserver son anonymat, appelons-le Martin.

Quand Martin est approché pour racheter la société, il y a quelques années, il vient d'un autre secteur d'affaires. Mais l'entreprise en vente semblant faire de sacrées marges – plusieurs millions de chiffre d'affaires en achetant des milliers de tonnes des légumes qu'elle lave puis revend à des grossistes –, il y voit une aubaine. Alors il se lance. Et, rapidement, est confronté, comme tout industriel qui travaille avec de la matière première, à de la marchandise qui ne répond pas aux critères attendus : au gré des récoltes, certains lots sont parfois moins qualitatifs, des légumes une fois lavés s'avèrent tachés, jaunes, ou arrivent en quantité insuffisante pour satisfaire la demande. Dans ce milieu – ce qui l'étonne –, beaucoup de transactions se font par téléphone, y compris pour de grosses commandes. Il commence donc à appeler ses clients et leur explique qu'il ne dispose pas de la marchandise demandée : ils voulaient une variété A de légumes, lui peut leur fournir une qualité moindre, la B (moins chère). À l'autre bout du fil, plusieurs semblent d'accord, sont preneurs. Mais, sur les factures, le patron doit écrire qu'il s'agit du légume initialement demandé, la variété A. Parce que c'est comme ça que cela se passait avant ! Martin me confie qu'il refuse d'abord, puis n'a que le choix de se prêter au jeu… un peu. Il avoue : «Je l'ai fait par obligation, car il faut bien faire face aux charges en attendant de comprendre et de trouver la solution pour remettre l'entreprise dans le droit chemin.»

Mais de surprises en soupçons, Martin découvre bientôt que l'excitant chiffre d'affaires de l'entreprise qu'il vient de racheter s'explique par une gigantesque fraude mise en place depuis des années sur les variétés de légumes vendues aux marchés de gros (les MIN, Marchés d'intérêt national, dont le plus connu est Rungis) ainsi qu'à plusieurs pays européens : Pays-Bas, Allemagne, Italie. Fraude qui ne se limite pas à une seule variété. Dans les entrepôts, il découvre des emballages vides, recyclés, et destinés à recevoir des légumes de marque, plus chers et vendus en grande distribution. Alors que son entreprise n'a aucun agrément pour commercialiser cette marque. Petit à petit, l'entrepreneur s'aperçoit que tout le monde le sait. Dont les banques auxquelles il s'était adressé pour le rachat et qui n'avaient pas souhaité le suivre alors que le dossier était exceptionnel… sans l'avertir.

Il entreprend alors de « remettre les acheteurs dans le droit chemin », envoie des mails. Et se fait rapidement engueuler au téléphone, car il a osé coucher noir sur blanc des informations sur la véritable qualité de la marchandise. Ce que ses clients n'apprécient pas. S'ensuit la catastrophe : un an plus tard, sa société ne vaut plus un clou. Il lui est devenu évident que travailler honnêtement avait fait fuir des clients. Martin s'adresse alors à la Répression des fraudes, qui l'informe de l'existence d'une véritable mafia dans ce milieu-là et que, depuis des années, elle essaie de coincer les fraudeurs.

Alors Martin collabore, transmet des années de comptabilité, les listings des clients, reconnaît avoir fraudé lui aussi – par nécessité – et tâche de faire annuler la vente. « J'étais le pigeon parfait », admet-il. Aujourd'hui, il n'est évidemment pas tiré d'affaire. Du bureau départemental de la Répression des fraudes, son dossier – qui suinte la bande organisée – « remonte à Paris », comme on dit dans le milieu. Et, tant qu'à faire, les inspecteurs lui conseillent vivement de quitter la région. Un conseil qu'il prendra au sérieux puisqu'il déménagera loin de cette « mafia ».

7. Parce qu'on se croit au-dessus des lois françaises

Bienvenue en absurdie. Dans les élevages français, les agriculteurs soignent d'habitude leurs bêtes avec des anti-inflammatoires, antibiotiques qui doivent bénéficier d'une autorisation de mise sur le marché (AMM, de son petit nom). Or un certain nombre de médicaments vétérinaires ne disposant pas d'AMM chez nous sont vendus librement en Espagne. Et ce alors qu'en cas d'utilisation anarchique des préparations anti-infectieuses, les vétérinaires s'accordent pour évoquer deux risques principaux : «Le développement d'une antibiorésistance et des résidus de médicaments susceptibles de se retrouver dans les denrées d'origine animale issues des animaux ainsi traités et ingérées par les consommateurs.»

Or, pendant plusieurs années, une douzaine d'éleveurs d'ovins, de bovins et de canards des Pyrénées-Atlantiques, des Landes, de Charente-Maritime et de la Vienne ont, eux, franchi la frontière pour se fournir en Espagne. Où ils ont acheté des médicaments qui n'avaient pas d'autorisation de mise sur le marché en France, mais aussi des médicaments dans leur version avec notice espagnole (qui peut varier des recommandations françaises), moins chers, ce qui n'était pas non plus permis par la réglementation française. Les faits ont été constatés lors d'une visite des services vétérinaires dans un élevage d'Itxassou, au Pays basque, et très vite l'affaire a enflé, montrant que de nombreuses exploitations réparties dans plusieurs régions du pays étaient concernées. Elle a connu plusieurs rebondissements étonnants, dont une instance devant la Cour de justice de l'Union européenne… qui a vu les éleveurs… relaxés des chefs d'importation de médicaments vétérinaires sans autorisation et complicité.

Si je l'évoque dans ce livre, c'est parce que, bien qu'illégale en droit français – les agriculteurs étaient jugés pour «transport de marchandise réputée importée en contrebande» et «importation de médicaments vétérinaires sans autorisation[1] » –, cette pratique n'a pas été dûment sanctionnée à cause d'une faille existant à l'époque des faits dans la réglementation nationale. Qu'un décret publié en juin 2018[2] est venu mettre en adéquation avec le droit communautaire. Désormais, les éleveurs peuvent donc introduire une demande d'importation parallèle d'une spécialité pharmaceutique vétérinaire auprès de l'Agence nationale du médicament vétérinaire (Anses), pour les espèces dont la chair ou les produits sont destinés à la consommation humaine. « Bien entendu, souligne le Conseil national de l'ordre des vétérinaires, l'autorisation nécessite que toutes les conditions listées dans le décret soient respectées : autorisation de mise sur le marché, composition, indications thérapeutiques, détention, délivrance, pharmacovigilance… Tout cela étant respecté, le décret s'applique : suite à l'obtention de l'autorisation, une importation peut être faite par un propriétaire ou un détenteur professionnel d'animaux relevant d'espèces dont la chair ou les produits sont destinés à la consommation humaine pour les besoins de son propre élevage. Toute importation ne disposant pas d'une autorisation d'importation parallèle est illégale. »

Si les éleveurs avaient pris le risque, c'est « parce que les produits vétérinaires sont proposés entre 50 et 55 % moins cher de l'autre côté de la frontière ; par exemple le Finadyne, qui sert à couper la douleur et la fièvre des bêtes », expliquait une éleveuse concernée au journal *Sud Ouest*[3]. « Il n'est pas rare de trouver des produits 20 %

1. Arrêt de la Cour d'appel de Pau, 1er mars 2018.
2. Décret n° 2018-454 du 5 juin 2018 modifiant certaines dispositions relatives à l'importation parallèle de médicaments vétérinaires.
3. Emmanuelle Fère, « Des éleveurs jugés pour "contrebande" au tribunal de Bayonne », *Sud Ouest*, 22 octobre 2013.

à 300 % moins cher en Espagne, voire jusqu'à 1 000 % pour certains médicaments destinés à l'aviculture», affirmait de son côté à Web-agri en 2014 un autre agriculteur, membre d'une association créée pour soutenir le vétérinaire espagnol qui délivrait les liasses d'ordonnances pré-signées sans visiter les élevages.

Le processus était extrêmement simple : en un coup de fil, les éleveurs passaient commande auprès des sociétés Venta Peio ou Albaitaritza du côté espagnol. Alors le Dr Francisco Erneta Azanza, vétérinaire, passait en boutique une fois par semaine déposer les ordonnances. Durant l'enquête, les policiers ont découvert un couple d'éleveurs de brebis ayant chez eux 40 ordonnances préétablies par le Dr Erneta Azanza, dont certaines pour des médicaments dépourvus d'autorisation de mise sur le marché. «Tout éleveur sait comment soigner ses animaux. Dans le contexte économique actuel, au prix de la brebis, cela ne valait pas le coup d'appeler un vétérinaire», justifia devant la cour l'éleveur qui se fournissait en Espagne depuis cinq ans.

Lors du procès, le vétérinaire, inscrit auprès de l'Ordre national des vétérinaires français depuis 2005, a reconnu faire des ordonnances – y compris pour des vaccins – en dehors de tout protocole de soins, sans avoir vu les animaux, sur simple appel téléphonique d'éleveurs français qu'il ne connaissait même pas forcément.

Le Dr Erneta Azanza «suivait» une vingtaine d'élevages – surtout bovins, vaches laitières – en France, essentiellement dans les Pyrénées-Atlantiques et les Landes, mais aussi en Bretagne et à Parthenay (département des Deux-Sèvres). Il était associé de deux sociétés : l'une de vente de médicaments et l'autre de prestation vétérinaire, adhérente d'Audace. Cette Association des utilisateurs et distributeurs de l'agrochimie européenne, qui porte bien son nom, est importante, vous allez le voir, car elle se trouvait impliquée dans un système encourageant les éleveurs à se fournir en Espagne. À vrai dire, les agriculteurs étaient soutenus dans leur démarche par Audace, mais aussi par l'Association des éleveurs solidaires (AES). Dont l'objet était clairement de « représenter et défendre les intérêts personnels et collectifs de ses membres dans le domaine des divers approvisionnements agricoles, phytosanitaires, semences, engrais ainsi que vétérinaires » pour la première, et « d'informer les éleveurs sur les réglementations, nationales et communautaire, qui encadrent leur profession, les conseiller, les défendre et les représenter contre les dysfonctionnements d'ordre juridique, administratif et commercial qui portent atteinte à l'application de ces réglementations » pour la seconde. En Europe, Audace compte pas moins de 118000 adhérents. Sa petite sœur, « AES, avait été créée avec le soutien d'Audace afin de défendre le droit des éleveurs à se fournir en médicaments vétérinaires espagnols, en s'appuyant sur les règles européennes contredites par la réglementation nationale », poursuit la cour. Le président d'Audace avait en 1985 créé une société appelée Phytheron, déjà impliquée dans l'importation parallèle de produits phytopharmaceutiques.

Fort d'une première victoire juridique en 2003 dans une procédure concernant ces importations parallèles, lui et l'association qu'il présidait avaient pris leur bâton de pèlerin pour organiser des réunions d'information expliquant à un maximum d'éleveurs que, selon eux, ils pouvaient s'approvisionner en Espagne. Des arguments qui avaient fait mouche auprès de nombre d'entre eux. Et pour cause : les dépenses en soins aux animaux pèsent lourd dans le budget d'une exploitation.

Quel intérêt pour ces associations dans tout ça? L'association AES percevait une commission entre 3 % et 4 % sur la vente de chaque médicament vétérinaire vendu par la Venta Peio. Commission qui apparaissait distinctement sur les factures des éleveurs, sous la mention de frais éleveurs puis d'étude de la réglementation européenne, et servait au financement des actions qui pouvaient être intentées contre les éleveurs important d'Espagne des médicaments vétérinaires.

La société de Michel Roques, Phytheron 2000, émettait quant à elle des factures pour ses travaux de conseils juridiques réalisés avec le label de l'association de l'association Audace.

Le Syndicat national des vétérinaires d'exercice libéral, qui s'est porté partie civile dans l'affaire, a soutenu que «les prévenus, au mépris pur et simple de la santé publique et à des fins strictement lucratives, se sont livrés au sein d'une organisation mafieuse à un négoce illicite, en pleine connaissance de cause, n'ignorant pas les sanctions encourues, réalisant au détriment des vétérinaires et pharmaciens honnêtes des profits ou économies de trésorerie fort importants».

L'absurdité de la situation est là : les associations de défense des agriculteurs avaient identifié une faille dans la loi française qui, au regard de la réglementation européenne, aurait dû mettre en place un système d'importation parallèle simplifiée permettant aux éleveurs de se fournir en Espagne et d'être ainsi à pied d'égalité avec leurs confrères voisins[1]. Leur stratégie consistait donc à

1. Certes, les éleveurs français avaient acquis les médicaments vétérinaires espagnols sans demande d'autorisation d'importation auprès de l'Agence du médicament vétérinaire. Mais les articles 34 et 36 du Traité sur le fonctionnement de l'UE, tels qu'interprétés par la Cour de justice de

braver l'interdit édicté par la loi française en s'appuyant sur sa contradiction vis-à-vis des principes édictés par le droit communautaire.

Or, selon un article du site professionnel Web-agri[1] paru en 2014, « une quinzaine d'officines vendraient des produits vétérinaires à la frontière espagnole, de Perpignan à Hendaye, jusqu'à Huesca et Barcelone. D'après l'Association des éleveurs solidaires, près de 4 000 éleveurs se seraient déjà rendus en Espagne pour s'approvisionner en médicaments prescrits par des vétérinaires espagnols ». Pour le président d'Audace, « il s'agit non de fraudes mafieuses, mais d'achats transfrontaliers effectués par les agriculteurs. Oui, en Languedoc-Roussillon, ces importations pourraient représenter 70 % d'un marché total évalué à 30 millions d'euros. Il s'agit principalement de produits génériques achetés sous le couvert d'une AMM espagnole, qui n'ont pas fait l'objet d'une demande d'homologation en France, ou, plus grave, de produits interdits en France mais vendus en Espagne par dérogation obtenue au motif de nécessité locale absolue. Tel a été, pendant des années, le cas de l'arsenic de sodium interdit en France depuis 2002 », disait-il lors de son audition au Sénat en 2012[2]. Et aujourd'hui ?

---

l'Union européenne dans sa décision du 27 octobre 2016, imposent aux États membres de prévoir une procédure d'importation parallèle simplifiée ouverte aux éleveurs qui souhaitent importer des médicaments vétérinaires pour les besoins de leurs propres élevages. Le droit français ne prévoyant aucune procédure d'importation parallèle à l'époque des faits n'était pas conforme à la réglementation européenne.

1. Robin Vergonjeanne, « Prix des médicaments vétérinaires. France-Espagne : les éleveurs français se feraient-ils plumer ? », Web-agri/Terre-net Média, 12 décembre 2014.

2. https://www.nossenateurs.fr/seance/8374#table_35886

Négociable ?

D'autres acteurs de l'agroalimentaire préfèrent payer plutôt que filer droit. C'est même prévu dans leur budget annuel. Régler les amendes en catimini est finalement assez commode, puisque cela permet d'éviter d'aller jusqu'aux procès, de ne pas être publiquement exposé, de risquer de voir sa réputation égratignée. C'est l'option qu'ont choisie beaucoup de supermarchés, m'a expliqué un inspecteur de la Répression des fraudes. «Il faut dire que, entre les audiences pour violences, trafic de drogue, viol, le procureur a autre chose à gérer que l'étiquetage frauduleux des aliments, qui est loin d'être une priorité...», me lâcha-t-il, un peu dépité.

En principe, la tromperie sur les qualités substantielles d'une denrée est un délit sanctionné au pénal. Oui, il y a dans les rayons du vin étranger ou des fruits qui se font passer pour français alors qu'ils ne le sont pas. Oui, les consommateurs sont trompés et paient beaucoup plus cher dans l'espoir de cautionner une qualité qu'ils n'obtiennent en rien. Et alors? Rien. Bien rares sont les affaires de ce type qui vont jusqu'au tribunal, surtout s'«il n'y a pas mort d'homme».

Comme les parquets sont débordés, m'indique un directeur de direction départementale de la protection des populations, «de plus en plus d'infractions font l'objet de transactions avec la Répression des fraudes. On réserve la voie pénale pour les cas qui en valent la peine. Dans notre département, il faut un an et demi pour instruire une affaire. La transaction est donc plus rapide : on clôt le dossier en un mois». C'est la Répression des fraudes qui propose le niveau de sanctions, souvent suivie par le procureur. Évidemment, reconnaît le directeur de la DDPP, «c'est un peu secret, mais au moins l'opérateur reconnaît qu'il a fauté. Et, à la prochaine récidive, cela ne pardonnera pas».

En attendant, nous, consommateurs, n'en saurons jamais rien…

8. Quand les chaînes d'approvisionnement poussent à la corruption et à la violation des droits de l'homme

Assister à tous les matchs de la saison de son équipe de foot préférée – les «Rossoblù» du Bologna FC en Italie –, garer son Opel Corsa flambant neuve devant la maison… Ces plaisirs «simples» se refusent-ils pour sauver l'honneur de quelques patates? En échange d'un abonnement de foot et d'une nouvelle voiture d'une valeur de 8 500 euros – des cadeaux qui prennent par les sentiments, tout de même –, Claudio, l'ex-responsable des achats de fruits et légumes pour les supermarchés Conad (chaîne très connue en Italie), aurait accepté de fermer les yeux sur des pommes de terre, beaucoup de pommes de terre en provenance de France, moins chères à l'achat et vendues dans ses rayons comme étant italiennes. La fraude – baptisée Patategate –, révélée par la chaîne de télévision italienne RAI, impliquait en fait un réseau d'une vingtaine de personnes. Soit l'exemple type du potentiel corruptible à prendre en compte quand on veut refourguer ses produits frauduleux sous le manteau.

Dans les plus hautes sphères de l'État, il arrive aussi qu'on ne crache pas sur quelques gros billets pour «ignorer» certaines pratiques frauduleuses. Au Brésil, l'enquête autour du scandale planétaire des géants de la viande qui commercialisaient de la bidoche avariée dans le monde entier a révélé que des fonctionnaires du gouvernement – y compris des inspecteurs des services sanitaires qui délivraient les certificats sans avoir fait le job –, ainsi que des politiciens – deux anciens ministres de l'Agriculture[1] – et même le Président étaient mêlés à cette histoire nauséabonde que je détaille dans le chapitre de ce livre consacré à la viande.

En Espagne, des contrôleurs corrompus prévenaient, eux, des futurs contrôles, une très grosse entreprise de poisson qui refourguait du thon avarié ou piqué aux additifs interdits. Les opérateurs pouvaient ainsi préparer les échantillons de prélèvement qui feraient penser que tout allait pour le mieux. Une escroquerie sur laquelle je vais revenir dans le chapitre consacré aux produits de la pêche.

Il n'est pas nécessaire d'être acteur de la fraude – on le voit –, il suffit parfois d'empocher les pots-de-vin et de détourner le regard… pour que le résultat soit, au final, tout aussi grave.

Les grands groupes industriels agroalimentaires se préoccupent de cette question, qu'ils identifient comme une véritable menace. J'ai pu parler avec certains d'entre eux de l'importance de sécuriser l'intégrité de leur chaîne d'approvisionnement. De fait, quand les matières premières viennent de loin, de contrées reculées, même, quand des sous-traitants apparaissent à certaines étapes sans que les commanditaires en soient informés, quand des enfants payés chichement pour de longues heures de travail confectionnent ou ramassent les denrées pour de très grands groupes multimillionnaires alors que c'est illégal, il n'est pas rare de voir des arnaques. Lorsque les

1. Pedro Fonseca et Ana Mano, «JBS' Batista arrested with ex-Brazil agriculture ministers in probe», Reuters, 9 novembre 2018.

fabricants ne contrôlent pas tous les bouts de la chaîne, il leur arrive de trébucher.

Dans l'économie mondialisée, la production est souvent tributaire de matières premières issues des quatre coins de la planète, et de chaînes d'approvisionnement complexes. Les risques de corruption sont partout. À tous les niveaux et à chaque étape. Les industriels ne peuvent plus les occulter ; il y va de la responsabilité de très grandes marques, de leur réputation qui, au moindre couac, peut être salie durablement. De cette corruption peuvent naître divers scénarios de fraudes : des marchandises qualitatives destinées au grand groupe qui partent au marché noir et sont remplacées par d'autres de qualité inférieure, des vols, des contrôles non effectués dans les règles de l'art, laissant la place à des risques sanitaires, bactériologiques, des certifications (par exemple sur le bio) falsifiées, etc.

Chez McCormick & Company (qui commercialise notamment en France Ducros et Vahiné), Clare Menezes est la directrice en charge de la *food integrity*, intégrité alimentaire à l'échelle globale. Son groupe s'est doté d'une *hotline* interne, numéro de téléphone confidentiel que les employés, partout dans le monde, peuvent appeler pour alerter du moindre soupçon de fraude. Des gardiens de la *food integrity* travaillent donc aux quatre coins du globe. Comment ? « Nous adoptons une approche multidisciplinaire tout au long de la chaîne de valeur, en investissant et en déployant les outils analytiques les plus récents et en utilisant des gardiens de l'intégrité dans l'entreprise pour promouvoir une culture de prévention de la fraude. Nous organisons des programmes de formation interne complets pour aider nos collègues à mieux comprendre les facteurs de fraude alimentaire », détaille-t-elle.

Dans un autre grand groupe alimentaire, qui génère des milliards de chiffre d'affaires annuel, la responsable des matières premières m'explique que sa société tente d'assainir sa chaîne d'approvisionnement. Elle achète par exemple ses propres exploitations de cacao et dit ne pas travailler avec des sous-traitants. Réduire le nombre d'intermédiaires permettrait de diminuer le risque de fraude.

Dans le groupe Bel[1] – que vous connaissez sous les marques La Vache qui rit, Babybel, Kiri, Leerdammer et Boursin –, on estime que, lorsque apparaît une menace de ce type sur la chaîne d'approvisionnement, elle provient de l'intérieur même de la société dans 70 % des cas observés : *via* des employés, des intérimaires, des sous-traitants ou des militants infiltrés. Et, dans une moindre mesure, *via* les chauffeurs, fournisseurs ou groupes organisés. Bel a donc mis en place un «plan de défense», évaluation des risques qui prend en compte de multiples paramètres. Comme le contexte social, la taille, l'environnement de l'usine, la vulnérabilité des produits, mais aussi les matières premières, les emballages, les conditions de stockage et de transport. Le groupe mesure ainsi la probabilité d'une menace et ajuste son niveau de vigilance.

La question des droits de l'homme peut paraître éloignée du sujet, elle est pourtant bel et bien discutée dans les conférences sur la fraude alimentaire auxquelles j'ai assisté. Les produits fabriqués dans des conditions qui les violent sont-ils licites ? Ont-ils leur place sur le marché mondial, sur l'étagère de notre garde-manger ? C'est une vraie question. D'un point de vue éthique, ça paraît

1. «Securing your food chain. Farm to fork from a food defense perspective», European Food Sure Summit, avril 2018.

évident. Mais, d'un point de vue juridique, on n'a pas encore toutes les réponses.

Rappelons que, pour parler de fraude alimentaire, il faut réunir quatre critères : un gain économique évident (la main-d'œuvre ou les matières premières moins chères à l'autre bout de la planète), une tromperie à l'égard du consommateur (faire passer un produit comme superqualitatif alors qu'il est récolté dans des conditions humaines effroyables), une infraction (une violation des droits de l'homme : esclavage, exploitation des enfants) ; seule l'intention, finalement, est difficile à démontrer dans ce type de cas. Mais la négligence peut s'avérer coupable.

« Si vous n'avez pas identifié d'esclavage sur votre chaîne d'approvisionnement, il est probable que vous ne cherchez pas aux bons endroits », lançait à un parterre composé des plus grands noms de l'industrie agroalimentaire David Camp[1], directeur général de l'Association of Labour Providers (ALP) et fondateur de Stronger Together (contre l'esclavage moderne). ALP a été créée sous l'impulsion du gouvernement britannique pour accompagner les entreprises vers des pratiques responsables concernant la main-d'œuvre dans la chaîne d'approvisionnement de l'industrie alimentaire, l'agriculture et les biens de consommation en général. « De grands groupes tels que Walmart et Tesco sont de plus en plus conscients qu'ils doivent comprendre les vulnérabilités du travail tout au long de leur chaîne d'approvisionnement et veiller au respect des droits de l'homme à toutes les phases de la production. Les consommateurs demandent des comptes, désormais. Une transparence totale et une traçabilité complète vont devenir la norme d'ici peu. »

1. https://alliancehr.co.uk/about-us

Loin des yeux ?

Si la chaîne d'approvisionnement n'est pas irréprochable, cela finit par se savoir. En 2019, le *New York Times*[1] puis la BBC[2] ont ainsi révélé le scandale du travail des enfants, âgés de dix ou douze ans parfois, qui récoltaient en Turquie les noisettes destinées aux pots de Nutella, aux produits Nestlé ou aux pralines Godiva. 70 % des noisettes mondiales proviendraient de Turquie. Or, selon l'enquête, dans bien 400 000 exploitations familiales s'y adonnant, les propriétaires acceptent le travail des enfants, travailleurs issus de familles kurdes immigrées ne gagnant que quelques dollars par jour.

Ferrero, multinationale multimilliardaire, s'est empressée de déclarer qu'elle ne tolérait pas le travail des enfants, ni aucune forme d'esclavage, et qu'elle était déterminée à prévenir et à éliminer ces fléaux dans ses chaînes d'approvisionnement. Tout en précisant que cela nécessitait la coopération de nombreuses parties prenantes. Ferrero a donc mis en place des programmes de responsabilité sociale des entreprises, dont l'un comprend une formation sur les droits des travailleurs et le travail des enfants. Toutefois, seuls 10 % des 400 000 exploitations agricoles turques participent, rapporte la BBC qui répercute ces propos de Bamsi Akin, directeur général de la société Ferrero Hazelnut sur place : « Si nous déterminons qu'un produit est fabriqué avec des pratiques non éthiques, nous n'y toucherons pas. Nous faisons notre part pour améliorer les pratiques sociales avec des formations… Mais le système est-il complètement propre ?

---

1. David Segal, « Syrian refugees toil on Turkey's hazelnut farms with little to show for it », *The New York Times*, 29 avril 2019.

2. Tim Whewell, « Is Nutella made with nuts picked by children? », BBC News, 18 septembre 2019.

Je pense que personne ne peut le dire pour l'instant.» Un constat glaçant.

Les consommateurs peuvent se tourner vers des produits plus éthiques, diront certains. Certes, mais, dans le cas de la pâte à tartiner Nutella, la demande ne semble pas près de fléchir. Après les révélations de la BBC, plusieurs chaînes de grande distribution[1], notamment australiennes, ont écrit à Ferrero pour s'indigner. Mais quand la presse leur a demandé si elles étaient prêtes à retirer les produits Ferrero des rayons, les supermarchés ont soit refusé de commenter, soit déclaré qu'il était trop tôt pour le dire... Les affaires avant tout.

Alors même que c'est interdit par les lois du commerce international, en Chine les prisonniers épluchent l'ail qui finit dans les supermarchés du monde entier. Un esclavage découvert *via* des images filmées en caméra cachée au sein de prisons chinoises dans *Rotten* [Pourri], documentaire produit et diffusé par Netflix. L'exportation de biens produits en détention est complètement illégale. Cela n'empêche pas «les bureaux administratifs provinciaux des prisons en Chine de créer des entreprises qui ressemblent, de l'extérieur, à des entreprises ordinaires, explique Joshua Rosenzweig, d'Amnesty International à Hong Kong[2]. Les sociétés étrangères qui achètent ces produits sont dans une position assez difficile pour faire les vérifications qui seraient nécessaires afin d'identifier si leurs chaînes d'approvisionnement sont liées au travail des prisonniers». Ce travail est si éreintant que les ongles

1. Dominic Powell, «Australian supermarkets question Nutella producer over child labour claims», *The Sydney Morning Herald*, 24 septembre 2019.
2. Yuan Yang, «Supply chains: the dirty secret of China's prisons», *Financial Times*, 30 août 2018.

des prisonniers tombent, ce qui les amène à parfois peler l'ail avec leurs dents[1]. «Nos ongles se fendaient tôt ou tard, et le jus d'ail s'infiltrait et nous brûlait la peau», raconte un ex-détenu[2] de Lanzhou, dans la province du Gansu, qui a connu ce type de travaux forcés : «Le matin, ils poussaient un sac ou deux d'ail dans notre cellule. Nous devions les peler et les laver avant la fin de la journée. Il y avait généralement six à sept personnes dans chaque cellule.» La Chine produirait deux tiers des 27 millions de tonnes d'ail dans le monde. La France importe 3852 tonnes d'ail chinois par an[3].

Pour que cela bouge, il faut des organisations qui alertent. Comme Sherpa, qui a été à l'œuvre pour que naisse une loi sur le devoir de vigilance en France (pas encore étendue à l'échelle européenne), obligation désormais imposée aux entreprises.

Sandra Cossart, directrice de Sherpa, raconte : «Nous avons interpellé, avec deux autres associations partenaires, France Nature Environnement et Mighty Earth, vingt entreprises du secteur agroalimentaire pour les alerter sur les impacts générés par la culture du soja, et notamment les atteintes graves à l'environnement et aux droits humains en Amérique latine qu'elle entraînait. Nous avons demandé à ces entreprises de prendre les mesures nécessaires pour limiter les impacts sociaux et environnementaux de leurs activités, et tout spécialement au sein de leur chaîne d'approvisionnement, rappelant que ces mesures s'inscrivent non seulement dans les principes

1. Reed Tucker, «The terrifying secrets behind your favorite foods», *New York Post*, 16 janvier 2018.

2. Ming Xin, «My account of forced labor at Lanzhou City railway detention center», Minghui.org, 19 janvier 2013.

3. «L'ail en 2019-2020», Réseau des nouvelles du marché, FranceAgriMer.

directeurs de l'OCDE et dans la stratégie gouvernementale pour la lutte contre la déforestation importée, mais également dans la nouvelle loi relative au devoir de vigilance. »

Résultat : « À la suite de cette première interpellation, certaines de ces sociétés, notamment Olivier Bertrand (Burger King) ou Bigard (viande), n'ont pas pris la peine de répondre à nos courriers ou de publier un plan de vigilance. D'autres, comme Neovia [alimentation animale], ont invoqué la supposée confidentialité des informations portant sur la traçabilité du soja dans leur chaîne d'approvisionnement. Même si, en général, les entreprises soumises à la loi sur le devoir de vigilance comme Carrefour, Bel ou Danone, semblent avoir une longueur d'avance, la déforestation causée par cette culture est toujours peu mentionnée dans les plans de vigilance. La traçabilité est limitée, et peu de mesures concrètes sont mises en œuvre, au-delà du recours ponctuel à des certifications critiquables ou de la participation à des groupes de travail basés sur le volontariat », constate-t-elle.

De l'exploitation agricole à l'exploitation humaine, il n'y a qu'un pas

Nos fruits et légumes – tomates, aubergines, kiwis, pastèques, etc. – sont parfois récoltés en Europe dans des conditions qui relèvent de l'esclavage moderne ; des conditions qu'aucun consommateur ne cautionnerait s'il était au courant.

Marco Omizzolo, sociologue au sein de l'institut de recherche Eurispes et président du Centre d'études des Temps modernes[1] à Rome, s'est infiltré dans les

1. www.tempi-moderni.net

exploitations agricoles, surtout en Italie, et a travaillé avec les migrants – souvent des Indiens ou Africains – dans les champs. Vivant à leurs côtés, il a observé les conditions inhumaines et violentes dans lesquelles ils étaient exploités. Il a vu comment cette main-d'œuvre maltraitée en arrivait à se droguer (opium et divers médicaments) pour tenir les cadences infernales – 14 heures de travail par jour, parfois 7 jours par semaine –, était poussée parfois au suicide, en tout cas sous-payée. «La loi prévoit un minimum de 9 euros bruts à l'heure, raconte-t-il. Mais, sur le terrain, en Italie, des esclaves modernes travaillant sans arrêt se voyaient payer à peine 2 euros de l'heure. J'ai même vu des tarifs descendre à 50 centimes de l'heure. Au bout du mois, la fiche de paie affichait péniblement 300 euros. C'est aussi sur ce système criminel que repose l'agriculture européenne.» La grande distribution a sa part de responsabilité, selon lui : «Le coût du travail pèse dans le prix des marchandises. Lors des appels d'offres des chaînes de supermarché, tout se joue évidemment sur les marges de profits qu'elles peuvent se faire. Ce qui tend à tirer les prix vers le bas. Et n'encourage pas à payer la main-d'œuvre décemment.»

Pour avoir dénoncé le *caporalato* – l'intermédiation illicite de main-d'œuvre à des fins d'exploitation – dans son livre, mais aussi pour avoir organisé lui-même des grèves dans les champs avec plus de 5 000 travailleurs indiens visant à réclamer plus de droits et un salaire décent, Marco Omizzolo dit faire face à des menaces de mort lancées notamment par d'importants clans mafieux. Sa voiture, garée devant chez lui, a été détruite à quatre reprises ces trois dernières années. Il a aussi retrouvé des animaux morts dans son jardin. Autant d'intimidations et d'avertissements lui indiquant qu'il est tenu à l'œil. Du coup, il bénéficie d'une garde rapprochée chaque fois qu'il se rend dans le Latina, province à une centaine de kilomètres de Rome.

En France aussi, cet « esclavagisme moderne » existe. Et permet de remplir frigos et même… flûtes à champagne. Une affaire jugée à l'été 2020 devant le tribunal de Reims a éclaboussé le monde des vignes champenoises : des vendangeurs afghans travaillaient sans avoir signé de contrat ni être payés et étaient hébergés dans des conditions indignes, dormant à même le sol[1]. Un couple de Sri-Lankais, qui les avait recrutés aux abords de la porte de la Chapelle, à Paris, a été condamné à trois ans de prison, dont un an assorti du sursis, pour traite d'êtres humains[2]. *Le Monde* précise que les firmes Veuve Clicquot Ponsardin et Moët & Chandon, dont les noms ont été évoqués, n'ont pas été mises en cause. Contactées, les deux prestigieuses maisons se disent d'ailleurs « particulièrement choquées par les accusations de recours au travail illégal » portées parfois contre elles et les « réfutent fermement ».

Ces pratiques vous choquent ? Elles ne sont jamais relayées par les réseaux d'alerte liés à l'alimentation, tant au niveau national qu'européen, alors qu'il s'agit de pratiques illégales.

9. Parce qu'on est dans une impasse

Certains se lèvent un matin en se demandant s'il faut mettre la clé sous la porte. Alors que faire ? Frauder ? Des difficultés financières passagères ou persistantes

1. Simon Piel et Julia Pascual, « Esclavage moderne : des hommes et des femmes victimes d'une criminalité invisible », *Le Monde*, 5 janvier 2021.
2. Un intermédiaire donneur d'ordre condamné a fait appel de cette décision de justice, il est donc présumé innocent.

expliquent parfois, sans les excuser, évidemment, que certains producteurs en viennent à verser dans l'illégalité. Un cas concret récent, qui mêle mondialisation, subsides en guise de ballon d'oxygène, pesticides, réglementations et sans doute une certaine idée que l'on se fait des terroirs français… plus quelques moustiques au passage, l'illustre.

Au rayon riz du supermarché, vous arrive-t-il, comme moi, de snober le sacro-saint basmati pour lui préférer du riz de Camargue, qui bénéficie d'une Indication géographique protégée (les trois quarts de la production portent ce logo IGP) ? En tout cas, nous sommes de plus en plus à consommer français pour soutenir «nos» producteurs, qui peinent à joindre les deux bouts. Et le riz de Camargue, de qualité supérieure, n'est pas plus cher que ses cousins lointains aux dénominations exotiques. Ce riz qui pousse dans le delta du Rhône fleure bon la carte postale ; il évoque les flamants roses, les taureaux, les petits chevaux (et les moustiques) immanquablement associés au pourtour d'Arles. Un riz qui exige au moins 1 750 heures d'ensoleillement, ne craint pas les toxines grâce à la force du mistral et baigne dans une eau gérée très minutieusement, parcelle par parcelle. Bref, ce riz-là, qu'Henri IV aimait beaucoup, dégage quelque chose de sympathique. Il inspire confiance à l'inconscient collectif, puisqu'il est commercialisé par de nombreuses marques connues qui voient dans le *made in France* – encore mieux : *made in Camargue* – un argument de vente : Vivien Paille, Taureau ailé, Panzani, Jardin Bio (Léa Nature), mais aussi divers labels distributeurs puisqu'on le retrouve chez Franprix, Leclerc, Carrefour, Auchan, Super U, Monoprix, etc. La marque pour bébés Babybio propose même ce riz de Camargue dans une dizaine de petits plats « Tendresse » destinés aux petits à partir de 8 mois. Et, dans sa version noire, il a eu les honneurs d'une émission de « Top Chef » où il fallait le « sublimer ».

On pourrait donc penser que les affaires roulent pour les 180 riziculteurs locaux qui produisent 80 000 tonnes de riz par an sur une zone de 15 000 hectares. En réalité, ces dernières années, ils ont cumulé les soucis financiers. Ce qu'ils ont fait savoir à de nombreuses reprises en manifestant, bloquant des routes, renversant du riz, s'époumonant pour réclamer leur « dû » à Stéphane Le Foll, ministre de l'Agriculture particulièrement dans leur viseur quand il était aux commandes.

Face aux difficultés, certains ont fini par déraper. Et, en novembre 2019, trois riziculteurs ont été pris la main dans le sac. Le procureur de la République près le tribunal de grande instance de Tarascon a placé en garde à vue un père et son fils, puis un troisième producteur pour « détention et utilisation de produits phytosanitaires interdits, ainsi que déversement de substances dangereuses dans les eaux internes[1] ».

Pour cette affaire, une quinzaine de personnes est mobilisée : la section de recherche de la gendarmerie de Marseille avec sa division sur les atteintes à l'environnement, la brigade nationale d'enquêtes vétérinaires et phytosanitaires (qui dépend du ministère de l'Agriculture), ainsi que la direction départementale des territoires et de la mer (DDTM). La forte mortalité piscicole dans l'étang du Vaccarès, liée à un éventuel rejet de pesticides, *via* les différents canaux et roubines de Camargue, leur a mis la puce à l'oreille… En analysant les eaux de différents

1. Jean-Christophe Magnenet, « Arles : des pesticides interdits découverts chez des riziculteurs », *La Provence*, 9 novembre 2019.

axes d'écoulement, les enquêteurs trouvent des «taux anormalement élevés de molécules correspondant à des produits interdits par la loi». Il ne leur reste plus qu'à «remonter» jusqu'aux exploitations.

«Sur les quelque 180 producteurs de la région, trois brebis galeuses ne suffisent bien sûr pas à jeter l'opprobre sur toute la filière ni à remettre en question la qualité supérieure du riz de Camargue, me raconte le journaliste Jean-Christophe Magnenet du journal *La Provence*. Mais, lors de la perquisition en juin 2019 – au cours de laquelle l'un des exploitants aurait tenté de dissimuler "en douce" des produits, à l'aide d'un transpalette –, ce sont tout de même plus de 400 litres de produits phytosanitaires qui sont saisis.» L'un des riziculteurs s'était procuré 2000 litres de produits phytosanitaires en Italie, en Grèce et en Espagne pour près de 50000 euros, des produits à base de substances actives interdites, non autorisées d'utilisation dans l'Hexagone. «Des produits hautement nuisibles, et interdits en France, a d'ailleurs souligné le procureur. Si certains ont fait l'objet d'une dérogation en Espagne, Italie et au Portugal, d'autres ne sont autorisés dans aucun de ces pays.»

À vrai dire, ce n'est pas la première fois que des riziculteurs camarguais entravent la réglementation. En 2001, douze d'entre eux avaient été épinglés par la Répression des fraudes. Les scientifiques de la Réserve nationale et du Parc naturel régional de Camargue avaient alerté les autorités sur une surmortalité de la faune dans les canaux, le laboratoire départemental de la Drôme ayant même découvert, un an auparavant, des pesticides qui n'auraient pas dû apparaître, dont du lindane, interdit depuis juillet 1998 car cancérogène, mais peu coûteux et très efficace…

Aujourd'hui, seuls 6 herbicides sont autorisés en France sur le riz (contre 18 en Espagne et 21 en Italie), et les adventices (mauvaises herbes) deviennent de plus en plus résistantes à ces matières actives. Résultat, certains s'affranchissent des règles.

La Camargue n'est qu'un tout petit acteur face aux géants asiatiques qui vendent d'autres variétés (Chine, Thaïlande, Cambodge), face aux États-Unis et même à l'Espagne, l'Italie où la production est mieux subventionnée[1]. Si bien que les riziculteurs français y voient une «distorsion de la concurrence». En 2014, quand de nouvelles dispositions de la PAC[2] tombent, ils ont le sentiment de se voir arracher leur respirateur artificiel. Car les riziculteurs sont accros aux aides pour se maintenir à flot[3]. À l'époque, ils reprochent donc à Stéphane Le Foll de ne pas soutenir la filière et de les précipiter vers une mort certaine. «Ce sont des aides de soixante ans que l'on nous supprime; une perte de 400 euros à l'hectare, c'est 20 % du chiffre d'affaires et, pour nous qui sommes au seuil de rentabilité, un coup fatal», prévient ainsi Bertrand Mazel, le président des riziculteurs de France. D'autres subsides sont prévus, mais ils n'en veulent pas; pour eux, les conséquences de la mise en place de mesures agro-environnementales (MAE), moins nombreuses et plus contraignantes que les anciennes aides couplées, condamneraient à moyen terme la filière[4]. Ce n'est pas tout : pendant plusieurs années, l'Europe

1. Marc Leras, «Le riz de Camargue en danger», *Le Parisien*, 21 avril 2016.
2. Politique agricole commune, décidée à l'échelle européenne.
3. Delphine Roucaute, «En Camargue, la dépendance extrême des riziculteurs à l'UE», *Le Monde*, 6 mai 2014.
4. Sébastien Besatti, «Arles : "Et quel riz on va manger maintenant?"», *La Marseillaise*, 17 mars 2014.

a massivement encouragé l'importation de riz d'Asie, notamment avec l'initiative «Tout sauf les armes» (TSA)[1] qui permettait à plusieurs dizaines de pays en voie de développement d'exporter leurs produits, armement excepté, vers les États membres de l'Union européenne sans payer de droits de douane. Entre 2001 et 2009, les taxes européennes sur le riz du Cambodge, par exemple, sont progressivement passées de 400 euros la tonne à... zéro[2]. Et le riz long *indica* cambodgien à bas prix est entré massivement chez nous, contrant la production rizicole européenne. Résultat : la part de marché des riziculteurs de l'Union européenne s'est considérablement réduite, passant de 61 % à 29 %[3]. Une catastrophe économique vécue comme une injustice contre laquelle les riziculteurs ont bataillé. Le gouvernement italien est monté au créneau, avec à sa suite la Bulgarie, l'Espagne, la France, la Grèce, la Hongrie, le Portugal et la Roumanie. Huit pays membres qui ont fini par convaincre la Commission européenne de réintroduire, en janvier 2019, une taxe douanière «normale» sur le riz cambodgien et birman, pendant trois ans dans un premier temps.

Fin des problèmes financiers ? Pas vraiment. Les producteurs de Camargue ont dû, en parallèle, affronter une autre menace, écologique, cette fois. La riziculture en Camargue est en effet montrée du doigt pour ses dommages sur l'environnement. Certes, le Syndicat des

1. «Retour des taxes sur le riz cambodgien et birman», *La France agricole* (source AFP), 17 janvier 2019.

2. Claire Fages, «L'Italie mène l'offensive européenne contre les importations de riz cambodgien», RFI, 7 décembre 2017.

3. Sarah Rios, «Après une enquête confirmant l'augmentation significative des importations de riz indica, l'Europe prend des mesures importantes, et introduit la clause de sauvegarde pour son riz», Radio Camargue, 18 janvier 2019.

riziculteurs de France rappelle que son secteur représente près de 2 000 emplois, mais certains dégâts collatéraux ont de plus en plus de mal à passer. Les faits sont là, couchés noir sur blanc dans le « Plan de gestion 2016-2020 de la Réserve naturelle nationale de Camargue[1] », document publié sous l'égide de la préfecture des Bouches-du-Rhône et la direction régionale de l'environnement, de l'aménagement et du logement de Provence-Alpes-Côte d'Azur. « Douze molécules et métabolites de pesticides interdits en France ont été détectés dans les canaux et étangs de Camargue entre 2011 et 2014, comme l'atrazine (interdite en 2003), le dinitro-ortho-cresol (2007), le prétilachlore (2007), le lindane (1998) ou encore le propanil (2008), retrouvés en quantité chaque année (jusqu'à 78 fois la norme). » Plus loin dans ce plan de gestion, on peut lire : « D'autres substances interdites, mais cette fois uniquement en riziculture, sont découvertes à des concentrations élevées : le diméthénamide (100 fois la norme en avril 2012), le triclopyr, le chlortoluron, le fosetyl-aluminium. » Et il ne mâche pas ses mots pour souligner que les pesticides sont mal utilisés par les riziculteurs : « D'autres pesticides, autorisés, sont présents à des concentrations bien trop élevées, comme l'oxadiazon qui atteint 17 fois la norme, ou sont encore détectés dans les canaux en hiver, particulièrement à la suite d'épisodes pluvieux (bentazone, etc.). »

Quand ce rapport paraît en 2016, l'oxadiazon – un herbicide commercialisé par Bayer sous le nom de Ronstar® – est encore autorisé, mais ses jours sont comptés. Depuis

1. A. Cheiron (coord.), Y. Chérain, P. Vandewalle, B. Bricault, M. Gibert, V. Paliard et S. Befeld, « Plan de gestion 2016-2020 de la Réserve naturelle nationale de Camargue – Diagnostic de la réserve (A). Société nationale de protection de la nature », Réserve naturelle nationale de Camargue, 2016, 189 p.

l'évaluation scientifique de l'Autorité européenne de sécurité des aliments (EFSA)[1] de 2009, ce tueur de mauvaises herbes est tenu à l'œil. Des rats qui y ont été exposés par voie orale ont développé des cancers du foie. Mais «l'oxadiazon est peu susceptible de présenter un risque cancérigène pour l'homme», écrit l'EFSA. L'oxadiazon est en revanche considéré comme très toxique pour les organismes aquatiques, la reproduction des algues et des poissons, mais les experts européens manquent cruellement de données pour le vérifier sérieusement – et l'indiquent d'ailleurs dans leur rapport, le chapitre qui lui est consacré pointant notamment la présence d'une «impureté mutagène» assez inquiétante. Pour autant, ils le classent au niveau R62, c'est-à-dire présentant un risque possible d'altération de la fertilité. Et notent que l'oxadiazon n'est pas facilement biodégradable (en se fondant sur… une seule étude). Enfin, ces scientifiques posent la question de sa dégradation dans le sol, pas très rapide à les en croire, puisque l'herbicide semble se montrer particulièrement persistant quand il fait 20 °C ou 25 °C dans l'air (rappelons que la Camargue est située dans le sud de la France). En juin 2010, dans une directive, la Commission européenne[2] en remet une couche en exigeant du fabricant des informations complémentaires sur l'impact de l'oxadiazon sur les sols, sa toxicité, le risque à long terme sur les poissons, les oiseaux, les mammifères se nourrissant de vers de terre. Bref, le produit est utilisé en

1. «Conclusion on the peer review of the pesticide risk assessment of the active substance oxadiazon», Autorité européenne de sécurité des aliments (EFSA), 2009.

2. Directive 2010/39/UE de la Commission du 22 juin 2010 modifiant l'annexe I de la directive 91/414/CEE du Conseil en ce qui concerne les dispositions spécifiques relatives aux substances actives clofentézine, diflubenzuron, lénacile, oxadiazon, piclorame et pyriproxyfène.

riziculture (et pas seulement) alors même que de nombreux doutes demeurent quant à ses répercussions sur l'environnement.

En 2015, en France, l'Agence nationale de sécurité sanitaire de l'alimentation, de l'environnement et du travail (Anses) ne tolère plus ces atermoiements et tranche[1]. Mi-février, elle retire l'autorisation d'utiliser le Ronstar® sur les rizières françaises. Les producteurs ont un peu plus de dix mois, soit jusqu'au 31 décembre, pour s'y conformer[2]. Est-ce que les riziculteurs de Camargue ont vraiment arrêté d'utiliser l'oxadiazon fin 2015 ? Le 19 février 2018 en tout cas – trois ans après le retrait de l'autorisation donc –, le Syndicat des riziculteurs de France demande au ministère de l'Agriculture le maintien de son autorisation de mise sur le marché pour le riz. Le 9 avril 2018, le directeur général de l'alimentation, Patrick Dehaumont, signe donc de sa plus belle main, au nom du ministre, une dérogation[3] valable jusqu'au 7 août 2018, soit cent vingt jours. Le règlement prévoit bien « la mise sur le marché de produits phytopharmaceutiques en vue d'un usage limité et contrôlé, lorsqu'une telle mesure s'impose en raison d'un danger qui ne peut être maîtrisé par d'autres moyens raisonnables ». S'agissait-il réellement d'une urgence phytosanitaire ?

1. https://ephy.anses.fr/ppp/ronstar

2. De plus, à l'automne 2017, dans un énorme rapport scientifique sur la surveillance nationale des pesticides dans l'air ambiant, l'Anses toujours recommande d'évaluer tout particulièrement l'exposition des populations vivant à proximité de zones spécifiques émettrices de pesticides, dont les rizières.

3. « Au titre de l'article 53 du règlement européen 1107/2009 relatif aux autorisations délivrées à titre de dérogation en situation d'urgence phytosanitaire. » Ces dernières années, la France a émis des centaines d'autorisations de ce type, dites d'« urgence », comme le permet la réglementation européenne.

Il faut souligner que l'évaluation scientifique de l'EFSA de 2009, déjà alarmante, portait sur le Ronstar® à une concentration d'oxadiazon (le principe actif) de 250 grammes par litre. Et que la dérogation de 2018 accorde un délai à Bayer et aux riziculteurs pour une formulation 50 % plus concentrée, puisqu'elle affiche 380 grammes d'oxadiazon par litre.

Lorsque je demande au président des riziculteurs pourquoi cette dérogation alors que l'oxadiazon était controversé, tant pour la santé que pour son impact sur l'environnement, Bertrand Mazel répond : «Il n'y avait pas d'autres solutions techniques, il faut laisser le temps aux ricicultures de s'adapter. Les indices de biodiversité sont en très forte augmentation en Camargue depuis trente ans. La faune et la flore : il y a énormément d'espèces notamment d'oiseaux qui sont arrivés en Camargue ces dix dernières années. C'est même une explosion de la biodiversité. Si on nous supprime ces désherbants et qu'on n'a pas d'autres alternatives, c'est la riziculture qui risque de disparaître. Or certaines firmes phytosanitaires ont tendance à laisser tomber les secteurs non rentables (comme le riz); elles travaillent essentiellement sur les grandes productions. Pour les petites productions mineures, où les marchés sont étroits, on a moins de solutions.»

La spécialisation rizicole de la Camargue est présentée, dans son cahier des charges, comme une nécessité pour lutter contre la stérilisation des terres par le sel. «En permettant le lessivage du sel des terres incultes et en contribuant à l'amélioration du réseau hydraulique, le riz est dans cette zone un élément déterminant du développement socio-économique. [...] La culture du riz de Camargue est un élément essentiel de l'équilibre écologique de cette zone. Le besoin d'eau douce qu'elle nécessite permet le développement d'une faune et d'une flore très diversifiées, tant dans la partie cultivée que dans l'ensemble du delta, car la riziculture supporte le poids économique de l'entretien des réseaux d'irrigation et de drainage. » Ce n'est pas rien, il faut le souligner.

Le riz, en Camargue, inclut aussi tout un folklore avec la Confrérie du riz, la feria du riz, la fête des prémices du riz et même l'élection d'une miss riz, appelée l'ambassadrice du riz. Soit. Mais voilà, ce cahier des charges est extrêmement vague sur l'usage des produits phytosanitaires, se limitant à parler de les maîtriser. Or on voit bien que certains scientifiques s'inquiètent depuis des années et tiennent à rappeler qu'on ne peut produire le riz de Camargue n'importe comment, ni coûte que coûte. Forts de leurs traditions sans doute, les riziculteurs, eux, ne voient pas le problème. Bertrand Mazel, devenu président de l'Union des riziculteurs européens en 2017, dénonce ainsi dans *Midi Libre* « une pression environnementale insupportable[1] ». Dans le journal, il se plaint beaucoup du comportement des associations de défense de l'environnement et de l'écologie : « Elles doivent arrêter de stigmatiser le monde agricole et de nous faire passer pour des pollueurs. Nous avons l'agriculture la plus propre, la plus protégée et la plus sécurisée du monde pour les consommateurs. Quatre organismes certifiés contrôlent nos productions. Et ce n'est sûrement pas le cas avec le riz asiatique. Malgré cela, nous continuons à être montrés du doigt. » Et de trouver cet agribashing injuste « dans la mesure où, en France, on est plutôt exemplaire dans la façon dont on aborde les pratiques

1. Jean Noté, « Les riziculteurs camarguais dénoncent une "pression environnementale insupportable" », *Midi Libre*, 23 octobre 2019.

agricoles. Souvent, l'administration française transpose les règles européennes à notre détriment. Du coup, on se retrouve dans des situations de concurrence où la ferme France perd des points de compétitivité ». Alors que faire ? Bertrand Mazel poursuit : « Faute de solution, des dizaines de riziculteurs ont abandonné leurs terres après la fin de la dérogation. Elles sont donc laissées en friche ou louées à des maraîchers. Il y a aujourd'hui mille hectares de melon, mille hectares de tomates de conserve, des salades. C'est de l'agriculture intensive loin des cultures traditionnelles. »

Bref, entre tradition, étau financier pour les riziculteurs français, compétition avec l'Asie et protection de l'environnement, nous voilà dans une impasse…

10. Les modes créent des opportunités

Il y va de l'alimentation comme d'autres domaines : le secteur connaît lui aussi des tendances qui renforcent l'appétit de tout un tas de gens pour la même chose au même moment, ou presque.

Qu'il s'agisse de bio ou de *made in France*, les marchés qui connaissent une croissance affolante sont synonymes de marges exorbitantes. Cela n'a évidemment pas échappé aux fraudeurs, prompts à s'adapter aux dernières tendances. Sacs Vuitton, montres Rolex, ananas bio, tomates cerises françaises : il y a beaucoup d'argent à se faire en vendant du faux. Les modes, les pénuries, les crises représentent autant d'opportunités de business quand on se montre réactif. Et les opportunistes malhonnêtes ne se gênent pas. Si cela passe pour du bio *et* français, tombe carrément le jackpot !

L'engouement pour le bio

C'est un fait : les consommateurs informés ont pris conscience que la malbouffe les mènera droit vers les maladies cardiovasculaires et autre diabète de type II liés à leur régime alimentaire. Mieux manger est donc une préoccupation qui a nettement fait évoluer le «panier de la ménagère». Du côté du garde-manger, la tendance est désormais – au moins pour une partie de la population – aux produits moins transformés, naturels, bien notés sur l'échelle du Nutri-Score, au bio, au vegan, au circuit court, au *made in France*, enfin.

Très bien, sauf qu'avec tous ces gens qui veulent soudainement mieux manger, favoriser du local pour minimiser leur empreinte écologique, se tourner vers des labels de qualité reconnus ou consommer bio afin de réduire leur risque de cancer[1], l'offre française ne suit pas.

Les consommateurs résolus sont prêts à payer le prix fort pour du bio. Mais, si ça se trouve, voilà des années qu'on avale des fruits et légumes qui n'ont de biologiques que le nom, les fraudeurs étant passés par là. S'ils ont poussé sous le soleil du sud de Sicile, c'est possible[2]. Pendant plusieurs années, neuf exploitations agricoles situées entre Raguse et Syracuse ont en effet vendu leur production tout ce qu'il y a de conventionnelle en y apposant, comme si de rien n'était, la mention «biologique», avec la petite feuille verte caractéristique. Des dizaines de milliers de litres de pesticides interdits dans ce type de culture ont été retrouvés dans leurs entrepôts. Pour répondre à la demande croissante des marchés étrangers,

1. «Moins de cancers chez les consommateurs d'aliments bio» (communiqué de presse), INSERM, 22 octobre 2018.

2. Silvia Iaco, «Frutta e verdura spacciate per bio: maxi frode scoperta in Sicilia», *Giornale di Sicilia*, 2 novembre 2017.

leurs surfaces cultivables ne suffisaient parfois pas, alors ils récupéraient des lots de marchandises conventionnelles chez des agriculteurs voisins aux terres absolument pas certifiées biologiques. Les neuf brigands écoulaient leur camelote dans la grande distribution en Italie, mais aussi en Angleterre, en Allemagne et en France. Des petits malins qui ont accumulé un pactole de plus de 8 millions d'euros en deux ans, auquel il faut ajouter un astucieux système d'évasion fiscale pour plus de 200 000 euros, sans oublier, tant qu'on y est, 1 million d'euros détourné des aides européennes à l'agriculture biologique.

Un cas isolé ? Pas du tout. Dans le bio, la tentation semble grande de frauder. Si l'on en croit les chiffres des inspections menées en 2019 par la direction départementale de la protection des populations des Alpes-Maritimes, près d'un produit sur trois se prétendant tel serait en réalité une fraude[1]. Fruits, légumes, huiles d'olive, etc. : 30 % des vendeurs et/ou producteurs contrôlés sur les marchés, dans les restaurants, domaines viticoles et grandes surfaces de la Côte d'Azur ont été pris la main dans le sac par la Répression des fraudes !

«Made in»… où ?

Dans les rayons, les étiquettes affichant le drapeau tricolore, la mention «France» en lettres capitales ou la carte de l'Hexagone prolifèrent. Les industriels, pas fous, ont flairé la bonne affaire puisque trois quarts des Français sont prêts à payer plus cher pour un produit *made in France*[2].

1. Pauline Renoir, «30 % de fraude au bio dans les Alpes-Maritimes», France Bleu, 12 septembre 2019.
2. Sondage Ifop : «Les Français et le *made in France*, vague 2018», 14 septembre 2018.

Avec la crise du coronavirus, on a vu combien le *made in France* était revenu sur le devant de la scène ; les bonnes intentions de nos compatriotes pour soutenir la production nationale ont été comme dynamisées. Même Bruno Le Maire, ministre de l'Économie et des Finances, confiait aux médias trouver normal de payer plus cher pour des denrées françaises, tandis qu'aucune voix ne s'est élevée contre ce « patriotisme économique ».

Aldi voulait des tomates françaises, beaucoup de tomates françaises : une aubaine pour l'entreprise Chéritel Trégor Légumes[1] implantée à Grâces (Côtes-d'Armor), près de Guingamp, qui emploie plus d'une centaine de personnes[2]. Cet important grossiste breton gère pas moins de 100 tonnes de produits par jour[3], que l'on retrouve ensuite sur les étals des supermarchés ou dans les chaînes de fast-food. « *Via* ses quatre sociétés, Chéritel distribue, mais aussi découpe, transforme, conditionne et expédie des fruits et légumes vers les enseignes E. Leclerc, Intermarché, Auchan, Carrefour, Système U, Aldi, ou encore Quick et KFC. L'entreprise, qui revendique 45 millions d'euros de chiffre d'affaires et 120 salariés, est dirigée depuis plus de trente ans par Jean Chéritel, que certains de ses anciens collaborateurs aiment surnommer "le Bernard Tapie de Guingamp"[4] », précise la journaliste Inès Léraud (France Inter, Basta !) qui a rencontré d'anciens employés de la société.

1. Solenne Durox, « Côtes-d'Armor : le grossiste écoulait de fausses tomates françaises », *Le Parisien*, 19 septembre 2019.

2. « Bretagne : l'entreprise Chéritel condamnée pour des tomates étrangères estampillées "origine France" », *Le Figaro* (source AFP), 14 novembre 2019.

3. https://www.cheritel.com

4. Inès Léraud, « Travail dissimulé, fraude sur les étiquettes : les multiples abus d'un groupe agro-industriel breton », Basta !, 26 mars 2019.

Autant d'argent à se faire avec Aldi, cela ne se refuse pas. Chéritel signe un contrat avec le hard-discounter qui, très vite, représente 40 % de son chiffre d'affaires. Sauf que le patron, Jean Chéritel, s'aperçoit qu'en périodes de promotions, qui boostent fortement la demande, il ne peut honorer[1] tous les termes de la commande et risque de lourdes pénalités de la part du hard-discounter. «Quand je disais à l'acheteur qu'on ne pouvait pas avoir toute la marchandise, il me répondait : "Débrouillez-vous ou vous serez déréférencé"», explique le patron qui, de fait, s'est débrouillé... en francisant de la marchandise étrangère. Plusieurs centaines de tonnes de tomates fournies par Chéritel, rondes, cerises, rouges, jaunes, vertes étiquetées «origine France» provenaient en réalité des Pays-Bas, d'Espagne ou du Maroc. Il s'agit «seulement» de 185 tonnes ainsi francisées selon la firme, alors que l'administration parle, elle, de 800 tonnes. Une fraude qui aurait duré plusieurs années... jusqu'à ce que quelqu'un la dénonce, déclenchant la descente dans les locaux de sept enquêteurs de la direction départementale de la protection des populations (DDPP) le 28 juillet 2017. «Tout le monde savait, c'est étonnant que ça n'ait pas fuité avant», rapporte un ex-salarié à Basta!. Un ancien directeur commercial du groupe précise même : «Toutes les boîtes pratiquent ça en dépannage [pour ne pas perdre des marchés], mais là, c'était en quantité industrielle!» De fait, Chéritel fournissait 22 tonnes de tomates à Aldi par semaine; «de quoi tromper 22 000 familles chaque fois», dira la procureure de la République lors du procès au tribunal de grande instance de Saint-Brieuc en novembre 2019.

1. Jean-Yves Hinault, «Les tomates "origine France" venaient de l'étranger, le grossiste Chéritel lourdement condamné», *Ouest France*, 14 novembre 2019.

La Répression des fraudes revient chez Chéritel une douzaine de jours après la première inspection. Et, ce 10 août 2017[1], constate que la fraude continue allègrement ! « Je n'ai pas connaissance d'un autre cas où, malgré un flagrant délit de tromperie, on se rend compte dix jours plus tard lors d'un nouveau contrôle qu'il n'y a eu aucun changement », s'indigne Virshna Héng, directeur adjoint de la DDPP des Côtes-d'Armor cité par *Le Parisien*. Jean Chéritel n'a sans doute pas que des amis dans la région, lui qui a déjà eu affaire à la justice[2].

Sur la page d'accueil de son site Internet, le groupe vante sa traçabilité amont/aval. Lors du procès à Saint-Brieuc en novembre 2019, le patron de Chéritel lâchera qu'Aldi savait pertinemment qu'il ne livrait pas des tomates françaises, tout en ajoutant que, de toute manière, « qualitativement, c'est pareil »[3]...

Kiwigate

Au rayon fruits et légumes toujours, la DGCCRF a mis au jour récemment un véritable « kiwigate[4] » ! Les enquêteurs de la Répression des fraudes[5] suspectaient

1. « Flagrant délit de tromperie sur l'origine des tomates en Bretagne », DGCCRF, 20 septembre 2019.

2. « Bretagne : l'entreprise Chéritel condamnée pour des tomates étrangères estampillées "origine France" », art. cité.

3. Le tribunal a condamné l'EURL Chéritel à 99 000 euros d'amendes et M. Chéritel à trois mois de prison avec sursis ainsi qu'à la confiscation de 248 000 euros sur son compte et sur celui de sa société. Jean Chéritel a fait appel de cette condamnation.

4. Boris Cassel, Matthieu Pelloli et Odile Plichon, « Alerte aux faux kiwis français », *Le Parisien*, 24 mars 2019.

5. « "Francisation" de kiwis italiens : la DGCCRF a initié des procédures judiciaires contre 7 entreprises ayant commercialisé plusieurs milliers de tonnes de kiwis italiens sous une fausse "origine France" », DGCCRF, 25 mars 2019.

depuis un moment des pratiques massives de francisation de ce fruit. En peu de temps, ils avaient relevé pas moins de 27 fois la présence régulière de résidus de produits phytosanitaires interdits en France sur des kiwis pourtant annoncés d'origine française : du fenhexamide et/ou du fludioxonil, substances actives dont l'usage n'est pas autorisé chez nous, contrairement à l'Italie où il est utilisé pour améliorer la conservation. Mais il n'y avait pas que cela pour leur mettre la puce à l'oreille. La filière française produit en moyenne 45 000 tonnes de kiwis par an, contre dix fois plus pour les Italiens ; pas de quoi alimenter avec abondance les supermarchés en kiwis français, surtout en fin de saison (mars/avril). «Donc les impressionnants volumes supposés "origine France" – vendus plus cher – disponibles sur les étals au printemps, c'était louche», raconte Adeline Gachein, la directrice du bureau interprofessionnel du kiwi qui a prévenu la DGCCRF. L'alerte est alors lancée sur le réseau européen Food Fraud Network, et la collaboration entre la France et l'Italie sur l'affaire démarre. Les investigations permettent d'identifier une fraude portant sur environ 15 000 tonnes «francisées» entre 2016 et 2019, soit 12 % des kiwis «origine France» commercialisés sur le territoire national. Et ce pour un bénéfice illicite de l'ordre de 6 millions d'euros. Plusieurs filières sont démantelées, dont une mêlant sept sociétés – six françaises (notamment dans la Drôme et en Ardèche[1]) et une italienne – qui n'hésitaient pas à émettre de fausses factures et à produire des certificats falsifiés.

1. Florence Beaudet, «Tromperie sur l'origine des kiwis : un revendeur ardéchois condamné à 70 000 euros d'amende», France Bleu, 9 juin 2020.

Parmigiano Reggiano

De la même façon que la filière du kiwi hexagonal a alerté les autorités sur des soupçons de fraude – avérés à grande échelle –, le consortium des producteurs de parmesan s'appuie sur l'équivalent italien de la DGCCRF – l'ICQRF – pour faire cesser les pratiques commerciales trompeuses qui usurpent son appellation d'origine protégée. Le cahier des charges du parmesan AOP est très clair : ce fromage peut uniquement être produit au sein d'une aire géographique du nord-est de l'Italie, notamment dans les provinces de Parme, Reggio Emilia, Modène, Bologne et Mantoue. L'appellation Parmigiano Reggiano doit obligatoirement se référer à l'authentique produit italien. Le consortium veille au respect de l'appellation d'origine depuis 1934, activité qui figurait déjà dans les statuts de sa création. Ce qu'il n'avait pas prévu, c'est l'avènement d'Internet et l'invasion de faux parmesans vendus en ligne. Il estime même à 500 millions d'euros les pertes liées à la fraude au « roi des fromages ».

Du coup, le consortium a embauché en 2014 des sociétés chargées uniquement de repérer ces pratiques commerciales dommageables. Et cela paie : plus de mille annonces illicites ont déjà été retirées, autant de business illégal empêché. C'est que l'*italian sounding* (l'allusion au *made in Italy*) fait vendre. Ainsi la multinationale Campbell's – rendue mondialement célèbre par Andy Warhol lorsqu'il immortalisa ses conserves de soupe – se sert de l'image du fameux parmesan sur ses produits alors qu'ils n'en contiennent pas. Avec toute l'insolence de sa puissance[1] – Campbell's facture plus de 8 milliards de

1. « Parmigiano Reggiano vince su Campbell's, colosso Usa deve cambiare etichetta », ANSA, 24 avril 2020.

dollars à l'année[1] –, le groupe ne se gênait pas pour montrer sur un pot de sauce «Prego», populaire aux États-Unis, l'image du parmesan reconnaissable à sa croûte où les mots «Parmigiano Reggiano» étaient inscrits en petits points. «Une image dont le choix n'était bien sûr pas le fait du hasard», commente le consortium qui souligne les milliards investis en marketing par le groupe, par ailleurs flanqué de très bons conseillers juridiques. Mais c'était compter sans la ténacité des producteurs réunis au sein du Consorzio del Parmigiano Reggiano, qui ont réussi, après une longue bataille[2], à faire plier le géant. En avril 2020, la multinationale a fait marche arrière avant de devoir affronter un procès; elle va retirer l'image trompeuse sur ses sauces. «Ce succès alimente notre confiance dans la bataille contre le faux parmesan que nous menons depuis des décennies, d'abord en Europe et maintenant dans le monde», se réjouit Nicola Bertinelli, président du consortium, déterminé à ne laisser passer aucune fraude.

En France aussi on trouve du parmesan illicite; même dans l'espace confiné du SIAL, le très couru Salon international de l'alimentation, grand-messe professionnelle qui se tient à Villepinte (nord de Paris). «Le consortium a dû faire intervenir la direction départementale de la protection des populations de la Seine-Saint-Denis (DDPP) lors des éditions 2012, 2014, 2016 et 2018 pour constater la violation de l'AOP Parmigiano Reggiano, confie Nicola Bertinelli. Pour la seule édition 2018, le consortium a obtenu le retrait

1. https://www.statista.com/statistics/642625/net-sales-campbell-soup-company-worldwide
2. «Les producteurs du parmesan italien gagnent leur bataille contre le géant américain Campbell», *Ouest France* (source AFP), 24 avril 2020.

de pas moins de quatre produits portant le label “parmesan” sans y avoir droit. Tous les échantillons étaient exposés par des opérateurs américains. »

La bataille pour « nettoyer » le marché ne connaît pas de répit. Après Campbell’s, le consortium va maintenant s’attaquer à un autre grand groupe américain, Kraft Foods. Lequel tente d’obtenir le droit d’indiquer « Kraft fromage parmesan » sur les étiquettes de certains produits en Nouvelle-Zélande où l’AOP est pourtant déposée et reconnue. Le consortium du parmesan a engagé plusieurs procédures contre lui aussi en Australie, en Uruguay, au Paraguay, au Chili, en Thaïlande et en Équateur.

3

Du poisson piqué, déguisé, trafiqué

« *Food is the place where you begin.* »
Vandana Shiva

D'habitude, il affiche son rouge insolent sur les comptoirs des poissonniers ou dans nos sushis. Ce jour-là, le *Thunnus thynnus*, ou thon rouge de son petit nom, a mauvaise mine : débarrassé de ses nageoires et de ses nombreuses branchiospines, décapité, sa chair peu ragoûtante est brunâtre et… parfois elle pue. Il ne vaut plus un kopeck ou si peu. Le thon rouge destiné à être vendu frais doit être conservé à − 18 °C sur le bateau équipé d'un congélateur qui le ramène au port, tandis que celui destiné à finir en boîte de conserve peut, lui, voyager dans une eau salée à − 9 °C. Cela fait toute la différence, et elle est visible à l'œil nu : si la température de congélation a été insuffisamment basse, le rouge vire rapidement au brun après décongélation, signe (normal) de son oxydation rapide.

Le thon bruni est tout juste bon à finir en conserve, dans une boîte métallique affichant un fier navire qui sera vendue dans les supermarchés. Sauf qu'un thon rouge frais et bien écarlate se vend au kilo jusqu'à cinq fois plus cher qu'un autre destiné aux boîtes longue durée.

Cela n'a évidemment pas échappé aux fraudeurs, qui ont offert à du thon défraîchi une magique séance d'acupuncture. D'abord, les longes de thon moins frais ont été priées de s'allonger sur un plateau ; celui-ci a été engouffré dans un sas qui ressemble aux scanners à bagages des aéroports. Sauf que là, le thon s'y attarde. Car la machine recèle un petit plus : l'intérieur est équipé d'aiguilles qui s'enfoncent dans le poisson et y injectent des nitrates, nitrites et/ou du monoxyde de carbone, voire un mélange d'extraits végétaux couplés à un cocktail d'antioxydants (acide citrique et ascorbique). « Ces traitements sont analogues à ce qui se fait sur le jambon cuit, sauf que c'est interdit sur les découpes de poisson brutes », explique Alexandre Bonneau, ingénieur et secrétaire général du Syndicat national du commerce extérieur des produits congelés et surgelés (SNCE). Les additifs provoquent une réaction de nitrification qui transforme un poisson plus très frais de couleur marron foncé en morceau sexy en diable, appétissant et rouge à souhait, mais le processus est complètement interdit par le règlement européen (CE) 1333/2008. D'abord parce que ces additifs ne sont pas autorisés dans du thon frais, ensuite – et surtout – parce que la pratique pose un problème de santé publique, la présence de nitrites et nitrates dans les aliments favorisant notamment la formation de nitrosamines, des composés cancérogènes.

Le thon, maquillé comme une voiture volée pour occulter son état avancé d'oxydation, n'est plus frais, mais se fait passer pour tel. Avec la mode des sushis et autres sashimis, il sera en outre fréquemment consommé cru. Et, même s'il est cuit, il est souvent à peine saisi ; sa température ne dépassera pas les 70 °C.

Une catastrophe sanitaire

En France, entre avril et juillet 2017, 26 personnes au moins ont été frappées de toxi-infections alimentaires collectives (TIAC déclarées[1]) liées à la présence d'histamine dans du thon, et 189 sont tombées malades. Les tests officiels sur les produits ont révélé des valeurs extrêmes d'histamine de 3 000 milligrammes/kilo, soit quinze fois le seuil toléré, et d'acide ascorbique montant à 6 000 milligrammes/kilo. Vingt exploitants du secteur alimentaire français ont été impliqués en tant que distributeurs, mais les produits, eux, n'étaient pas français. En Espagne, plus d'une centaine de personnes ont connu le même sort[2]. Elles avaient toutes consommé de la longe de thon albacore ou obèse décongelée.

L'empoisonnement par l'histamine (ou empoisonnement scombroïde) est une intoxication causée par la consommation de certains poissons à la chair riche en histidine qui ont été incorrectement manipulés et/ou mal conservés (rupture de la chaîne du froid). Les principaux symptômes se manifestent très rapidement et avec une violence inouïe – souvent dans le quart d'heure ou l'heure qui suit l'ingestion. Ils s'assimilent à un syndrome pseudo-allergique (rougeur facio-cervicale, éruption cutanée, œdème du visage, bouffées de chaleur, sensation de brûlure dans la gorge, goût de poivre dans la bouche,

1. On peut penser que le chiffre réel est bien supérieur, car tout le monde ne se rend pas aux urgences en cas d'intoxication alimentaire.

2. « Sanidad confirma 154 intoxicados por atún español adulterado en 2017 », *El Mundo*, 27 septembre 2017.

démangeaisons, palpitations, migraine...) associé, dans certains cas, à des ennuis secondaires d'ordre gastro-intestinal (nausées, vomissements, diarrhées) pouvant évoluer, en cas de complications, jusqu'à un choc anaphylactique et parfois à la mort.

Plus de 1 800 tonnes de thon frais sont consommées par an dans l'Hexagone, surtout en été. Et près de neuf ménages sur dix achètent des conserves de thon, d'après FranceAgriMer[1] : l'air de rien, cela représente un sacré nombre de boîtes, puisque la consommation annuelle est de 68 000 tonnes (soit 37 fois plus que le thon frais). Et même si ce poisson bourré d'additifs finit en boîte, l'histamine, molécule thermostable, peut y persister, selon l'Anses[2]. C'est tellement vrai que, en 2013, la société japonaise Hagoromo a dû rappeler près de 7 millions de conserves de thon pour un problème de ce type.

De l'Espagne à toute l'Europe

C'est en Espagne qu'a explosé cette bombe à intoxications alimentaires, qui n'a évidemment pas épargné les pays voisins.

Étonnamment, ce sont des industriels de la pêche qui lancent l'alerte à l'été 2016. Espagnols, Français, Italiens, Allemands, ils préviennent leurs autorités qui font remonter l'information à la Commission européenne. Les données du réseau d'alerte européen (RASFF) sont alors immédiatement passées au crible ; les soupçons se

1. « La consommation des produits de la pêche et de l'aquaculture 2018 », FranceAgriMer, juillet 2019.

2. « Fiche de description de danger biologique transmissible par les aliments/Histamine », Anses.

confirment et le Food Fraud Network actionné quelques semaines plus tard pour prévenir les États membres. En octobre, l'exécutif européen, qui sait que le problème est surtout espagnol, adresse un courrier[1] à Alfonso Dastis, ministre des Affaires étrangères et alors représentant permanent de l'Espagne auprès de l'UE : du thon frais vendu par une société installée en Espagne est à l'origine d'intoxications alimentaires survenues en Italie et en France.

L'expertise des industriels jouera un rôle clé pour comprendre les mécanismes de la fraude. En mai 2017, ils contribuent même à la formation des inspecteurs, qui leur permet de repérer ce qui doit leur mettre la puce à l'oreille. On passe bientôt en « mode Sherlock Holmes », comme en témoigne l'ombre du célèbre détective avec pipe courbée figurant sur la présentation du Food Fraud Network à ce sujet. Pour les contrôleurs, s'appuyer sur les connaissances des professionnels aide à (se) poser les bonnes questions. Comment se fait-il qu'un thon destiné à la conserve et préservé dans une saumure à −9 °C devienne miraculeusement rouge ? Le thon rouge revient-il au port à bord d'un bateau équipé de congélateurs descendant à −18 °C ? Auprès de quels industriels des produits de la pêche, les vendeurs de nitrite écoulent-ils leurs produits ?

Forts de ces connaissances et indices, les inspecteurs de la DG Santé de la Commission européenne vont vérifier sur le terrain, aux côtés de leurs homologues espagnols, d'éventuelles irrégularités. Et visitent 13 entreprises de poisson. Le constat est sans appel : les pratiques illégales sont très répandues en Espagne, souligne la

1. Nuño Dominguez, « Europa alerta de un fraude con atún adulterado en España tras cientos de intoxicaciones », *El País*, 13 octobre 2017.

Commission, qui précise que le juteux business rapporte au moins 200 millions d'euros par an aux contrevenants. L'industrie de la pêche estime, elle, que 25 000 tonnes de thon ont subi le traitement aux additifs en cette seule année 2016. Dans les usines espagnoles, totalement décomplexées, les enquêteurs retrouvent des guides, véritables modes d'emploi illustrés de teinture du poisson. La première image montre un thon très bruni. Et, sur la dernière, un couple souriant qui pousse un chariot de supermarché où trône glorieusement un thon bien rouge entouré de petits rayons signifiant qu'il est devenu merveilleux. Madame et monsieur sont ravis ; les pauvres !

Le courrier que la Commission européenne adresse à l'Espagne le 14 septembre 2017 est, lui, moins réjoui. Et même sans détour : « Nous apprécierions que les autorités espagnoles expliquent comment il est possible que, après les résultats de la mission conjointe, les entreprises continuent à vendre du thon traité illégalement. » Car près d'un an a passé après les premières alertes, et la Commission européenne considère que Madrid ne fait pas (suffisamment) le job pour éradiquer le problème. D'autant que des lanceurs d'alerte et le Food Fraud Network européen continuent de révéler des informations sur de multiples cas de fraude. Puisque rien ne bouge, la Commission européenne hausse le ton. Et menace même l'Espagne de fermer les frontières européennes à toute importation de thon espagnol. Ce serait évidemment une catastrophe économique pour le pays, gros exportateur de poisson et de fruits de mer au sein de l'UE. Mais voilà, la situation est plus grave encore que redouté : en septembre 2017, des experts estiment que 80 % du thon frais présent sur le marché européen serait concerné par des pratiques illégales. 80 % ! Cent soixante-cinq cas d'intoxications avec syndrome scombroïde sont en outre signalés à travers l'Europe ; chiffre largement sous-estimé, admet la Commission européenne, car il faut pour l'étayer que le consommateur voie un médecin ou se rende aux urgences.

L'Espagne n'a plus le choix ; elle doit balayer devant sa porte. La septième opération Opson, en 2018, qui se focalise pour la première fois sur un aliment en particulier – (le thon) – l'y pousse. Onze pays se mobilisent sur la fraude sous la houlette d'Europol et d'Interpol. Au total, plus de 51 tonnes sont saisies, majoritairement en Espagne. Alors Madrid lance de son côté l'opération Atunali. Démarrée en janvier 2018, elle permet à la Guardia Civil et à la Seprona de découvrir 45 tonnes de thon congelé frauduleux dans les provinces d'Alicante, de Carthagène (Murcie), de La Corogne et de Barcelone. Quatre personnes sont arrêtées. Des documents de traçabilité apparaissent falsifiés, avec des additifs injectés au poisson « en quantités bien supérieures à celles recommandées ». Ce n'est pas tout : lors de l'opération, trois autres sociétés et trois propriétaires de navires de pêche – de nationalités française, salvadorienne et panaméenne – se révèlent complices. Les bateaux, dont la pêche était destinée à approvisionner les conserveries, alimentaient le marché clandestin du surplus de captures. Une aubaine pour les distributeurs, qui pouvaient acheter le thon à un prix bien inférieur à la valeur habituelle des prises fraîches.

Les autorités espagnoles, ayant entendu l'avertissement européen, communiquent en diffusant des vidéos hallucinantes de leurs trouvailles. Mais elles ne s'arrêtent pas là. Comme les intoxications continuent en Europe (France, Italie, Allemagne, Portugal et bien sûr Espagne), en juin 2018, durant l'opération Tarantelo[1] coordonnée par Europol, Madrid démantèle un autre réseau de thon, pêché illégalement en Italie et à Malte, fraude impliquant 79 personnes. Le volume saisi est quasiment le double de celui de l'opération Atunali : 80 tonnes. Le poisson, transporté par la route, de l'Italie vers l'Espagne, pouvait passer entre quatre et sept jours à l'arrière de camions sans être éviscéré ni conservé dans beaucoup de glace. Dans de telles conditions, les protéines se dégradaient, permettant une concentration d'histamine à un taux dangereux pour la santé. Si une petite quantité est tolérée – de 100 à 200 milligrammes par kilo –, les échantillons présentaient, là, des valeurs alarmantes, allant jusqu'à 8 000 milligrammes par kilo, soit plus de 40 fois ce qui est autorisé !

Les détails de l'affaire sont aussi répugnants que scandaleux. Pour mieux comprendre, j'ai échangé avec Javier Chicote, journaliste du quotidien espagnol *ABC*[2] qui a eu accès aux écoutes téléphoniques ayant permis l'identification du présumé suspect au cœur de ce scandale. À savoir le dirigeant du groupe Ricardo Fuentes e Hijos, l'une des principales entreprises mondiales de capture avec 25 sociétés (et un chiffre d'affaires de plus de 200 millions d'euros par an, selon le journaliste) d'élevage et de vente de thon, groupe qui aurait commercialisé des milliers de kilos de mauvais poissons. « Le groupe transportait environ 2,5 millions de kilos de thon illégal par an, raconte Javier Chicote[3]. Grâce à la falsification des documents

1. Sagrario Ortega, « La captura ilegal del atún rojo : más que un delito económico », *La Vanguardia* (source EFE), 16 octobre 2018.

2. Javier Chicote, « Está putrefacto, le he quitado 30 kilos al lomo del atún por el olor, es una bomba », ABC, 20 février 2019.

3. Javier Chicote, « La trama del atún contaba con inspectores de Sanidad que les avisaban de los controles », ABC, 23 février 2019.

de traçabilité – les étiquettes –, ce thon rouge frauduleux est entré sur les principaux marchés d'Espagne et a été exporté vers d'autres pays. Certains morceaux dits "frais" avaient plus de vingt jours[1], provoquant plusieurs intoxications. On leur avait injecté des additifs. Lors d'une perquisition dans la communauté valencienne, les agents de la Seprona ont retrouvé 51 sacs d'additifs destinés à masquer le thon en mauvais état, mais aussi à faire passer d'autres espèces moins chères – Obesus ou Albacara – pour des rouges. »

Les fraudeurs avaient parfois la main si lourde sur les quantités d'additifs qu'il était impossible de toucher le thon sans être pris de violentes démangeaisons, genre piqûres insoutenables. En décortiquant les écoutes téléphoniques, Javier Chicote a été frappé par les propos d'un employé dégoûté de devoir retirer 30 kilos d'un thon pourri qui puait, contraint de tailler dans le vif et sa masse pour le débarrasser de l'odeur et le commercialiser quand même. « Lorsque les clients retournaient du thon frais en mauvais état, les criminels le congelaient pour tenter de tuer les parasites, le décongelaient, injectaient des additifs pour améliorer sa couleur et le revendaient de nouveau comme frais », détaille en outre le journaliste espagnol.

J'ai contacté ce groupe. Lequel déclare, par le biais de son directeur de la communication, avoir respecté la loi et les règles de sécurité alimentaire et dément les faits rapportés par *ABC*. Il reconnaît toutefois que « certaines personnes de la société ont fait l'objet d'une enquête », ainsi que « de nombreuses autres entreprises du secteur du thon en Espagne ». Pour appuyer ses propos, il m'a envoyé

1. Javier Chicote, « Está putrefacto, le he quitado 30 kilos al lomo del atún por el olor, es una bomba », art. cité.

deux articles épinglant deux firmes espagnoles. Après vérification auprès de la Seprona, l'enquête de police est toujours en cours à l'Audiencia Nacional. L'affaire n'a donc pas encore été jugée et toutes les responsabilités n'ont pas encore été établies.

Mais comment ce manège a-t-il pu passer inaperçu plusieurs années durant alors que les sociétés incriminées disséminaient sur le marché européen du poisson piqué aux additifs provoquant de nombreuses intoxications ? « Grâce à la complicité d'agents publics corrompus qui aidaient les industriels à échapper aux contrôles vétérinaires », commente Javier Chicote. Une explication notée noir sur blanc dans l'extrait du rapport d'enquête que le service de protection de la nature de la Guardia Civil a remis au juge. Les fraudeurs pouvaient aussi compter sur une taupe au sein de la Guardia Civil, qui les avertissait de l'enquête en cours, « les tenait au courant des écoutes qui les ciblaient. Ce qui permit aux malfrats de brouiller les pistes en changeant plusieurs fois de téléphone portable afin de poursuivre leurs trafics à l'abri des oreilles indiscrètes. Si des contrôles avaient lieu, ils étaient avertis et s'assuraient de fournir des échantillons purs, évidemment », explique le journaliste.

Javier Chicote veut croire que cette affaire est un cas exceptionnel. « Les contrôles sanitaires en Espagne fonctionnent généralement très bien. Et moi, je mange beaucoup de thon espagnol de différentes sortes et je n'ai jamais eu de problèmes », lâche-t-il.

Pas du tout un cas isolé

Ce réseau espagnol démantelé, est-on pour autant quitte de telles fraudes ? D'après Alexandre Bonneau du

Syndicat national du commerce extérieur des produits congelés et surgelés (SNCE), «les pratiques frauduleuses sur les découpes de thon existent toujours en Europe et dans d'autres pays producteurs; celles en provenance d'Espagne et à destination du marché français semblent, elles, s'être ralenties».

Les gros coups de filet de la Seprona ainsi que l'implication d'Europol, d'Interpol et de nombreuses agences de contrôle européennes ne semblent pas avoir dissuadé les autres fraudeurs.

À Malte, en mai 2019, une annonce sur Facebook met les inspecteurs sur la trace de thon revendu clandestinement[1]. Au fond d'un entrepôt, ils trouvent plus d'une tonne de poisson stockée dans des conditions qui laissent franchement à désirer. En janvier 2021, du thon des Maldives vendu en France présentait un taux d'histamine inquiétant (huit fois trop) et a, paraît-il, été rappelé… À plusieurs reprises en 2020, du thon chargé en histamine a tenté de pénétrer le marché européen; sans doute une partie a-t-elle échappé aux contrôles. En novembre 2020, le Royaume-Uni a détecté vingt fois la dose autorisée dans du thon en provenance du Vietnam destiné à la Belgique et à l'Espagne. Même trouvaille par l'Irlande en septembre 2020, cette fois sur du sashimi de thon emballé arrivé du Sri Lanka. Le 23 juin 2020, la Hongrie a prévenu le réseau d'alerte européen que du thon espagnol transitant par la Slovénie et vendu dans d'autres pays européens contenait sept fois la dose d'histamine autorisée. La veille, l'Italie avait tiré la sonnette d'alarme à propos de thon contenant deux fois la dose

1. Ivan Martin, «A restaurant's fishy Facebook post leads to a black market catch», *Times of Malta*, 5 mai 2019.

autorisée, le poisson provenant cette fois d'Inde. Quelques jours auparavant, la Suède informait une dizaine de voisins d'une épidémie d'intoxications alimentaires causées par l'histamine de thon provenant du Vietnam qui avait transité par les Pays-Bas : il contenait huit fois la dose tolérée. Six mois auparavant, la Belgique signalait avoir mesuré plus de deux fois la dose admise dans du thon réfrigéré arrivé de France.

Les autres embrouilles sur les produits de la pêche

Dans l'Hexagone, on garde un œil sur ce poisson sensible. Le ministère de l'Agriculture a mis en place dès 2017 un plan de surveillance[1] de la contamination du thon par l'histamine. Chaque année, 160 échantillons sont prélevés au stade de la distribution dans six régions françaises[2].

La Répression des fraudes surveille les produits de la mer et d'eau douce de très près dans le cadre d'une enquête programmée tous les ans. Dans son bilan du début 2018, la DGCCRF parle de « problèmes persistants » relevés après plus de 1 500 contrôles chez des pêcheurs en vente directe, dans des poissonneries de détail (forains et sédentaires) ou de grandes surfaces, chez des grossistes, des mareyeurs, des fabricants de produits transformés à base de poissons ou des restaurateurs.

1. https://info.agriculture.gouv.fr/gedei/site/bo-agri/instruction-2020-10
2. Les prélèvements sont répartis proportionnellement à la population humaine dans les six régions identifiées comme étant les plus fortes consommatrices de thon.

Les anomalies constatées sont en augmentation : un établissement sur deux[1] présentait au moins un défaut lié à l'étiquetage, l'hygiène (près d'un sur trois présentait des soucis !) ou l'absence de mention d'allergènes (57 % d'anomalies, c'est énorme et potentiellement dangereux pour la santé). Dans les restaurants, il y avait 35 % d'incidents constatés.

Mais c'est dans les grandes surfaces (47 % d'anomalies) et les poissonneries et marchés (plus de 70 %) que le pire apparaissait ! Le bilan 2018 de la DGCCRF indique : « L'ajout d'eau exogène non annoncé au consommateur s'observe dans les produits habituellement concernés (cabillaud, panga, noix de Saint-Jacques…). L'espadon, espèce concernée par les mêmes traitements que le thon pour maintenir la couleur de sa chair, fait l'objet du même type de non-conformité relative à l'usage de quantités excessives d'acide ascorbique, au-delà du principe du *quantum satis*. » Les inspecteurs ont constaté pas mal de négligence des professionnels, qui « peinent à mettre à jour et sans erreurs l'ensemble des étiquetages avec l'ensemble des informations demandées par la réglementation », précisant que « ces difficultés et négligences sont renforcées par le sentiment des professionnels que certaines des informations (nom scientifique, zones et catégories d'engins de pêche) n'intéressent pas la grande majorité des consommateurs ».

La Répression des fraudes relève que « les distributeurs se fournissent en produits ayant subi un traitement, notamment des denrées décongelées, saumurées, traitées avec des additifs antioxydants, vendues en vrac sur les étals », mais les commercialisent avec une dénomination omettant d'indiquer le traitement subi ou les présentent

1. 52,8 %.

de façon à induire le consommateur en erreur, par exemple « en les présentant aux côtés de denrées similaires mais non traitées, tendant à faire croire qu'il s'agit dans les deux cas de denrées brutes ».

De son côté, l'expertise du service commun des laboratoires (SCL) à Marseille s'avère tout aussi précieuse pour déterminer les fraudes. Et il y en a !

Le détail des trouvailles de ces experts indique qu'on ne peut pas avoir confiance. Il y a à boire et à manger, et pire encore, au menu des fraudes. Comme de l'eau ajoutée – non déclarée – dans des filets de loup, de panga et de cabillaud. Comme un ajout d'eau dans des noix de Saint-Jacques, mais déclarée en quantité bien moindre que ce que le labo a trouvé. Comme une teneur en sulfites supérieure à la limite maximale réglementaire dans du crabe royal du Kamchatka et des crevettes, ou une teneur en rocou (un colorant alimentaire) supérieure à la norme détectée sur du dos de cabillaud. Comme une quantité de crevettes très inférieure à celle annoncée dans un plat préparé à base de crevettes et de pommes de terre, comme une teneur en acide ascorbique trop élevée dans des longes d'espadon et de thon, comme des polyphosphates retrouvés dans de la chair de crabe sans que cela soit annoncé, ou du surimi ne contenant pas la quantité d'ingrédients promise !

La traçabilité des produits de la mer semble prise par-dessus la jambe par nombre de détaillants et de supermarchés, alors même qu'il s'agit d'une obligation. On doit pouvoir garantir l'origine des aliments et en détenir les preuves documentaires. Mais voilà, la DGCCRF constate que « la plupart des détaillants ne possèdent pas de cahier de traçabilité. Les étiquettes ne sont pas toujours conservées ou sont conservées en vrac sans date d'ouverture dans des pochettes plastique/sacs/caisses polystyrène parfois collées entre elles ou moisies». Miam. «Les professionnels font rarement preuve de mauvaise volonté, nuance-t-elle, mais les employés affectés à ce rayon n'ont pas de formation adéquate.» C'est ainsi que l'on retrouve sur les étals des produits alléchants qui se font passer pour ce qu'ils ne sont pas : le bar élevé en France provient de Grèce, la daurade royale est étiquetée «pêchée» alors qu'elle arrive d'un élevage turc, les crevettes roses cuites d'Atlantique Centre-Est s'avèrent être élevées en Colombie. Et, pour séduire les consommateurs, la grande distribution n'hésite pas à sortir des bacs de criée qui ont l'avantage de présenter un côté authentique, mais y glisse… des poissons d'élevage.

Sur l'ensemble du territoire français, certaines régions sont moins contrôlées que d'autres pour les produits de la pêche; c'est notamment le cas des zones dites «non littorales» à la commercialisation du poisson moindre. Ce qui est de toute évidence une erreur car, «dans le cas où les contrôles n'ont pas pu être effectués plusieurs années de suite, des non-conformités sont constatées dans la quasi-totalité des établissements visités», constate la sous-directrice de la DGCCRF. La quasi-totalité! Tristement, s'ils ne sont pas «fliqués», les opérateurs ont donc tendance à tricher. Le constat est implacable : il faut coûte que coûte maintenir la pression.

Dans le rapport[1] du réseau d'alerte européen (RASFF) pour 2018, les signalements concernant le poisson, les crustacés, les coquillages et les céphalopodes (mollusques à tentacules comme les pieuvres, calmars, etc.) dépassent

1. «The Rapid Alert System for Food and Feed 2018», rapport annuel (RASFF).

en nombre (530 alertes) ceux relatifs aux fruits et légumes (475 alertes). Soit autant de chargements et containers arrêtés juste avant de pénétrer frauduleusement nos marchés, nos réfrigérateurs et nos estomacs. Mais combien, précisément, ont réussi à passer sous les radars des contrôles ? On l'ignore.

Loups de mer

La menace de fraude surgit parfois de manière inattendue et dans des pays peu réputés pour leur flotte de pêche. Comme la Roumanie, qui compte à peine plus de 200 kilomètres de côtes longeant la mer Noire et pour laquelle Eurostat ne renseigne aucun navire de pêche. C'est pourtant là qu'Eurojust, l'agence de coopération judiciaire entre les États membres de l'Union européenne, a démantelé, en mai 2019, un trafic de grande envergure de poissons contaminés. Qui concernait la Roumanie, mais aussi l'Espagne, la Hongrie, la France, l'Italie et le Portugal. Au cours de l'opération Carpatos, 11 bateaux et 30 tonnes de produit frelaté ont été saisis. Il a fallu mobiliser 850 policiers, dont la Guardia di Finanza italienne, la Policía Nacional espagnole, la gendarmerie nationale française et l'Office central de lutte contre les atteintes à l'environnement et à la santé publique (OCLAESP) afin d'obtenir ce résultat. Treize personnes, impliquées dans un énorme réseau criminel, ont été arrêtées, avec l'appui d'Europol qui, précise Eurojust, « a aidé les enquêtes en procédant à des recoupements d'informations et de preuves, démontrant ainsi les liens avec la France et l'Italie ».

Les membres de l'organisation criminelle, anciens pêcheurs, avaient mis au point un mécanisme sophistiqué de braconnage et d'achat de poisson provenant des eaux territoriales contaminées en Italie, en Espagne et en France, zone où la pêche est interdite. Le poisson pollué était stocké et transporté vers plusieurs pays de l'UE dans des conditions insalubres, puis vendu à des entreprises roumaines, en fait des sociétés «fantômes», ce qui permettait d'obtenir des codes de TVA pour les échanges commerciaux, mais pas les autorisations sanitaires, obligatoires en Europe pour vendre des produits d'origine animale. Ces vieux loups de mer émettaient donc de fausses factures et documents frauduleux pour revendre leur marchandise frelatée en Espagne, France, Italie, Hongrie, au Portugal et en Roumanie, engrangeant d'importants bénéfices (illicites, on l'a compris), notamment *via* la fraude fiscale et le blanchiment d'argent.

«On a été sollicités par Eurojust en janvier 2019 par une demande d'entraide d'enquête internationale, raconte Éric Bayle, lieutenant-colonel à l'OCLAESP et chef de la division de la stratégie et de l'analyse. En France, il s'agissait de matérialiser l'infraction avec des investigations sur le terrain, des auditions, des gardes à vue, et de déterminer les avoirs criminels, les bénéfices enregistrés. On a débusqué deux bases logistiques pour des produits pêchés illégalement en Espagne et en France, dans des zones où la pêche est interdite, car contaminées par des rejets industriels. L'entreprise voyou, basée dans le sud de la France, était gérée par deux Roumains et un Français; c'était avant tout une base logistique qui servait de grossiste pour transmettre les marchandises illégales en provenance d'Espagne et de France vers la Roumanie, avec des chauffeurs roumains. Le suspect français était un pêcheur local, enregistré avec un Siret mais qui n'avait pas le droit d'exporter.»

Pêche à l'info

La mondialisation, on le sait, a bouleversé les chaînes d'approvisionnement de l'alimentation. Malgré l'étendue du domaine maritime français, la production ne suffit plus à satisfaire l'appétit des habitants qui consomment en moyenne 34 kilos de poisson par personne et par an[1]. Comme l'Europe est devenue le plus gros importateur au monde de produits de la mer, les industriels et les distributeurs vont chercher toujours plus loin, toujours moins cher une marchandise qu'ils trouvaient autrefois à leurs portes.

Chris Elliott, expert mondial sur les questions de fraude dont j'ai déjà parlé, a expliqué au quotidien économique britannique *The Financial Times*[2] le chemin complexe que peut emprunter un poisson avant d'amerrir dans nos assiettes : « Des espèces pêchées dans l'Atlantique Nord-Est sont éviscérées à bord de bateaux-usines, envoyées en Chine où des femmes lèvent les filets à la main, puis ceux-ci sont congelés en bloc et stockés dans d'immenses entrepôts frigorifiques en Corée du Sud, pour revenir dans un port en Europe *via* une nébuleuse d'importateurs et de grossistes. Soit un joli voyage de 20 000 kilomètres au bas mot. » En étirant ainsi la chaîne de production, du bateau à l'assiette, il apparaît évident que se multiplient les risques d'en perdre le contrôle.

Pour garder celui-ci, encore faudrait-il savoir précisément à quel poisson on a affaire. La substitution d'une espèce par une autre, moins chère, est extrêmement tentante. Elle est aussi parfois involontaire, lorsque le poissonnier ou le restaurateur s'est lui-même fait avoir.

1. FranceAgriMer.
2. Natalie Whittle, « The fight against food fraud », *Financial Times*, 24 mars 2016.

Bien malin celle ou celui qui saura repérer à l'œil nu que tel ou tel produit n'est pas frauduleux, qu'il est bien ce qu'on prétend qu'il est sur l'étiquette ou le menu. Ce qui laisse pas mal de marge à la fraude. En France, par exemple, de l'espadon *Xiphias gladius* est présenté comme «longe de thon, *Thunnus*», et du thon albacore *Thunnus albacares* est en réalité du *Thunnus obesus*. Des tromperies connues de la Répression des fraudes qui ne communique toutefois pas aux consommateurs les noms des tricheurs ni les lieux où celles-ci ont lieu.

Il est difficile pour le commun des mortels et même pour pas mal de professionnels (restaurateurs, transformateurs, distributeurs) de distinguer par exemple deux types de cabillaud : le *Gadus morhua*, ou morue de l'Atlantique, que l'on trouve en grande quantité dans les eaux froides et profondes de l'Atlantique-Nord, du *Gadus macrocephalus*, ou morue du Pacifique, pêchée surtout en Alaska. Une différentiation d'autant plus ardue quand le poisson finit dans un plat préparé ou est généreusement recouvert de sauce. Pas évident non plus de différencier un thon rouge frais d'un autre congelé. Or le prix du premier peut être trois plus élevé que le second!

Savoir fait toute la différence

Beaucoup l'ignorent, mais, depuis le 13 décembre 2014, l'étiquette du poisson doit comporter un ensemble d'informations obligatoires pour que le consommateur choisisse ses produits de la pêche en bonne connaissance de cause et, accessoirement, ne puisse se faire avoir. On doit désormais voir apparaître la date limite de consommation, savoir si le produit a été décongelé et identifier la zone de capture du poisson pêché en mer. Savoir d'où il provient n'est pas un détail. «Au niveau européen, 38 % des stocks sont surexploités en Atlantique Nord-Est, et près de 92 % en Méditerranée. Au niveau mondial, plus d'un tiers des stocks de poissons est surexploité», souligne ainsi Frédéric Le Manach, directeur scientifique de l'ONG Bloom.

La surpêche est donc une réalité qu'on ne peut plus nier. Ensuite, la méthode de production doit être renseignée : «pêché…», «pêché en eaux douces…» ou «élevé…», information qui donne notamment des indications sur les potentiels polluants. De fait, l'Agence nationale de sécurité sanitaire (Anses[1]) recommande de consommer avec modération les poissons d'eau douce, car ils sont fortement bio-accumulateurs en PCB ou polychlorobiphényles (anguille, barbeau, brème, carpe, silure). L'Anses préconise aussi de varier les espèces de poisson et les lieux d'approvisionnement (sauvage, élevage, lieux de pêche, etc.) afin de permettre une couverture optimale de ses besoins en acides eicosapentaénoïque (EPA) et docosahexaénoïque (DHA), tout en limitant le risque de surexposition aux contaminants chimiques. Cela peut sembler très technique, mais repose sur une évaluation scientifique.

Les professionnels ont aussi l'obligation[2] d'afficher les engins de pêche utilisés sur les étiquettes des poissons sauvages de leurs étals : «sennes», «chaluts», «filets maillants et filets similaires», «filets tournants et filets soulevés», «lignes et hameçons», «dragues» et «casiers et pièges». Soit de l'ultra précis. Or «très peu de poissonniers se plient à cet exercice pourtant crucial, explique Frédéric

1. «Consommation de poisson d'eau douce et imprégnation aux PCB, une étude nationale», Anses, 24 août 2016.
2. https://www.bloomassociation.org/grand-defi-chasse-etiquette

Le Manach. L'engin de pêche est pourtant le critère numéro 1 pour choisir son poisson de manière responsable. Cette information permet de savoir si les engins sont "passifs" et donc immobiles, ou s'il s'agit d'engins "actifs", tractés par un ou deux navires – qui ont un impact très différent voire ravageur sur les écosystèmes marins». Enfin, la dénomination commerciale et le nom scientifique doivent être indiqués ; on doit savoir qu'on achète un bar, dont le nom scientifique est *Dicentrarchus labrax*, aussi appelé «loup» en Méditerranée, et non pas un loup de mer, *Anarhichas lupus*.

Encore pire au resto !

Voilà pour l'étiquette au supermarché et les mentions chez le poissonnier. À la brasserie du coin, en revanche, accéder à ces informations relève de la mission impossible. Si, au restaurant, l'affichage de l'origine des viandes porcines, ovines et des volailles est obligatoire depuis l'adoption de la «loi relative à la transparence de l'information sur les produits alimentaires» votée à l'Assemblée nationale en mai 2020[1], rien de tel pour les poissons et fruits de mer. Les restaurateurs ne doivent pas fournir d'information détaillée, vérifiée. Il leur est interdit de frauder, bien sûr, mais comment en avoir le cœur net ? Plusieurs études montrent d'ailleurs que la substitution d'espèce a lieu plus souvent qu'on ne le croit dans les restos et commerces de sushis.

L'organisation Oceana a fait un test à Bruxelles, y compris dans le quartier fréquenté par les fonctionnaires européens. Avec une vérification de l'authenticité de

1. Frédérique Le Gall, «Les restaurateurs et les cantines devront afficher l'origine de toutes les viandes», *Le Télégramme*, 4 juin 2020.

280 produits servis dans 150 restaurants, bars à sushis, comme au sein des cantines de la Commission européenne et du Parlement européen, ce avec la complicité d'eurodéputés[1]. Le résultat des analyses ADN effectuées à l'université de Leuven est hallucinant : 1 produit sur 3 s'est avéré frauduleux ! Dans les commerces à sushis, la fraude était encore plus importante, atteignant 54,5 %. « Nous pensions acheter cinq espèces de poissons : du thon rouge, du cabillaud, de la sole, de l'espadon et de la raie, explique Nicolas Fournier, directeur de campagne d'Oceana Europe. Nous en avons trouvé, en tout, trente-six différentes dans nos assiettes ! C'est assez choquant. » Le thon rouge était presque toujours remplacé (95 %) par d'autres espèces de thons tropicaux, évidemment de moindre valeur. Le cabillaud et la sole vendus autour de 25 euros dans les restaurants étaient souvent du pangasius, un autre poisson à chair blanche élevé au Vietnam dans le delta du Mékong, vendu au prix de 4 euros le kilo dans les supermarchés et deux fois moins cher en gros !

Pour Nicolas Fournier, « au-delà de la fraude économique et de son impact moral, le remplacement d'espèces de poissons par une autre est un enjeu environnemental fort qui touche des espèces protégées, surpêchées ou issues de la pêche illégale. Elle présente aussi un risque sanitaire, puisque les poissons non traçables peuvent échapper aux contrôles sanitaires et vétérinaires ».

Pour en avoir le cœur net

Tester l'ADN du poisson (ou de tout autre ingrédient : viande, épices…) pour découvrir sa véritable nature donne

1. Bernard Padoan, « Le poisson dans l'assiette n'est pas toujours celui de la carte », *Le Soir*, 3 novembre 2015.

accès à une information précieuse. En 2013, si les fabricants et les distributeurs avaient testé l'ADN de la viande qu'ils glissaient dans leurs plats préparés, ils se seraient aperçus qu'il s'agissait de cheval et non de bœuf. Même si, à l'époque, peu de laboratoires étaient en mesure de révéler cela avec précision. Sept ans plus tard, les équipements des laboratoires ont fait des pas de géants. Les scandales étant passés par là, la technologie, en réponse aux attentes pressantes des industriels, s'est développée à une allure folle, devenant plus pointue. Mais, parfois, la seule analyse ADN ne suffit plus à déceler la fraude. Car avec une recherche « classique » de ce type, on vise à vérifier quelque chose de spécifique – par exemple : est-ce que ma lasagne contient du cheval ; la réponse sera alors oui ou non. Or plus le produit est transformé, plus il est vulnérable à la fraude. On peut vérifier aisément l'espèce d'un poisson entier. Mais cela se complique quand celui-ci devient un filet, et encore plus s'il est mélangé à d'autres ingrédients dans un plat préparé. Quel thon se trouve dans cette boîte de conserve ? Quelle(s) viande(s) dans ce chili con carne ?

Le test ADN – aussi appelé PCR en temps réel pour Polymerase Chain Reaction – a donc ses limites. Par exemple, il ne détermine pas si un jus d'orange est pur ou dilué à l'eau. Et l'extraction de l'ADN est difficile à partir des matières grasses – huiles, beurre.

Aussi faut-il aller plus loin, procéder différemment pour s'assurer de l'authenticité et de la traçabilité des aliments. C'est ce que fait l'expert en microbiologie et biologie moléculaire que j'ai rencontré lors de conférences professionnelles. Cet homme passé par plusieurs très grands laboratoires européens recourt à la méthode NGS, pour Next Generation Sequencing que les labos utilisent depuis trois ou quatre ans seulement. « L'avenir, m'explique-t-il avec le pouvoir de conviction qu'ont ceux qui savent avant tous les autres, c'est l'approche non ciblée, hyperpuissante. La méthode NGS s'appuie sur d'immenses bases de données qui contiennent d'énormes fichiers de gigabytes et des millions de séquences que l'on peut interroger avec une question ouverte et non plus seulement "oui ou non". On n'est plus sur l'analyse d'un seul élément. On peut ainsi savoir précisément ce qui compose un steak de poisson transformé, par exemple », conclut-il.

La méthode NGS est un « outil de destruction massive », souligne mon expert. Qui prévient : « Votre chaîne d'approvisionnement va soudain devenir plus transparente. Cela pourra être très perturbant, car vous trouverez des choses inattendues. » Ce qui n'a pas raté : ce microbiologiste raconte qu'un jour un distributeur lui a demandé de tester un filet de poisson, et que lui y a décelé quatre espèces différentes ! Alors que le morceau « ressemblait à un filet tout ce qu'il y a de plus normal ».

Pêche illégale

La pêche illégale est un véritable fléau[1]. Interpol estime[2] qu'elle représente de 11 à 24 milliards de dollars.

1. La pêche illégale, non déclarée et non réglementée (INN), est un terme général qui recouvre une grande variété d'activités de pêche. La pêche INN est présente dans tous les types et toutes les dimensions de la pêche ; elle a lieu aussi bien en haute mer que dans les zones relevant de la juridiction nationale. Elle concerne tous les aspects et toutes les étapes de la capture et de l'utilisation du poisson, et elle peut parfois être associée au crime organisé.

2. Mark Shaw, Christian Nellemann et Jurgen Stock, « World atlas of illicit flows: organized crime underpins major conflicts and terrorism », Interpol, RHIPTO et Global Initiative Against Transnational Organized Crime, 26 septembre 2018.

Des chercheurs de l'Université de la Colombie-Britannique au Canada ont récemment étudié[1] le phénomène dans 143 pays. D'après Rashid Sumaila et ses collègues, « entre 8 et 14 millions de tonnes de captures de poissons non déclarées font l'objet d'un commerce illicite chaque année. Les effets économiques probables du commerce illicite des captures de poissons marins sont considérables ». Son collègue et coauteur de l'étude, Daniel Pauly, s'inquiète[2] aussi de l'épuisement des ressources sans que cela puisse être comptabilisé : « Le commerce illicite de poissons et de produits de la mer contribue à l'épuisement des stocks de poissons d'une région. Les prises de poissons sont déjà largement sous-déclarées, et si les prises qui entrent dans le commerce illicite ne sont pas également comptabilisées, nous nous rapprochons de plus en plus de l'épuisement total de cette ressource. » Pour les auteurs de cette vaste étude, des politiques et des actions audacieuses de la part des acteurs publics et privés sont nécessaires si l'on veut enrayer ce commerce illégal.

La technologie pour lutter contre les pratiques frauduleuses, c'est drôlement bien. Mais on ne résoudra pas tous les problèmes par la magie de l'intelligence artificielle ou de la blockchain[3]. C'est ce qui ressort du rapport de la

1. R. Sumaila, D. Zeller, L. Hood, M. L. D. Palomares, Y. Li et D. Pauly, « Illicit trade in marine fish catch and its effects on ecosystems and people worldwide », *Science Advances*, 26 février 2020.

2. Katy Askew, « Counting the cost of fish fraud : "Billions" lost to illicit fisheries », Food Navigator, 12 mars 2020.

3. Dans le cas de l'industrie agroalimentaire, la blockchain peut s'apparenter à une base de données partagée, sécurisée et infalsifiable qui permet aux industriels de sécuriser la traçabilité et la transparence de leurs chaînes d'approvisionnement. D'après les experts qui commercialisent ces solutions logicielles, son utilisation permet aux acteurs d'une chaîne d'approvisionnement (producteurs, logisticiens, supermarchés, etc.) de tracer un produit alimentaire en réduisant les échanges et les coûts opérationnels

FAO[1], l'Organisation des Nations unies pour l'alimentation et l'agriculture, publié en mai 2020. Dans celui-ci, l'Onu a analysé les systèmes de blockchain privée et publique et s'est interrogée sur la pertinence d'un tel outil pour la traçabilité des produits de la mer. La blockchain est présentée dans tous les médias comme la solution miracle, mais est-elle LA réponse pour enrayer cette pêche illégale ? La FAO convient qu'elle peut certes améliorer la traçabilité des produits, la transparence et redorer la confiance des consommateurs, mais les auteurs de l'étude calment les attentes démesurées à l'égard des outils technologiques en écrivant : « La blockchain, le *data mining* [l'exploration des données] et l'intelligence artificielle ne mettront pas fin à la pêche illégale, non déclarée et non réglementée (INN), et n'empêcheront pas la surpêche et les rejets. Mais ils peuvent contribuer à rendre plus visibles et transparents les flux mondiaux de poissons et de produits de la mer, ainsi que les flux d'argent qui y sont liés. »

Car si la pêche illégale est un phénomène mondial, elle existe particulièrement dans les pays en développement qui concentrent 83 % du commerce international total des produits de la pêche[2]. Plus de 500 millions de personnes y dépendraient directement ou indirectement du secteur de la pêche pour vivre. Les réductions des stocks de pêche dues à l'illégale ont donc un impact

---

au cours de son acheminement. Elle permet également d'assurer la véracité des informations qui vont être inscrites dans son registre, de réduire les fraudes et d'augmenter la confiance entre les parties prenantes.

1. « Blockchain application in seafood value chains », Organisation des Nations unies pour l'alimentation et l'agriculture (FAO), 2020.

2. « Transnational crime and the developing world », Global Financial Integrity, mars 2017.

énorme sur leurs moyens de subsistance. Or ces pays en développement sont très exposés au risque, car ils sont généralement mal équipés pour surveiller et contrôler leurs zones. Par ailleurs, les bateaux de pêche illégale sont souvent ceux qui recourent au travail forcé[1]. Quant à l'utilisation des navires de pêche pour faciliter le trafic de drogue, elle est bien documentée[2]. Et même la pêche légale, dans ces eaux-là, si elle n'est pas suivie et gérée, peut conduire à la surexploitation ou à l'épuisement des stocks de poissons.

De l'eau dehors et dedans

Parfois, la fraude se fait plus astucieuse, mais la finalité demeure la même : se faire de l'argent sur le dos des consommateurs. Qui n'y verront que du feu… ou plutôt de la glace dans ce cas précis.

Sachez que le poisson peut être recouvert d'une pellicule de glace (ce qu'on appelle de l'eau de glaçage ou glazurage) afin d'augmenter sa durée de conservation en le préservant de l'oxydation, histoire aussi qu'il ait l'air frais et pas tout desséché. La technique, très utilisée pour les produits de la pêche congelés[3], est légale,

1. G.G. McDonald, C. Costello, J. Bone, R.B. Cabral, V. Farabee, T. Hochberg, D. Kroodsma, T. Mangin, K.C. Meng et O. Zahn, « Satellites can reveal global extent of forced labor in the world's fishing fleet », *Proceedings of the National Academy of Sciences*, 118, 3, 2020.

2. E. Witbooi, K.D. Ali, M.A. Santosa *et al.*, « Organized crime in the fisheries sector threatens a sustainable ocean economy », *Nature*, 588, 2020, p. 48-56.

3. Le traitement est effectué en sortie de congélation, par trempage et/ou pulvérisation d'eau douce sur les produits congelés. Les produits congelés sont donc recouverts d'une pellicule d'eau, qui se transforme en une pellicule de glace au contact de la surface froide des produits congelés.

mais le glazurage ne doit pas être inclus dans le poids net – on le comprend aisément. Pour autant, jusqu'où peut-on recouvrir le poisson avec ce que les connaisseurs appellent le *glazing* ?

Des chercheurs de l'université de Gand[1], en Belgique, estiment que « 6 à 10 % d'eau protègent adéquatement les filets de poisson avant leur stockage à l'état congelé contre la déshydratation, l'oxydation et la perte de qualité. En revanche, un glaçage excessif – plus de 12 % – peut affecter de manière significative la valeur économique et la satisfaction de l'utilisateur final des filets de poisson congelés ». Sur plusieurs années, ils ont observé que, pour des petits produits (crevettes, anneaux d'encornet…), les taux de glazurage peuvent atteindre 20 à 25 % en raison du rapport surface/volume élevé de ces produits. Ils ont même trouvé des produits dépassant 40 % de glazurage, ce qui constitue un taux excessif, même s'il n'y a pas de limite inscrite dans la réglementation européenne.

D'après Lynn Vanhaecke, l'une des deux chercheurs flamands, « la valeur marchande annuelle d'un vitrage à 1 % est estimée à 1 million d'euros dans un marché de consommation de poisson faible à modérée comme la Belgique ». On comprend alors qu'une infime triche sur le glazurage peut rapidement se chiffrer en pertes conséquentes, surtout si l'on achète du volume. Les gros acheteurs connaissent cette pratique frauduleuse et surveillent de près.

Au sein du groupe Flo, par exemple, qui possède notamment les tavernes Maître Kanter, les restaurants Hippopotamus et Bistro Romain, on traque une telle

1. L. Vanhaecke, W. Verbeke et H.F. De Brabander, « Glazing of frozen fish : Analytical and economic challenges », *Analytica Chimica Acta*, 672 (1-2), 2010, p. 40-44.

fraude en envoyant chaque année une dizaine d'échantillons au laboratoire.

Car l'arnaque se loge davantage dans les cuisines des restaurants qu'au supermarché, selon des chercheurs de l'université de Wageningen et d'Amsterdam aux Pays-Bas, qui ont développé des outils de mesure de la vulnérabilité à la fraude[1].

Une autre pratique est l'adjonction d'eau aux produits sans que cela soit indiqué, ou l'utilisation d'additifs voire d'antibiotiques interdits.

En France, la Répression des fraudes a relevé ces non-conformités sur près de la moitié des noix de Saint-Jacques testées[2].

Ce type de traitement peut ajouter de 10 à 30 % de poids au poisson ou aux fruits de mer. Or, s'il est autorisé par la réglementation européenne tant qu'aucune substance dangereuse pour la santé humaine n'est utilisée, l'eau ajoutée – par injection ou trempage (pour « gonfler » les crevettes notamment) – doit être indiquée dans la liste des ingrédients et à côté du nom du produit lorsqu'elle représente plus de 5 % du poids de celui-ci. Cela donne par exemple : « filet de poisson avec eau ajoutée ». Mais bien des opérateurs « oublient » de le signaler ; dans environ un cas sur quatre précise même la DGCCRF. Des petits pourcents par-ci, par-là, qui font, au bout du compte, de généreux profits quand les volumes de marchandises vendues en gros sont considérables.

1. S.M. van Ruth, J. van der Veeken, P. Dekker, P.A. Luning et W. Huisman, « Feeding fiction: Fraud vulnerability in the food service industry », *Food Research International*, 133, juillet 2020.

2. « Contrôle de l'espèce, de l'ajout d'eau et d'additifs dans les filets de poissons et noix de Saint-Jacques », DGCCRF, 1er mars 2017.

Trafic de bébés

Bébés translucides d'une dizaine de centimètres, des petits d'anguilles – les civelles – suscitent un intérêt fou chez les trafiquants, y compris en France. Il faut dire que les civelles, ces alevins d'anguille, se vendent à un prix d'or sur le marché asiatique : de 2000 à 3000 euros le kilo. Certaines sources[1] avancent même le chiffre hallucinant de 8000 à 10000 euros ! C'est bien simple : « La civelle, c'est presque aussi rentable que la coke, les emmerdements en moins », lâche un pêcheur français au *Parisien*[2]. En Chine et au Japon, l'anguille étant un mets très prisé, des réseaux se montent puisqu'il y a de l'argent à se faire. Beaucoup d'argent.

Considérée « en danger critique d'extinction » au niveau mondial comme en France, l'anguille est protégée depuis 2008 par la Convention sur le commerce international des espèces de faune et de flore sauvages menacées d'extinction (CITES). Son exportation depuis l'Union européenne a été interdite deux ans plus tard. Pêche réglementée encadrée par des quotas stricts, elle est réservée aux seuls professionnels, et la commercialisation de la civelle est seulement autorisée dans l'espace européen. Mais celles-ci restent victimes d'un intense braconnage, et même d'un trafic en bande organisée.

La plupart des anguilles sont capturées durant les migrations saisonnières de masse, avant qu'elles n'acquièrent une pigmentation (jeunes, les civelles ont presque l'air transparent). Ces « bébés » sont envoyés vivants,

1. « Loire-Atlantique. Pêche à la civelle : professionnels sanctionnés, braconniers interpellés », *Ouest France* (avec *Presse-Océan*), 8 mars 2020.

2. Frédéric Mouchon, « Presque aussi rentable que la coke, l'anguille est traquée par les braconniers », *Le Parisien*, 1er novembre 2018.

souvent par avion, et cultivés jusqu'à atteindre leur taille adulte dans des fermes en Asie.

Vu d'ici, on ne s'en rend pas compte, mais le trafic de civelles, crime environnemental et trafic frauduleux, mobilise tous azimuts. L'Office des Nations unies contre les drogues et le crime[1] (UNODC, United Nations Office on Drugs and Crime : un organe du secrétariat des Nations unies) suit son parcours de très près. «Les principaux pays «fournisseurs» de l'Union européenne – France, Espagne, Portugal et Royaume-Uni – envoient la marchandise vers l'Asie de l'Est principalement par le fret aérien. Certains envois transitent par les pays d'Europe de l'Est (y compris Albanie, Bulgarie, Grèce, Hongrie, et l'ancienne République yougoslave de Macédoine), ainsi que le Maroc et la Russie», précise l'UNODC.

Vous avez bien lu : la France fait partie des principales sources. En juin 2020, 108 contrebandiers ont été arrêtés en Europe[2] et plus de 2 tonnes de civelles de contrebande saisies, pour une valeur estimée à plus de 6 millions d'euros. Ce sont les tout derniers chiffres de la quatrième opération Lake coordonnée par Europol dans 19 pays européens. En France, la Gendarmerie nationale, les douanes et l'Office central de lutte contre les atteintes à l'environnement et à la santé publique (OCLAESP) ont arrêté pas moins de 26 personnes impliquées dans ce genre de contrebande.

Trois d'entre elles ont été surprises par les gendarmes en pleine nuit, aux abords d'une écluse à Trignac (près de Saint-Nazaire), en marais de Brière. Dans leur véhicule,

1. «World Wildlife Crime Report. Trafficking in protected species», Office des Nations unies contre les drogues et le crime (UNODC), 2016.

2. «The most recent fishing season sees 108 smugglers arrested and over 2 tonnes of glass eels seized in Europe» (communiqué de presse), Europol, 4 juin 2020.

les gendarmes ont découvert l'attirail parfait des braconniers : un tamis, des caisses de poissonnier en polystyrène et un bac en plastique contenant déjà environ 200 grammes d'alevins d'anguilles vivants.

Chez nous, si l'infraction est commise en bande organisée, les sanctions pénales encourues sont lourdes : de deux ans d'emprisonnement et une amende de 150 000 euros à sept ans d'emprisonnement et une amende de 750 000 euros. En juillet 2019, le tribunal correctionnel de Bordeaux a même condamné à une peine inédite[1] un mareyeur vendéen : deux ans de prison ferme avec mandat de dépôt et 4 000 euros d'amende douanière pour implication dans un trafic d'alevins d'anguille. L'homme avait déjà été interpellé en avril 2018. Les trois prévenus ont fait appel de ce jugement. Les douanes avaient intercepté près de 300 kilos dans une camionnette, sur l'autoroute A63 au niveau de la sortie vers Lacanau. Au cours du procès, l'avocat d'une association environnementale qui s'était portée partie civile, la Sepanso, a souligné les similitudes de mode opératoire entre ce trafic et celui des stupéfiants : « Le trafic de civelles s'industrialise, avec des go fast, des voitures ouvreuses et des mules », a ainsi déclaré maître François Ruffié[2].

Le colonel Jean-Baptiste Félicité de la section de recherche de la gendarmerie de Bordeaux, où un trafic international de civelles démarrant dans le Médoc, transitant par l'Espagne, le Portugal avant de partir vers l'Asie a été démantelé en 2019, confirme[3] : « Les contrebandiers utilisent les méthodes des trafiquants de drogue. »

1. Marie Rouarch, « Deux ans de prison ferme pour trafic de civelles, peine inédite à Bordeaux », France Bleu Gironde, 4 juillet 2019.

2. *Idem.*

3. Christine Le Hesran, « Trafic de civelles : une filière démantelée du Médoc au Portugal en passant par l'Espagne », France 3, 25 mars 2019.

Yannette Bois, gendarme à l'OCLAESP, complète[1] : « Avec un modus operandi calqué sur le trafic de stups, une voiture ouvreuse et une suiveuse, comme un go fast. Les braconniers disposaient de "téléphones de guerre", utilisaient des messageries cryptées. » Pour les coincer, il faut donc se donner les moyens : planques, écoutes téléphoniques, balises, réseau d'informateurs.

Quelques mois auparavant, le tribunal correctionnel de Nantes avait condamné[2] neuf hommes impliqués dans un trafic international de civelles démantelé par la gendarmerie en 2016, qui ont fait appel de la décision. Deux mareyeurs, l'un à Saint-Nazaire et l'autre en Vendée, ainsi qu'un pêcheur professionnel de Sainte-Luce-sur-Loire, et des braconniers ont été de leur côté condamnés à des peines allant d'un an de prison avec sursis à deux ans ferme, assorties d'amendes allant de 5 000 à 30 000 euros. Les civelles étaient pêchées dans l'estuaire de la Loire, revendues à un intermédiaire en Espagne, puis exportées vers l'Asie.

Ces peines sévères ne semblent toutefois pas dissuader les trafiquants. En 2019, rien que dans la région de Nouvelle-Aquitaine, les services douaniers ont saisi plus de 1 300 kg de civelles ; soit plus du double de l'année précédente. Ces 4 millions de civelles ont été remises dans les cours d'eau de la région.

En décembre 2019, une autre affaire hallucinante survient, qui concerne les huîtres, tant recherchées en cette fin d'année. Vingt-cinq tonnes ont purement et simplement disparu des parcs qui s'étendent le long du littoral ou dans

1. Nelly Terrier, « Comment travaillent les enquêteurs de l'Office contre les atteintes à l'environnement », *Le Parisien*, 11 septembre 2019.

2. Stéphanie Bazylak, « Nantes. Lourdes peines pour les neuf trafiquants de civelles », *Ouest France*, 7 février 2019.

les claires d'affinage. Disparues, autrement dit volées ! La gendarmerie veille et sait que les huîtres de Charente-Maritime, Marennes-Oléron et fines de claire sont convoitées, mais ce sont cette fois quatre fois plus de quantités qu'en 2018 qui ont été dérobées.

Une exploitante raconte s'en être fait voler 600 kilos en à peine trois quarts d'heure : « Des huîtres prêtes à vendre. Ce n'est pas la première fois qu'on nous vole, mais là, la quantité est importante[1]. »

En 2018 déjà, deux ostréiculteurs avaient été condamnés par le tribunal correctionnel de Saint-Malo[2]. L'un avait été reconnu coupable de vol en réunion de plusieurs millions de naissains et de près de 60 tonnes d'huîtres – il voulait s'acheter un bateau –, mais aussi d'escroquerie et de travail dissimulé. Son acolyte, lui, se chargeait des fausses déclarations et des fausses factures.

En octobre 2017, un ostréiculteur du bassin d'Arcachon s'est fait voler en un week-end plus de… 7 tonnes d'huîtres[3]. Arrivé le lundi sur le parc de Marens, en face de Piraillan, Thomas Dehillotte n'a pu que constater que ses rangées étaient vides…

Ces huîtres *made in France* dérobées ont évidemment échappé à tout contrôle officiel et sont entrées dans un circuit de revente parallèle, clandestin, à un prix défiant vraisemblablement toute concurrence. Mais on n'a jamais su où elles avaient été précisément vendues.

On le voit, les fraudes dans le domaine du poisson sont nombreuses et variées. Mais la pêche à l'information, elle, n'est franchement pas aisée.

---

1. « Charente-Maritime : près de 25 tonnes d'huîtres volées cette année, quatre fois plus qu'en 2018 », *20 Minutes* (source AFP), 18 décembre 2019.

2. « Bretagne : deux ostréiculteurs condamnés pour avoir volé des huîtres », *20 Minutes* (source AFP), 6 juillet 2018.

3. Bernadette Dubourg, « Bassin d'Arcachon : 7 tonnes d'huîtres volées ce week-end », *Sud Ouest*, 9 octobre 2017.

4

Le chevache

> « La politique qui vise à garder la confiance des marchés perd la confiance du peuple. »
>
> Pierre Bourdieu

Impossible de l'ignorer, puisqu'il s'affichait tous les matins en fond d'écran sur l'ordinateur de la stagiaire au bureau : le chevache ! Ça la faisait marrer, alors elle avait posé là ce photomontage d'une bête née dans l'esprit d'un graphiste – peut-être inspiré par Jérôme Bosch ? –, une sorte de monstre improbable à tête de vache posée sur un corps de cheval. C'était en référence à l'affaire Spanghero, dite aussi « des lasagnes à la viande de cheval », fraude massive datant de 2013 sur laquelle je veux revenir. Car, des années plus tard, les conditions semblent malheureusement encore réunies pour qu'un tel scandale se reproduise.

Vous croyiez le problème réglé une fois les lasagnes et autres plats préparés à base de cheval retirés des rayons ? Détrompez-vous !

Des canassons aux passeports falsifiés, des chevaux de course traités lourdement aux anti-inflammatoires, des bêtes maltraitées, malades, impropres à la consommation pénètrent aujourd'hui encore – et massivement – les circuits de distribution européens et français, sans que nous en soyons informés. Même avec le fameux trader hollandais, Jan Fasen, arrêté en Espagne, et le directeur de Spanghero désormais jugé, cela peut sembler affolant, mais, sept ans après, la menace rôde toujours.

Et ce n'est pas qu'une erreur d'équidés mal placés. Il existe en fait deux scandales dans le même scandale : du cheval a continué de se faire passer dans les supermarchés pour du bœuf, et ce bien des années après 2013. Ensuite, des chevaux de loisir ou de course traités aux antibiotiques – notamment phénylbutazone, un anti-inflammatoire non stéroïdien – qui ne sont pas censés entrer dans la chaîne alimentaire (la consommation humaine) ont fini sous vide avant d'atterrir dans nos assiettes.

En juillet 2020, lors d'Opson IX, on a appris que la Belgique et les Pays-Bas avaient dirigé[1] une opération de lutte contre la vente illégale de viande chevaline, avec le soutien d'Europol et de la Commission européenne. Des animaux vivants et plus de 17 tonnes de viande chevaline ont été saisis dans plusieurs abattoirs européens. « Environ 20 % des passeports étrangers utilisés pour ces chevaux présentaient des signes de falsification », détaille l'Agence fédérale pour la sécurité de la chaîne alimentaire belge (AFSCA). En Belgique, « 28 passeports falsifiés ont été identifiés, essentiellement pour introduire

1. « Participation de la Belgique à l'opération internationale Opson IX visant à lutter contre la fraude alimentaire. L'AFSCA à la tête de la lutte contre la viande chevaline produite illégalement » (communiqué de presse), Afsca, 30 juillet 2020.

illégalement des équidés "exclus de la chaîne alimentaire" dans la chaîne alimentaire[1] ».

En avril 2020 déjà, soit en pleine crise du coronavirus, deux cargaisons frauduleuses de viande chevaline avaient été saisies au Danemark et aux Pays-Bas. D'après *The Telegraph*[2], il s'agissait de viande de cheval en provenance d'Allemagne « déguisée en bœuf [...], les criminels profitant de la fermeture des frontières et des fermetures d'entreprises pour vendre de faux produits ».

Ça continue...

Alors que l'Europe importe d'outre-Atlantique la majeure partie du cheval qu'elle mange, de nombreux rapports d'audit des inspecteurs vétérinaires de la Commission européenne tirent la sonnette d'alarme quant à l'absence de traçabilité et aux conditions sanitaires déplorables constatées en Argentine, Uruguay, Mexique et même au Canada. Depuis des années, de nombreux voyants sont au rouge, et même rouge vif. Pourtant, on a assisté, impuissants, au cercle infernal des scandales alimentaires qui s'enchaînent selon un schéma quasi immuable : opacité pour les consommateurs, évident manque de traçabilité et sous-effectifs criants au sein des organes de contrôle.

En ayant accumulé les preuves sur plusieurs années, je veux parler précisément du cheval parce que les leçons

1. La France n'est pas épargnée par de telles pratiques puisque, en 2020, l'Italie a découvert à plusieurs reprises sur son marché de la viande de cheval française bourrée de résidus médicamenteux, donc impropre à la consommation.

2. Patrick Sawer et Robert Mendick, « Horsemeat seized amid fears criminals exploiting coronavirus disruption in food chain », *The Telegraph*, 23 mai 2020.

de cette histoire sont loin d'avoir été tirées. Ensuite, sur cette lancée, je vais démontrer combien le secteur de la viande est particulièrement sensible, propice même, aux fraudes. Mais d'abord sachez que le cheval masqué est de retour, dans une nouvelle version proprement ahurissante.

Un autre scandale est possible

En vérité, le trafic des chevaux impropres à la consommation n'a jamais cessé, même après le « horsegate ». Remontons le fil de l'histoire… récente. Le 6 mars, puis le 27 avril 2020[1], en pleine crise du Covid-19 donc, les Pays-Bas informent leurs voisins européens qu'ils ont saisi des chevaux à la traçabilité plus que douteuse ; et l'enquête montre que certains sont vendus en France et en Belgique. Les 6 et 10 avril, la Pologne alerte à deux reprises sur la vente à l'Italie de chevaux qui auraient dû être « exclus de la chaîne alimentaire ».

Trois mois auparavant, en janvier 2020[2], les agents du service espagnol de protection de l'environnement (SEPRONA) ont arrêté, dans la province de Barcelone, un groupe de criminels en bande organisée soupçonnés de vendre de la viande de cheval impropre à la consommation humaine, provenant de 300 bêtes tuées dans des abattoirs qui ne respectaient pas les réglementations nationales et européennes en matière alimentaire. Là encore, les documents étaient falsifiés. Au cours de leur enquête, ils passent au crible les papiers d'identité de plus de 10 000 chevaux. L'opération conduit à l'arrestation de

1. Harry Holmes, « Horsemeat seized in Europe as experts predict rise in food fraud caused by coronavirus », *The Grocer*, 7 mai 2020.

2. « 15 detenidos por vender carne de caballo no apto para consumo humano », *Diario Veterinario*, 21 janvier 2020.

15 suspects et à l'ouverture d'une enquête sur 13 autres. Tous s'adonnaient à leurs activités criminelles depuis 2015, avec l'appui d'un abattoir, de plusieurs fermes d'élevage, de marchands de bétail et même de vétérinaires. En 2017 déjà, l'Espagne avait arrêté 65 individus mêlés à un trafic aux ramifications européennes.

Reprenons le fil. En octobre 2019, le Royaume-Uni prévient Paris que des tests en laboratoires montrent que du cheval bourré de phénylbutazone, un anti-inflammatoire, est entré frauduleusement dans la chaîne alimentaire française. En précédent, la Belgique signalait déjà le même problème, sur de la viande chevaline en provenance du Canada cette fois.

Une histoire de puces

En juin 2019, l'Irlande révèle les résultats de plus de 18 mois d'enquête[1] menée par le National Bureau of Criminal Investigation, le Criminal Assets Bureau, la Garda National Drugs and Organised Crime Bureau, la Garda National Cyber Crime Bureau, les fonctionnaires du ministère de l'Agriculture et de la Food Safety Authority of Ireland (FSAI). Une sacrée mobilisation. Après de nombreuses perquisitions effectuées dans plusieurs comtés[2], les autorités ont mis à jour un trafic de chevaux impropres à la consommation orchestré par sept entreprises[3]. Les Irlandais ne mangeant pas de cheval, la viande était forcément destinée à l'exportation :

1. « Seized microchips led to horse meat inquiry searches », RTE News, 6 juin 2019.
2. Roscommon, Leitrim, Sligo, Westmeath et Kilkenny.
3. Conor Lally, « Gardaí raid farms over claims unsafe horse meat entering food chain », *The Irish Times*, 6 juin 2019.

direction la Belgique, la France et les Pays-Bas. Des animaux qui avaient subi des traitements hormonaux ou antibiotiques (phénylbutazone encore) ou qui étaient trop vieux, en tout cas nullement aptes à finir dans nos estomacs. Mais voilà, quand un cheval n'est plus bon à rien, s'en débarrasser coûte cher au propriétaire qui doit payer une redevance pour l'équarrissage (en France, elle oscille entre 150 et 600 euros, selon les départements). L'introduire frauduleusement dans la chaîne alimentaire, en revanche, peut rapporter une coquette somme. Comment est-ce possible ? Chaque cheval possède un passeport et est muni d'une micropuce, histoire de faciliter sa traçabilité. Il suffit, une fois muni de faux documents et d'une micropuce correspondante, de vendre les bêtes entre 600 et 1 000 euros par animal. Pour contourner les règles, la fausse puce mentira sur l'histoire de l'animal en question et ouvrira tout grand les portes de l'abattoir.

Et c'est précisément de là qu'est partie l'investigation des autorités irlandaises. Celles-ci ont en effet mis la main sur des dizaines de micropuces arrivant tout droit de Chine. Après vérification, il s'agissait de puces[1] qui avaient eu une vie antérieure, injectées dans des chevaux d'Europe de l'Est morts des années auparavant ! Les puces avaient sillonné la moitié de la planète avant d'entrer sous les radars irlandais.

1. Peter Whelan, de la FSAI, explique : « Si une personne possède un passeport qui n'est pas lié au cheval qu'elle possède, le numéro de la puce dans le passeport ne correspondra pas au numéro de la puce dans le cou du cheval lorsqu'il sera scanné. Pour contourner ce problème, les fraudeurs achètent des puces et des codeurs de puces sur Internet. Ils prennent 5 ou 6 puces et les codent toutes avec le même numéro qui figure sur le passeport. Ils les insèrent ensuite dans le cou du cheval en entourant la puce authentique. Lorsque le vétérinaire scanne l'encolure, une des puces recodées apparaît et le numéro qui y figure correspond au passeport, ce qui lui donne l'air authentique. »

L'Italie repère, en mai 2019, quelque chose de louche : les informations figurant sur les certificats sanitaires de viande de cheval réfrigérée en provenance d'Argentine ne collent pas avec les informations fournies par les étiquettes reproduisant la date d'abattage. Au même moment toujours, le Royaume-Uni met la main sur un cheval irlandais destiné au marché français qui n'avait pas plus de papiers en règle : son passeport avait été falsifié. Le 4 mars, alors que les débats sur le Brexit étaient particulièrement tendus, le Royaume-Uni avait aussi démantelé un énorme réseau de chevaux aux passeports falsifiés qui finissaient dans de nombreux pays. Les bêtes provenaient du Royaume-Uni et d'Irlande, étaient abattues en Allemagne, vendues sur place comme en Belgique, en Chine, en Finlande, en France, en Irlande, en Italie, en Pologne et sur le territoire britannique.

L'année 2018 ne vaut pas mieux : à cinq reprises, nos voisins européens ont annoncé la présence en France de viande chevaline – provenance Royaume-Uni, Belgique ou Danemark – présentant des résidus d'antibiotiques interdits ou des lacunes de traçabilité. Comprenez : des faux papiers. Comme nous connaissons juste l'existence des lots frauduleux identifiés grâce aux contrôles, lesquels sont, redisons-le, insuffisants en nombre, les observateurs sont convaincus que ces fraudes sont, hélas, une petite partie de l'iceberg.

Le trader continuait son manège

En avril 2017, soit quatre ans après l'affaire Spanghero, la Guardia Civil espagnole réalise un coup de maître.

Avec l'Opération Gazel[1], 65 hommes d'affaires, éleveurs, vétérinaires et fonctionnaires sont arrêtés pour vente illégale de viande de cheval en Europe. À la tête du réseau, un trader déjà connu d'Europol : Jan Fasen (impliqué dans l'affaire Spanghero). Oui, encore lui ! Installé à Calpe sur la Costa Blanca, il était tenu à l'œil depuis plus d'un an. Les trois abattoirs impliqués dans ce trafic de chevaux impropres à la consommation étaient basés dans la région de León et Castille-et-León, à Astorga, Toreno et Ségovie[2]. Comme l'affaire est toujours en cours, ils sont présumés innocents.

« Depuis 2015, ces abattoirs fermaient les yeux sur les entrées de chevaux protégés par des faux documents. Dans de nombreux cas, les chevaux ne faisaient l'objet d'aucun contrôle sanitaire dans l'exploitation d'origine. Il y avait même des "lots d'animaux" du Portugal, sans aucun document attestant leur déplacement ou transfert », raconte un magistrat. Les inspecteurs ont soupçonné d'emblée que certains chevaux avaient été volés. Bref, des animaux dont on avait effacé toute traçabilité et ayant échappé au moindre contrôle sanitaire.

Après l'abattage, les bêtes étaient acheminées vers une entreprise de Tolède, où elles étaient découpées et préparées pour l'exportation. Fasen avait placé ses hommes un peu partout sur le territoire espagnol : dans dix provinces de sept communautés autonomes. Un juge

1. Manuel Planelles, « Detenidos 65 empresarios, veterinarios y funcionarios por la venta ilegal de carne de caballo en Europa », *El País*, 16 juillet 2017.

2. « La Audiencia Nacional investiga la venta de carne de caballo en mataderos de León », *Diario de León*, 9 octobre 2018.

espagnol commente : « Tout cela suppose une persistance et une continuité dans les activités du groupe. Qu'il soit situé dans des zones géographiques différentes suggère au moins une forme d'organisation criminelle, certainement pas improvisée ou occasionnelle. » Jan Fasen avait déjà été condamné aux Pays-Bas en 2012, on s'en souvient. Il avait ensuite relancé ses affaires ailleurs. En France, dans le dossier Spanghero, il a été condamné à deux ans de prison et s'est vu interdire de travailler dans l'industrie française de la viande par le tribunal de Paris. Mais, depuis, il vivait – en liberté sous caution – en Espagne. La Guardia Civil l'a cependant arrêté le 23 juillet 2019 sous le soleil de Calpe (près de Benidorm[1]), à la demande des autorités françaises qui craignaient qu'il ne disparaisse dans la nature, fortune en poche. Son juteux business lui avait rapporté beaucoup d'argent : pour la seule opération Gazel (qui durait depuis plusieurs années), on parle de 20 millions de bénéfices par an. Surtout, depuis tant d'années à frauder, il avait bâti un réseau incroyable, sécurisé pas mal d'acheteurs et refourgué sa camelote partout en Europe.

Une véritable organisation criminelle transfrontalière

La viande « Gazel » était vendue en Espagne, mais pas uniquement. L'opération, l'une des plus grandes orchestrées par Europol, a mobilisé les inspecteurs de France (coordonnée par l'OCLAESP, avec l'appui précieux de la BNEVP et de la DGCCRF), mais aussi du

1. « La Guardia Civil detiene en Alicante al principal artífice de la mayor estafa alimentaria de Europa », ABC, 31 juillet 2019.

Portugal, de Belgique, d'Italie, de Roumanie, de Suisse, des Pays-Bas, du Royaume-Uni, tous ayant collaboré étroitement dans le plus grand secret. Écoutes téléphoniques, planques puis perquisitions ont été rondement menées. En Espagne, plus de 300 agents se sont mobilisés dans 18 provinces. Les images tournées durant l'opération par la Guardia Civil et Europol montrent nettement la peau des chevaux entaillée au niveau du cou, là où la puce d'identification était changée. Un gendarme ayant pris part à l'opération m'a raconté que cette viande frauduleuse était transformée en alimentation pour animaux de compagnie, mais aussi utilisée dans des saucisses, des plats préparés et des rillettes vendus en supermarchés français. Tranquillement. Une preuve supplémentaire qu'elle trouvait preneurs par un biais ou un autre.

Deux ans auparavant, le 24 avril 2015, une gigantesque opération, menée sous la houlette de l'unité de coopération judiciaire de l'Union européenne Eurojust, avait de son côté démantelé un autre réseau criminel, qui écoulait de la viande de cheval frauduleuse dans les boucheries chevalines du sud-est de la France depuis des années ! L'affaire dite Bayard[1], démarrée en novembre 2012 et menée conjointement par la juge d'instruction du tribunal de grande instance de Marseille (pôle Santé publique) Annaïck Le Goff et par le juge d'instruction belge Jean-Marc Connerotte du tribunal de première instance de la province du Luxembourg de Belgique, donna lieu à l'arrestation de 26 personnes dans sept pays européens : France, Belgique, Allemagne, Pays-Bas, Luxembourg, Irlande, Royaume-Uni.

1. Luc Leroux, « La justice décrit une filière chevaline minée par la fraude », *Le Monde*, 20 août 2015.

Là encore, l'enquête s'était appuyée sur une formidable mobilisation des forces de l'ordre menée de main de maître en France par l'OCLAESP. Avec des officiers de la gendarmerie nationale de France (dont trois étaient présents en permanence en Belgique), cent officiers de l'Office de la sécurité des aliments et des produits de consommation des Pays-Bas, et de nombreux officiers belges (dont certains présents en France, au Luxembourg et en Allemagne). Des douzaines de perquisitions ont eu lieu dans des locaux commerciaux et privés, et plus de 800 passeports de chevaux furent saisis – 400 rien qu'en France –, ainsi que des médicaments et des douzaines de puces électroniques. Encore elles ! Une véritable « organisation criminelle transfrontalière allant de l'approvisionnement en chevaux jusqu'à leur abattage permettant d'introduire, chaque année, dans la chaîne alimentaire environ 4 000 équidés impropres à la consommation humaine », écrivit *Le Monde*. Sans doute était-on plus proche de 5 000 chevaux par an entre 2010 et 2013, à en croire les chiffres communiqués par Eurojust[1].

Cette fois, selon le quotidien *Le Monde*, le cerveau du gang est belge. Il s'agirait de l'un des plus gros négociants de chevaux en Europe, installé à Bastogne. Mais, d'après *Le Monde*, c'est un Néerlandais qu'on retrouverait derrière la falsification des passeports.

Le négociant se fournissait apparemment en chevaux auprès de maquignons français, mais principalement de marchands néerlandais. « Chaque année, détaille le quotidien, [l'intéressé] faisait abattre 3 000 à 4 000 de ces

1. « Mesures prises par Eurojust et les États membres contre la fraude concernant le commerce de viande de cheval » (communiqué de presse), Eurojust, 24 avril 2015.

chevaux venus de toute la France et des Pays-Bas dans les abattoirs de Pézenas (Hérault), mais surtout d'Alès (Gard), pour le compte de l'un des plus importants grossistes en viande chevaline du sud-est de la France[1]. »

Certaines bêtes portaient deux puces ! Un rapport édifiant rédigé en mai 2013 par la Brigade nationale d'enquêtes vétérinaires et phytosanitaires (BNEVP) consulté par le journaliste Luc Leroux pour *Le Monde*, « fait état de "nombreuses anomalies" dans les passeports, empêchant toute traçabilité sanitaire des animaux abattus. Impossible de savoir ce que contenait la viande consommée, ni pourquoi les documents ont été falsifiés ». De fait, pendant sa garde à vue, un vétérinaire de la Meuse reconnut avoir antidaté de plusieurs années les carnets de santé des chevaux. Son avocat, lui, blâmait les manquements de l'État : « Les services vétérinaires étatiques, notamment à l'abattoir d'Alès, semblent avoir failli. » Tandis que le négociant lâchait : « C'est le système qui nous met dans cette situation. Si on ne change pas le système, vous aurez d'autres affaires de viande de cheval. »

... encore et encore

Durant ces années, de toute évidence, les leçons du scandale survenu en 2013 n'ont pas été tirées. Analysons le phénomène en détail.

Flash-back. Souvenez-vous : l'affaire de la viande de cheval vendue pour du bœuf a provoqué une onde

1. Notons qu'une source proche du dossier conteste les chiffres du *Monde*, mais n'a pas souhaité commenter.

de choc sans précédent[1]. Parti d'Irlande pour s'étendre rapidement à toute l'Europe, le scandale révèle les combines d'une filière, et le recours, pour les saucisses et plats préparés, au « minerai de viande », produit bon marché et peu ragoûtant provenant parfois de fort loin. Composé, entre autres, de viande de cheval congelée arrivée du Canada (alors que c'est interdit) et de Roumanie, puis acheminée des Pays-Bas – par l'intermédiaire d'un trader hollandais faisant affaire à Chypre – vers l'usine Spanghero située à Castelnaudary, dans l'Aude, pour se voir ensuite transformée par Tavola/Comigel au Luxembourg en plats cuisinés « pur bœuf ». Des plats qui finissaient dans les plus grandes enseignes sans que personne, à aucune étape, s'aperçoive de « l'une des plus importantes fraudes alimentaires de ces dernières années », selon les termes du procureur à Paris[2]. Jacques Poujol, qui dirigeait Spanghero à l'époque, achetait la viande pour un prix dérisoire à Draap Trading Ltd, société du néerlandais Jan Fasen basée à Chypre et connectée à un réseau tentaculaire[3]. Pour la petite histoire, lues à l'envers, les lettres de Draap donnent « paarD », qui signifie « cheval » en néerlandais : impossible d'être plus clair ! La viande roumaine réceptionnée par Spanghero était étiquetée avec le code douanier « 0205 0080 », soit la norme internationale pour la viande de cheval congelée. Et les factures de Draap Ltd indiquaient clairement qu'il s'agissait de viande de cheval. Pourtant – j'insiste –, personne n'a rien vu.

---

1. « Procès Spanghero (viande de cheval) : un autre scandale est possible, selon foodwatch » (communiqué de presse), foodwatch, 19 janvier 2019.
2. Géraldine Meignan, « Viande de cheval : clap de fin », *180 °C*, 9 mai 2019.
3. https://www.riseproject.ro/firma/draap-trading-limited

À propos de ce trajet fou et du fait que des courtiers achètent et revendent à distance de la marchandise sans jamais la voir, la Brigade nationale d'enquêtes vétérinaires et phytosanitaires (BNEVP, ministère de l'Agriculture) avait tiré la sonnette d'alarme en France il y a longtemps. « Les courtiers ne sont ni connus des services de contrôle ni recensés dans le SIGAL (le système d'information de la DGAL) comme un maillon de la traçabilité », raconte la journaliste Anne de Loisy dans son livre *Bon appétit*[1] *!*. Après avoir réussi dès 2007 à identifier une cinquantaine d'établissements de courtage en viande, la BNEVP précisait : « Les courtiers sont difficiles à joindre car ils n'ont pas de locaux spécifiques et ne voient jamais les denrées. Les produits dans les ateliers de préparation des viandes proviennent de France et de toute l'Union européenne : d'Italie, d'Espagne, des Pays-Bas, d'Irlande et de Belgique. Les circuits sont assez complexes. Les contrôles de ce type de circuit sont impossibles à réaliser, la fraude est donc facile à mettre en œuvre. »

Alors, la faute au trader ? Pas seulement. Car Jacques Poujol, patron de l'usine Spanghero de Castelnaudary quand l'affaire éclate, est un pro de la viande. Il y a consacré toute sa carrière ; dans sa famille, on est boucher de père en fils. Il ne peut donc ignorer qu'il acquiert un sous-produit, voire un faux. Spanghero achetait la viande à 2,55 euros le kilo en moyenne, soit deux fois moins que le cours normal du bœuf ! « Il n'y a pas de mystère : quand ce n'est pas cher, c'est qu'il y a quelque chose qui ne tourne pas rond », confie un inspecteur de la Répression des fraudes à propos de ce prix incroyablement bas. « À ce prix-là, il ne pouvait pas s'agir de

1. Anne de Loisy, *Bon appétit ! Quand l'industrie de la viande nous mène en barquette*, Presses de la Cité, 2015.

bœuf», a aussi lancé durant le procès l'avocat d'Interbev, l'Association nationale interprofessionnelle du bétail et des viandes qui s'est estimée lésée dans l'affaire. «Le prix, c'est ce qui a aussi mené à sa perte Jacques Poujol, l'ex-patron de Spanghero», écrit la journaliste Géraldine Meignan dans *Marianne*[1]. «Lorsque Johannes Fasen, le trader néerlandais sulfureux, lui a proposé de la viande séparée mécaniquement de mouton pour assembler ses merguez à 1,40 euro le kilo, Jacques Poujol a eu "les yeux qui brillent", dira-t-il sous le feu roulant des questions du tribunal.» Avant d'expliquer que, «dans cette industrie, chaque centime d'euro au kilo compte».

Le procès à Paris a révélé les magouilles qui s'opéraient au sein même de Spanghero. À savoir des changements d'étiquettes, des bidouillages informatiques et des destructions de preuves visant à brouiller la traçabilité. Les fiches palettes apposées sur les pains de viande congelée qui arrivaient *via* Draap étaient enlevées après avoir franchi les portes de l'entreprise. Or y figurent des informations précieuses comme le lieu de naissance, d'élevage et d'abattage de l'animal. Les codes douaniers étaient également modifiés. Bref, «la traçabilité était méticuleusement torpillée», comme l'a déploré le procureur dans son réquisitoire.

Plus de 750 tonnes de viande frauduleuse[2] et plus de 4,5 millions de plats cuisinés ont été écoulés en Europe, dans 13 pays au moins, dans cette affaire. 700 marques

1. Géraldine Meignan, «Plumes, plomb, chlore… Ce qu'il y a vraiment dans les merguez», *Marianne*, 27 juillet 2019.
2. «Le procès du scandale de la viande de cheval dans les plats pur bœuf s'est ouvert à Paris», *Le Monde* (source AFP), 21 janvier 2019.

au moins ont utilisé cette viande de cheval en l'étiquetant «bœuf»! Si l'on remplissait des camions avec les 50 000 tonnes de viande rappelée suite à ce scandale, la file de poids lourds serait longue comme la distance entre Marseille et Aix-en-Provence!

Pas un grand nom de l'industrie agroalimentaire n'a échappé à ce fournisseur malhonnête. Du cheval a été trouvé dans des boulettes de viande Ikea[1]. Et chez Burger King, au Royaume-Uni et en Irlande[2]. En France, Findus, Picard, Toupargel, Thiriet, Garbit, Carrefour, Lidl, Leclerc, Auchan, Casino, Cora, Monoprix, Système U, Nestlé, Panzani, William Saurin ont, tous, vendu des saucisses ou des plats préparés à base de cette viande se prétendant bovine[3]. Des géants de la grande distribution, des marques connues qui se sont posées en victimes, s'estimant trompées. Or, au regard de la loi, elles étaient pourtant responsables de s'assurer que ce qu'elles mettaient sur le marché était conforme à la réglementation et ne trompait pas le consommateur. L'ennui, c'est que sur les 538 tonnes livrées par Spanghero à Tavola (implantée au Luxembourg, filiale de Comigel, qui transformait la viande pour les marques), en 2012 et début 2013, aucune vérification approfondie n'avait été réalisée, alors qu'un banal examen visuel aurait permis de découvrir certaines étiquettes mensongères[4]. «Il suffisait qu'ils fassent des audits, qu'ils décongèlent un pain de viande comme

1. «Boulettes de viande Ikea : le fournisseur a trouvé du cheval dans ses produits», *Le Point* (source AFP), 27 février 2013.

2. James Meikle, Felicity Lawrence et Jemma Buckley, «Burger King reveals its burgers were contaminated in horsemeat scandal», *The Guardian*, 31 janvier 2013.

3. «Viande de cheval : la liste des produits retirés», France Info, 26 février 2013.

4. «Scandale de la viande de cheval : le parquet demande le procès d'une fraude organisée», *Le Point* (source AFP), 14 octobre 2016.

nous le faisons lors de nos inspections, et ils auraient probablement découvert le pot aux roses », confiait un inspecteur en marge des auditions. « Une fois décongelée, la viande de cheval se reconnaît en effet à l'œil nu : elle est plus sombre, mais surtout la texture de son gras est très huileuse. Tellement grasse qu'on l'utilise dans les abattoirs pour huiler les rails qui font circuler les carcasses ! », expliquait de son côté, à la barre du tribunal, Marie-Claude Boucher, inspectrice de la BNEVP.

Mais les affaires étant les affaires, les prix planchers invitaient vraisemblablement à fermer les yeux. Le procès Spanghero, qui s'est tenu à Paris entre février et avril 2019, a épargné les acteurs économiques qui n'ont jamais pris la peine de vérifier la qualité de la marchandise qu'ils achetaient et transformaient. Ils ont, eux aussi, enfreint la loi, mais s'en sont tirés à bon compte.

Merci l'Irlande

Il faut se rappeler que l'affaire avait démarré outre-Manche, *via* la Food Safety Authority of Ireland (FSAI). Fin 2012, l'autorité de contrôle des aliments irlandaise réalise des vérifications « de routine » sur 27 burgers de bœuf. Et découvre que 37 % contiennent de petites quantités de cheval – sauf ceux vendus dans les supermarchés Tesco qui en présentent beaucoup, précise la FSAI – et 85 % contiennent du porc ! Or l'histoire retiendra un mot, un seul : cheval !

« Il n'y a pas d'explication claire à l'heure actuelle à la présence d'ADN de cheval dans les produits provenant d'usines de viande qui n'utilisent pas de viande de cheval dans leur processus de production. En Irlande, il n'est pas dans notre culture de manger de la viande de cheval, et donc nous ne nous attendons pas à en trouver dans un hamburger», commente alors le professeur Alan Reilly, directeur exécutif de la FSAI.

Le 15 janvier 2013, le communiqué de presse des autorités irlandaises[1] est le point de départ de ce qui deviendra l'une des plus grosses fraudes alimentaires connues à ce jour. La FSAI n'y va pas avec le dos de la cuiller : elle informe très précisément les consommateurs irlandais, qui savent donc d'emblée qui a produit ces aliments frauduleux. Il s'agit de deux fabricants locaux, Liffey Meats et Silvercrest Foods, et d'un installé en Grande-Bretagne : Dalepak Hambleton. La liste des chaînes de supermarchés où ils ont été vendus est également diffusée : Tesco, Dunnes Stores, Lidl, Aldi et Iceland. La FSAI ne s'arrête pas là. Elle fournit énormément de détails sur son site Internet *via* une «foire aux questions». Dont l'une, avec le recul, prête à sourire : «*Could this be happening elsewhere?*» («Est-il possible que cela se passe aussi ailleurs?»). Et de répondre : «*It is possible, but the FSAI is not aware of any similar studies elsewhere in Europe at this time*» («C'est possible, mais la FSAI n'a pas connaissance d'études similaires ailleurs en Europe pour l'instant»). C'était avant la déferlante qu'on connaît... Les consommateurs irlandais disposent aussi d'un numéro de téléphone pour poser leurs questions, et du tableau exhaustif donnant le détail des tests sur les burgers avec les marques, les numéros de lots, les dates limites de consommation et ce que les labos y ont précisément trouvé.

1. «FSAI survey finds horse DNA in some beef burger products» (communiqué de presse), FSAI, 15 janvier 2013.

Cette communication est d'une transparence exemplaire ! En France, à ma connaissance, les consommateurs n'ont jamais obtenu ce niveau d'informations au sujet de fraudes alimentaires. Il a en effet fallu compter sur *60 millions de consommateurs*[1] pour connaître, au compte-gouttes et pas de façon exhaustive, les marques concernées.

Personnellement, je ne compte plus le nombre de fois où j'ai essuyé, à l'aube de nouveaux scandales, les refus d'accès à l'information de la part des autorités françaises. Au prétexte invoqué que « l'affaire doit encore être jugée » ou que « tout est sous contrôle ». Jugée ou pas, le mardi 15 janvier 2013, l'Irlande balance l'info sans hésiter. Et elle ne s'arrête pas là. Elle continue de partager avec le grand public le fruit de ses trouvailles. Le 8 février 2013[2], elle révèle que des lasagnes et un plat de spaghettis surgelés vendus chez Aldi contiennent entre 30 et 100 % de viande cheval au lieu du bœuf promis sur l'étiquette. La FSAI pointe du doigt une entreprise basée en France : Comigel (qui, on l'apprendra plus tard, achetait sa viande « de bœuf » à Spanghero). Le 4 mars 2013[3], l'opération transparence se poursuit. La FSAI a reçu les résultats d'un millier de tests réalisés par l'industrie agroalimentaire. Et décide de nouveau de les partager, avec force détails sur les produits incriminés contenant du cheval. Parmi les mauvais résultats : les boulettes de bœuf servies dans les restaurants d'Ikea. Notons que, en France, nous n'avons jamais eu connaissance de la liste

1. « Viande de cheval : la liste des produits incriminés », *60 millions de consommateurs*, 2 avril 2013.
2. « ALDI frozen beef lasagne and spaghetti bolognese test positive for horse meat » (communiqué de presse), FSAI, 8 février 2013.
3. « FSAI publishes results of industry tests for horse meat » (communiqué de presse), FSAI, 4 mars 2013.

exhaustive des produits testés positifs au cheval, ni *via* l'industrie, ni *via* les autorités. Or, en 2013, le règlement européen 178/2002[1] (qui institue l'obligation de traçabilité – c'est-à-dire le fait de savoir d'où la denrée provient et où elle va : une étape avant, une étape après) était en vigueur depuis belle lurette. Donc, *a priori*, les industriels et les pouvoirs publics, qui respectaient à n'en pas douter la réglementation, savaient où se trouvait cette viande de cheval !

Transparence à la sauce hollandaise

Aux Pays-Bas, où les règles de transparence de la vie politique sont plus appliquées que chez nous, foodwatch s'est lancée à bras-le-corps dans une procédure contre les autorités néerlandaises et a fini par obtenir gain de cause[2]. L'organisation exigeait la liste de tous les points où la viande de cheval frauduleuse avait pu être transformée ou vendue. Les autorités s'y étaient d'abord opposées, au prétexte que sa publication serait préjudiciable à la réputation des entreprises concernées, mais foodwatch est revenue à la charge et a fait valoir devant les tribunaux le droit à l'information garanti dans la loi néerlandaise. Le tribunal administratif d'Amsterdam a fini par lui donner raison. Et, après deux ans de bataille, soit en 2015, foodwatch

1. Règlement (CE) n° 178/2002 du Parlement européen et du Conseil du 28 janvier 2002 établissant les principes généraux et les prescriptions générales de la législation alimentaire, instituant l'Autorité européenne de sécurité des aliments et fixant des procédures relatives à la sécurité des denrées alimentaires.

2. « Viande de cheval : foodwatch gagne le procès contre les autorités néerlandaises, contraintes de révéler les noms des produits concernés », foodwatch, 2 décembre 2015.

a obtenu un document[1] de… 72 pages! Ne recensant pas des produits finis, mais plus de 2000 noms d'établissements avec adresses : grossistes, bouchers, kebabs, pizzerias, supermarchés (Spar, Lidl, Metro, Albert Heijn, Coop, Deen, etc.), cafés, des snacks de Maastricht, Dordrecht, Haarlem et Rotterdam, pas mal de restaurants (italiens, asiatiques, grecs, hollandais, etc.), sandwicheries et boulangeries, des entreprises de restauration collective, un centre universitaire (Utrecht), une institution pour autistes, un parc d'attractions en intérieur pour enfants, sans oublier des restaurants d'hôtels (près de 70), dont certains réputés, voire luxueux. La liste renseigne aussi sur la manière dont la viande de cheval a fini, masquée, dans les estomacs des Hollandais : sous forme de viande «de bœuf», bien sûr, hachée, souvent glissée dans les boulettes de la soupe de tomates, dans des cervelas, salamis, carpaccio, corned-beef, hamburgers, etc.

J'ai été éberluée en découvrant ce document. D'abord parce que la liste est infiniment longue. Et qu'on s'aperçoit que la viande de cheval s'était infiltrée absolument partout sur le territoire et avait touché toutes les couches de la population : des clients du kebab du coin jusqu'aux riches adeptes d'adresses étoilées. Ensuite parce que si la Hollande, qui n'est pas le pays le plus touché par le scandale, était capable de fournir une telle énumération d'établissements concernés, à quoi ressemblait le même travail effectué pour la France, pays le plus touché[2] comme l'ont démontré les tests requis par la Commission européenne?

1. https://www.foodwatch.org/fileadmin/foodwatch.nl/Onze_campagnes/Fraude__Toezicht_en_Informatierecht/Paardenvlees/Documents/Samengevoegde_lijst_afnemers_en_producten_vleesgroothandel_Selten.pdf
2. Audrey Garric, «La France est la plus touchée par le scandale de la viande de cheval», *Le Monde*, 16 avril 2013.

Sans aller jusqu'au tribunal, j'ai donc réclamé à plusieurs reprises cette liste exhaustive à la Répression des fraudes. Maintenant que l'affaire Spanghero a été jugée, on avait bien le droit de savoir ! Mais le directeur adjoint de cabinet à la DGCCRF me l'a refusée.

Une opacité à mon sens inadmissible. La législation européenne devrait contraindre les autorités nationales à informer le public rapidement et de manière exhaustive : noms des fabricants, marques, autant en cas de risques pour la santé que de fraudes. Tous les résultats des contrôles devraient de leur côté être rendus publics, y compris pour les fabricants vertueux, puisque aujourd'hui les autorités ne communiquent que s'il y a danger pour la santé ! C'est insuffisant et préjudiciable pour les professionnels honnêtes.

Findus acculée par la Grande-Bretagne

En France, le scandale démarre le 7 février 2013, quand Findus admet avoir trouvé du cheval dans ses plats censés être à base de bœuf[1]. Or l'entreprise sait depuis le 30 janvier[2] que ses produits « pur bœuf » contiennent du cheval. Une information à laquelle le groupe avait eu du mal à croire, l'incitant à demander au laboratoire Eurofins de nouvelles analyses. Qui confirmèrent les résultats. Findus pensait acheter du bœuf français, mais s'aperçoit que la viande acquise était du cheval roumain. Findus France prévient les autorités le 4 février et retire des rayons ses lasagnes bolognaise,

1. « Du "pur bœuf" au goût de cheval : retour sur une fraude d'envergure », DGCCRF, 5 juin 2019.

2. Benoît Jullien (propos recueillis par), « Comment Findus a géré la crise », *La Revue des Marques*, n° 84, octobre 2013.

son hachis parmentier et sa moussaka[1, 2, 3]. Matthieu Lambeaux, PDG de Findus Europe du Sud et directeur général de Findus France, raconte à la *Revue des marques* comment il a été acculé[4] : «Il se trouve qu'une autre affaire, d'une tout autre nature, est alors sortie dans les médias anglais, concernant la mort d'un consommateur ayant mangé de la viande provenant d'un cheval dopé à la phénylbutazone. Comme Findus avait déjà les résultats de ses tests, les autorités britanniques nous ont demandé des analyses sur cette substance, et ce par voie de communiqué de presse. Le fait que Findus soit cité a fait réagir la presse française, et c'est alors que s'est déclenché le tsunami médiatique qui montrait Findus comme à l'origine d'un scandale.» Dans cette interview, le directeur général de Findus France relate que certains communicants de crise lui conseillaient de ne surtout pas parler, mais que le groupe a, au contraire, choisi la transparence, «estimant que nous n'avions rien à cacher». Sa réaction constitue un cas d'école pour tous ceux qui s'intéressent à la communication de crise. De fait, la transparence fut positive puisque, deux mois après la bombe atomique du scandale, la marque connaissait une hausse de 4 % de ses ventes, quand le segment des plats préparés à base de bœuf enregistrait, lui, une baisse de 40 %[5] ! «C'est une leçon pour l'industrie agroalimentaire en

1. «Findus France retire temporairement des rayons trois de ses plats préparés» (communiqué de presse), Findus, 8 février 2013.

2. Peter Walker, «Findus knew of potential meat problem days before lasagne withdrawal», *The Guardian*, 8 février 2013.

3. James Lyons et Ruki Sayid, «Why the delay? Findus left horse meat lasagne on shelves for seven days», *Mirror*, 9 février 2013.

4. Benoît Jullien (propos recueillis par), «Comment Findus a géré la crise», art. cité.

5. Aurore Gorius, «Findus et le "chevalgate" : une réaction exemplaire», Journal du Net, 15 juillet 2013.

général, d'ailleurs, de parier sur la transparence sans biaiser notre communication», conclut M. Lambeaux.

En réalité, Findus n'avait guère le choix. Outre-Manche, ce même 7 février 2013, les chiffres de la Food Standards Agency britannique (FSA) tombent : 11 lasagnes sur 18 testées[1] présentent entre 60 et 100% de cheval. 100%! La FSA prévient la France *via* le réseau d'alerte européen. Les médias anglais commencent à relayer cette information gênante. Tom Watson, un député travailliste, se répand dans la presse au sujet d'une lettre sur laquelle il a mis la main[2], courrier envoyé par Findus à la grande distribution le 2 février pour l'avertir «qu'un fournisseur basé en France [Comigel] avait déclaré à la société [Findus] que les matières premières qui lui avaient été livrées depuis le 1er août de l'année dernière étaient susceptibles d'être non conformes et que, par conséquent, l'étiquetage des produits finis était incorrect». L'affaire pourrait donc remonter à août 2012. Vous avez bien lu : l'année précédente!

La Répression des fraudes est donc avertie le 4 février. Les agents de la DGCCRF interviennent rapidement au siège de Spanghero, dans l'Aude. Alain Boismartel, expert de la filière viande au Service national des enquêtes de la DGCCRF, se souvient d'une «plongée dans la traçabilité et la comptabilité de la société pour mettre au jour le circuit de commercialisation de la viande, particulièrement complexe et obscur avec plusieurs intermédiaires. Parmi eux, des "traders", ces négociants installés dans des bureaux qui peuvent être situés dans n'importe quel

1. Michel de Pracontal, «Lasagnes au cheval : la traçabilité en défaut», Mediapart, 13 février 2013.

2. «Findus lasagnes may have contained horsemeat "since August"», Channel 4, 8 février 2013.

pays, qui achètent et revendent de la viande en quelques minutes sans jamais la voir». L'inspectrice de la Brigade nationale d'enquêtes vétérinaires et phytosanitaires (BNEVP) Marie-Claude Boucher, arrivée très rapidement sur place, découvre aussi 50 tonnes de viande de mouton en provenance d'Angleterre sous forme de viande séparée mécaniquement (VSM). La VSM, ce sont des os charnus (poitrine, colonne vertébrale dont on a retiré les parties nobles) pressés dans une machine appelée Baader. Or, depuis 2001, suite à l'électrochoc de l'encéphalopathie spongiforme bovine (ESB) aussi appelée «scandale de la vache folle», la VSM d'ovins est interdite (sauf dans les pays dont les animaux ont été entièrement indemnes d'ESB; ce qui n'est le cas ni de la France ni de la Grande-Bretagne).

Branle-bas de combat à Bruxelles

Le 19 février 2013, la Commission européenne, qui consulte tous azimuts à Bruxelles, publie ses recommandations[1] aux États membres. Elle demande aux autorités nationales de se lancer dans des tests qu'elle financera en partie. Tester l'ADN de la viande n'était pas, jusqu'alors, un prélèvement de routine. Dans les labos publics français, les experts sont mobilisés. Le Service commun des laboratoires (SCL), commun à la DGCCRF et à la douane, réalise en un temps record un grand nombre d'analyses déterminantes pour matérialiser la fraude. La Commission exige de contrôler deux choses : d'abord la

1. Recommandation de la Commission du 19 février 2013 relative à un plan de contrôle coordonné en vue d'établir la prévalence de pratiques frauduleuses dans la commercialisation de certains produits alimentaires.

composition réelle de tous les produits étiquetés « bœuf » ; ensuite la présence éventuelle de phénylbutazone dans la viande de cheval vendue à des fins de consommation humaine. Des millions de tests sont effectués dans 27 pays de l'Union européenne. Et, quand les résultats tombent, c'est la France qui obtient la plus mauvaise note avec 13,3 % des produits testés positifs[1], donc touchés par la fraude à la viande de cheval, contre 4,6 % en moyenne ailleurs.

Au Royaume-Uni, les sujets de Sa Majesté découvrent avec effroi que la plus grosse entreprise de restauration – qui est aussi française, Sodexo[2] – a trouvé du cheval dans ses produits. Or Sodexo fournit les écoles et hôpitaux britanniques, l'armée, la Navy, la Royal Air Force mais aussi l'hippodrome d'Ascot…

L'autorité européenne de sécurité alimentaire, l'EFSA, est appelée au secours par la Commission européenne. En plus d'une fraude massive à l'échelle du continent, va-t-on au-devant d'une grave crise de santé publique si les Européens ont consommé de la viande bourrée d'antibiotiques pour chevaux de course ? Avec la European Medicine Agency (EMA), l'EFSA rend un avis le 15 avril 2013[3] sur la présence de résidus de phénylbutazone dans la viande de cheval. Les deux agences évaluent le risque et avancent quelques recommandations. D'abord, la fourchette portant sur le risque est vague mais

1. Audrey Garric, « La France est la plus touchée par le scandale de la viande de cheval », art. cité.

2. « Horsemeat scandal: Minister urged to reveal Sodexo supplier », BBC, 7 mars 2013.

3. « Joint Statement of EFSA and EMA on the presence of residues of phenylbutazone in horse meat », EFSA et EMA (European Food Safety Authority et European Medicines Agency), *EFSA Journal*, 11 (4), 3190, 2013.

semble plutôt rassurante. Le rapport indique : « La probabilité qu'un consommateur soit à la fois susceptible de développer une anémie aplastique et d'être exposé à la phénylbutazone a été estimée à environ 2 sur un trillion (mille millions) à 1 sur 100 millions. Le risque de cancérogénicité de l'exposition pour l'homme a été jugé très faible sur la base des données expérimentales disponibles sur la toxicité et la cancérogénicité pour les organes, ainsi que sur les faibles niveaux d'exposition et l'exposition peu fréquente à la phénylbutazone provenant de la viande de cheval ou de produits à base de viande bovine frelatée. Les mesures proposées pour réduire davantage le risque comprennent le renforcement du système de passeport pour les chevaux, la surveillance harmonisée de la phénylbutazone et de son principal métabolite, et une meilleure notification de la surveillance des résidus de médicaments vétérinaires et d'autres substances dans toute l'UE. »

Le lendemain de la parution de cet avis scientifique, le commissaire européen à la santé et aux consommateurs, Tonio Borg, souffle. Pressé de restaurer la confiance des consommateurs mais aussi des partenaires commerciaux de l'Europe, il communique[1] le 16 avril 2013, ravi qu'il s'agisse seulement de fraude et pas d'un problème de sécurité sanitaire. Certes, des chevaux impropres à la consommation ont fini dans nos assiettes, mais on n'en mourra pas. Ouf.

La faillite de l'entreprise Spanghero est annoncée le 19 avril 2013. Entre-temps, les laboratoires privés ont

1. « Commission publishes European test results on horse DNA and Phenylbutazone : no food safety issues but tougher penalties to apply in the future to fraudulent labelling » (communiqué de presse), Commission européenne, 16 avril 2013.

été pris d'assaut pour tester l'ADN de la viande pour leurs clients, grandes marques et distributeurs, alors que ce n'était quasi jamais fait auparavant (et ce n'est toujours pas une obligation aujourd'hui).

L'électrochoc politique

L'affaire suscite un raz de marée de réactions au sein de la classe politique. Le Conseil de l'Union européenne reconnaît que les contrôles ne sont pas suffisamment efficaces. Les États européens se rendent compte de la nécessité d'instaurer un fil de communication sur ces cas extrêmes. Le Food Fraud Network[1] est créé en juillet 2013. Tridimensionnel, ce réseau européen vise à : identifier les manquements, renforcer la capacité de détection et de contrer la fraude, renforcer la coopération transfrontalière.

Chez nous aussi, les décideurs bougent. Le ministre français de la Consommation, Benoît Hamon, donne son nom à un texte qui entre en vigueur en mars de l'année suivante. Sa loi consommation durcit les sanctions en cas de tromperie : les amendes passent de 37 500 à 300 000 euros (pratiquement multipliées par 10 !) pour les personnes physiques et jusqu'à 10 % du chiffre d'affaires pour les personnes morales (entreprises). Auparavant, les sanctions étaient si ridicules qu'elles ressemblaient à une invitation à frauder.

La confiance des consommateurs est évidemment très entamée. La viande de cheval ne représentait que 1 % de celle consommée en France, mais en découvrir ailleurs, qui plus est avec des risques sanitaires, ébranle les certitudes.

1. https://ec.europa.eu/food/safety/food-fraud_en

Un Français sur quatre déclare alors ne plus vouloir consommer les marques mises en cause. Selon les sondages[1], 70 % des Français considèrent que ce scandale n'est pas un accident isolé, mais « révélateur d'une réelle détérioration de la qualité des produits alimentaires ». Une autre étude[2] indique que 56 % des sondés ne font pas confiance aux indications de composition des produits qui figurent sur les emballages alimentaires.

La France, par le biais de son ministre de l'Agriculture, milite à Bruxelles pour un étiquetage obligatoire de l'origine de la viande dans les plats préparés. Mais il faudra attendre janvier 2017 pour que soit mise en place cette exception durement négociée.

Sacrément ébranlée, l'industrie agroalimentaire essuie les plâtres. Son Association nationale prend le parti de rejeter la faute sur les autorités. « Les contrôles des services officiels, pourtant particulièrement présents dans le secteur des denrées d'origine animale, n'ont pas permis de déceler le changement d'espèces dans la filière bovine française théoriquement très contrôlée et soumise à des obligations spécifiques d'étiquetage (notamment sur l'origine de la matière première) », peut-on ainsi lire dans un document de l'ANIA daté de novembre 2013[3]. C'est en partie vrai. Malgré tout, l'ANIA entreprend (c'est aussi son rôle) d'aider les entreprises à mieux affronter les fraudes sur l'espèce de la viande. Avec l'ADEPALE

1. Frédéric Bianchi, « Viandes de cheval : l'industrie agroalimentaire discréditée pour les consommateurs », *LSA*, 14 février 2013.

2. « Le scandale de la viande de cheval entame la confiance des consommateurs », *La Tribune*, 17 février 2013.

3. Charte de lutte contre la fraude sur l'espèce de viande (affaire de la viande de cheval), version 2, ANIA, novembre 2013.

(la fédération des entreprises de produits alimentaires élaborés), la Fédération représentant les industries charcutières, traiteurs et transformatrices de viandes (FICT), et les Entreprises des glaces et surgelés, elle élabore des « recommandations pour l'amélioration des systèmes de contrôle de la nature des ingrédients carnés dans les industries alimentaires ». Dans sa « Charte de lutte contre la fraude sur l'espèce de viande », elle rappelle à ses membres ce qui est gravé dans le marbre depuis que le règlement européen 178 de 2002 est entré en vigueur, à savoir que « les exploitants du secteur alimentaire veillent, à toutes les étapes de la production, de la transformation et de la distribution dans les entreprises placées sous leur contrôle, à ce que les denrées alimentaires répondent aux prescriptions de la législation alimentaire applicables à leurs activités et vérifient le respect de ces prescriptions ». Mais ce n'est visiblement pas simple pour tout le monde. Sur 17 pages, l'ANIA, tout à sa mission d'accompagnement de ses membres parmi lesquels figurent beaucoup de PME, détaille les documents à vérifier au long de la chaîne, les informations relatives à l'étiquetage et les obligations qui incombent aux fabricants. Elle recommande par ailleurs la mise en place d'un « audit procédé et traçabilité » chez le fournisseur. Nous sommes pourtant en 2013, et l'obligation de traçabilité existe depuis 2002 ! Reste que l'organisme rappelle ses ouailles à l'ordre ; il vaut mieux deux précautions qu'une. Cette charte, initiative privée, n'est pas contraignante. La Répression des fraudes se réjouit toutefois que « les professionnels, très impactés par cette fraude, se soient engagés à renforcer les autocontrôles et les contrôles entre fournisseurs et acheteurs de viandes destinées à la transformation ».

On se remet à peine du scandale quand, fin 2013, les chevaux repointent leurs naseaux dans une autre sale affaire : celle des canassons destinés aux laboratoires de l'entreprise pharmaceutique Sanofi Pasteur rentrés dans la chaîne alimentaire en France. Vingt et une personnes sont interpellées dans le cadre de cette nouvelle enquête sur un trafic de viande de cheval, instruction conduite par un juge de Marseille. « Impossible de dire s'il y a risque sanitaire », déclare Guillaume Garot, ministre délégué à l'Agroalimentaire. Benoît Hamon, ministre de la Consommation, lui, se montre plus direct : « Il s'agirait de chevaux impropres à la consommation, qui devaient finir chez l'équarrisseur et qui potentiellement finiraient chez le boucher. »

Le procès à Paris

Six ans plus tard, le procès Spanghero se tient à Paris. Et s'étale entre février et avril 2019. Le réquisitoire, de 158 pages, vise deux Français et deux Néerlandais accusés de « tromperie sur la marchandise, tromperie sur l'origine, utilisation de mention de nature à tromper sur l'origine d'un produit, faux et usage de faux, escroquerie en bande organisée, tromperie sur une marchandise entraînant un danger pour la santé de l'homme ou de l'animal, introduction sur le territoire d'animaux vivants, de leurs produits ou sous-produits ou aliments pour animaux non conformes aux conditions sanitaires ». Rien que ça.

Jacques Poujol niera tout au long des audiences : il ne savait pas qu'il s'agissait de cheval. La viande arrivait surgelée chez Spanghero et repartait surgelée. Cette ligne de défense ne convainc pas tout le monde. Car, en juin 2011, une inspectrice de la BNEVP qui visitait l'entreprise familiale Poujol Frères l'avait alerté des méthodes de Jan Fasen, déjà mêlé à une enquête pour avoir refourgué du cheval à la place du bœuf halal. Malgré l'avertissement, une fois chez Spanghero pour redresser l'entreprise, Poujol avait fait affaire avec lui… Au point de lui adresser des mots chaleureux dans certains e-mails, Poujol ponctuant par exemple l'un de ses messages d'un « bon week-end, *rey de caballos* » (qui signifie « roi des chevaux »). Tiens, tiens !

Le 16 avril 2019, les sanctions tombent. Et on s'aperçoit que cela valait la peine de frauder. Si le chiffre d'affaires de Spanghero, entre février et décembre 2012 pour le seul négoce de viande de cheval (maquillée en viande de bœuf), s'élevait à 1 900 704 euros, Jacques Poujol, l'ancien dirigeant de l'entreprise, défendu par plusieurs avocats dont le tonitruant maître Dupond-Moretti (depuis devenu garde des Sceaux), est condamné à la confiscation de 100 000 euros, à deux ans de prison dont dix-huit mois de sursis – il avait déjà effectué quatre mois de préventive. Ainsi qu'à l'interdiction d'exercer une activité professionnelle liée au secteur de la viande pendant deux ans. L'autre ex-cadre dirigeant de Spanghero, Patrice Monguillon, est condamné, lui, à douze mois d'emprisonnement avec sursis.

Ont été retenus contre eux les délits de tromperie sur la nature et l'origine de la viande, l'introduction de viande de mouton séparée mécaniquement au Royaume-Uni dont la commercialisation était interdite dans l'Union européenne. Jan Fasen, le trader hollandais qui a fourni Spanghero, est condamné pour les mêmes délits à deux ans d'emprisonnement : le tribunal a délivré un mandat d'arrêt à son encontre, je l'ai dit, et la Guardia Civil espagnole l'arrêtera en juillet 2019. Hans Windmeijer, bras droit de Jan Fasen, est enfin condamné à un an d'emprisonnement. Les quatre prévenus ont été relaxés du délit d'escroquerie en bande organisée.

Pas un mais *des* scandales

On aurait pu en rester là, passer à autre chose, mais l'affaire ne s'arrêtait pas aux lasagnes. Car existe un autre scandale en marge du scandale : celui des chevaux impropres à la consommation qui entrent dans la chaîne alimentaire, en provenance du Canada, mais surtout d'Amérique latine. Un trafic, je l'ai écrit plus haut, qui se poursuit à travers l'Europe. Les trafiquants continuent de miser sur des effectifs de contrôle de plus en plus réduits et un système de traçabilité défaillant pour faire entrer des animaux aux passeports falsifiés dans la chaîne alimentaire. À l'été 2020, l'Italie rapporta à deux reprises, sur RASFF, que la France avait « envoyé » des bêtes impropres à la consommation. Rien qu'en 2019, la France a été concernée à trois reprises, comme le montre le réseau d'alerte sanitaire européen RASFF : en octobre, mai et mars.

Globalement, la consommation de viande de cheval est en baisse depuis les vingt dernières années. Paradoxe : avec l'exposition médiatique négative qu'elle a connue en 2013, la filière l'a remise en avant, et sa consommation a vu une légère progression : plus 3,8 % en 2013, soit 640 tonnes supplémentaires, même si seul un foyer français sur dix en achète[1]. Reste qu'il faut bien trouver cette viande quelque part.

Elle arrive essentiellement de l'étranger. Le problème, c'est que, à plusieurs reprises, les enquêtes réalisées outre-Atlantique par les équipes vétérinaires de la Commission européenne ont montré que les conditions sanitaires et de traçabilité, là-bas, laissent franchement à désirer. Aussi, avoir une information fiable et détaillée sur l'origine du cheval paraît essentiel pour le consommateur. Avec l'aide de complices et d'amis, j'ai tenté de trouver ces données en allant vérifier dans les rayons des supermarchés. Les étiquettes parlent ! Chez Auchan, des burgers de cheval et autres steaks hachés « Hippotonic » sont « fabriqués » ou « élaborés » en France avec de la viande « non UE ». D'où précisément ? Mystère. Le rôti de cheval provient, lui, d'Uruguay (au moins, c'est écrit). Un carpaccio à base de viande chevaline a été empaqueté en Belgique, mais, là encore, aucune indication sur l'origine de la viande. On trouve un saucisson de cheval « origine France », puis d'autres avec de la viande française mélangée à du cheval issu de « pays tiers ». Une mention volontairement floue ? Ça y ressemble. Le cervelas de cheval « Pégase » indique qu'il contient du porc français, mais, pour connaître l'origine du cheval qui compose l'essentiel du produit, il faut repasser. Chez Match, l'étiquette du rumsteak de cheval d'origine UE indique qu'il a été découpé en Belgique, mais rien sur sa provenance exacte. Chez Carrefour, au moins, la bavette de cheval à griller est plus franche, qui précise débarquer d'Argentine.

1. « La viande chevaline en France », Institut français du cheval et de l'équitation (IFCE) avec FranceAgriMer, novembre 2019.

Le filon des Amériques

Selon l'ONG Welfarm, près de 80 % de la viande chevaline vendue dans nos hypermarchés arrive d'Amérique[1]. En 2018, la France en a importé plus de 10 000 tonnes dont au moins 4 300 depuis l'Argentine, l'Uruguay et le Canada. Les abattages de chevaux de réforme français ne suffisant pas, le pays en importe massivement du continent américain, mais aussi de Belgique, plaque tournante et grande importatrice de viande chevaline américaine. Selon FranceAgriMer[2], la Belgique, le Royaume-Uni et l'Irlande nous fournissent près de 5 000 tec (tonnes équivalent carcasse) de viande équine par an. Les approvisionnements belges correspondent principalement à la réexportation de viande originaire des pays tiers (hors UE), arrivée au port d'Anvers sous forme « chilled » ou congelée. Le commerce est assuré par une dizaine d'entreprises de négoce locales, dont certaines possèdent des abattoirs sur le continent américain. Elles revendent ensuite leur produit à des grossistes français.

L'association L214 a scruté ce qui se passe au-delà de l'Atlantique en 2014. Aux États-Unis, au Canada, au Mexique, en Uruguay et en Argentine, sa vaste « Enquête au Far West[3] » a été menée avec plusieurs organisations : Tierschutzbund Zürich (TSB/AWF), Animals' Angels USA, GAIA et Eyes on Animals. Brigitte Gothière, de L214, raconte : « Les chevaux en

1. « Le vrai visage de la viande chevaline » (communiqué de presse), Welfarm, 12 juin 2019.
2. « La production de viande chevaline en France des années 50 à aujourd'hui », FranceAgriMer, janvier 2015.
3. « Viande de cheval rime avec scandale. Enquête au Far West », L214, mars 2014.

route pour les abattoirs sont des chevaux indésirables, devenus inutiles ou encombrants. Ces chevaux émaciés, malades ou blessés peuvent s'échanger au prix de 9 dollars sur les marchés aux enchères américains. Nous les avons vus malmenés, frappés à coups de bâtons ou de cordes, d'aiguillons électriques (interdits en UE) et mordus par des chiens. Nous les avons filmés à terre dans les bétaillères, morts ou agonisants, piétinés par les autres. Nous les avons suivis pendant des dizaines d'heures par tous les temps, alors qu'ils étaient privés d'eau et de nourriture, par des températures de plus de 40 °C. La bétaillère scellée empêchait le chauffeur de venir en aide à ceux tombés. Nous les avons observés dans la neige, par grand froid, au milieu d'un feedlot et sans endroit où s'abriter. Nous avons croisé des chevaux obèses au Canada, gavés de céréales, et d'autres émaciés, avec juste la peau sur les os. Nous avons vu des fractures ouvertes des pattes, des plaies infectées, des juments mortes en cours de mise bas en plein milieu de feedlots. Nous avons vu ces chevaux agonisants abandonnés à même le sol des abattoirs pendant que les autres paniquaient, poussés vers le box d'abattage par des ouvriers brutaux. Nous les avons vus, le crâne percuté par un matador, s'écrouler et mourir, après un éprouvant périple. »

Plusieurs équipes vétérinaires envoyées par la Commission européenne[1] ont elles aussi réalisé des audits sur place. Chaque fois, leur récit est effarant.

1. OAV : Office alimentaire et vétérinaire.

Mexique : vente « sur parole »

Au Mexique[1], elles constatent que les stéroïdes anabolisants et d'autres substances interdites dans l'UE sont injectés dans l'alimentation des animaux, et ce le plus légalement du monde. « Les contrôles officiels portant sur la distribution et l'utilisation de médicaments vétérinaires restent très légers », écrivent-elles. De fait, les exploitations équines mexicaines n'ont aucune obligation de tenir des registres des traitements administrés. Pire, il faut croire les vendeurs… sur parole ! En effet, « à l'arrivée à l'abattoir, les chevaux en provenance du Mexique et des États-Unis sont accompagnés de déclarations des propriétaires, déclarations sous serment (et de passeports pour les chevaux mexicains uniquement) indiquant l'historique des traitements et d'une déclaration de non-utilisation de substances qui sont interdites dans l'UE. Toutefois, il n'y a pas de contrôles officiels en place pour permettre à l'autorité compétente de vérifier l'authenticité et la fiabilité de ces documents pour les chevaux mexicains ». Les États-Unis, qui fournissent la grande majorité des chevaux abattus au Mexique, s'en lavent les mains, ce que le rapport des vétérinaires souligne : « Le ministère de l'Agriculture des États-Unis (USDA) ne prend pas la responsabilité de la fiabilité des déclarations sous serment délivrées pour les chevaux originaires des États-Unis, et l'équipe d'audit de l'OAV a recensé un très grand nombre de déclarations sous

1. Audit effectué par l'Office alimentaire et vétérinaire au Mexique du 24 juin 2014 au 4 juillet 2014 afin d'évaluer l'exécution des contrôles portant sur la production de viande fraîche de cheval et de produits à base de viande de cheval destinés à l'exportation vers l'Union européenne, notamment la surveillance des résidus et des contaminants ainsi que les procédures de certification.

serment qui étaient nulles ou d'une validité douteuse, mais qui avaient cependant été acceptées.»

Argentine : la traçabilité des chevaux pas garantie

Ce n'est pas mieux plus au sud, en Argentine[1]. Là-bas, la phénylbutazone peut être achetée librement, sans la moindre prescription vétérinaire. Si la loi interdit la commercialisation de viande de cheval pour la consommation humaine, le pays est le plus grand exportateur au monde, essentiellement vers les Pays-Bas, la France et la Belgique ! Selon L214, il y a cinq abattoirs de chevaux agréés UE. «Cependant, il n'y a pas de fermes d'élevage pour la production de viande de cheval : les animaux ne sont pas élevés pour la consommation humaine. Les chevaux qui sont abattus en Argentine sont d'anciens chevaux sportifs, de trait et de monte, mais aussi quelques chevaux sauvages. Officiellement, ils sont "*descartados de otras actividades*" (c'est-à-dire "écartés des autres activités"); ce qui sous-entend des animaux malades, blessés ou vieux. Cependant, les faits montrent que des chevaux volés sont abattus afin de répondre à la demande européenne de viande de cheval.»

Le rapport d'audit rédigé pour la DG santé européenne fin 2018 est on ne peut plus clair quant à ce grand n'importe quoi : «La traçabilité complète des chevaux vivants destinés au marché de l'Union européenne n'est pas garantie par les exploitants du secteur alimentaire

1. Audit effectué par la direction générale Santé et Sécurité alimentaire en Argentine du 26 novembre 2018 au 7 décembre 2018 afin d'évaluer le système de contrôle en place régissant la production de denrées alimentaires d'origine animale (viande de cheval) destinées à l'exportation vers l'Union européenne.

dirigeant ces centres de rassemblement ("*acopios*").» Le texte comporte des recommandations salées pour les autorités argentines, à commencer par la plus basique : «renforcer les contrôles officiels dans les centres de rassemblement de chevaux et faire appliquer la législation nationale pertinente, afin de garantir que les exploitants du secteur alimentaire qui les dirigent disposent des informations nécessaires pour étayer les déclarations figurant sur le certificat sanitaire "EQU" (pour viande équine).» Dans sa réponse à l'Europe, l'autorité argentine compétente s'engage à «dorénavant vérifier l'efficacité des vétérinaires agréés». Quelques mois plus tard pourtant, l'Italie signalait, *via* le réseau d'alerte européen, que de la viande de cheval réfrigérée argentine entrée sur son territoire présentait des anomalies liées aux certificats sanitaires et des embrouilles sur la date d'abattage[1] !

Uruguay : phénylbutazone en vente libre et auditeurs rentrés bredouilles

La traçabilité n'est pas non plus garantie dans le pays voisin, l'Uruguay, cinquième plus grand fournisseur de viande chevaline de l'UE. Les animaux n'y sont pas élevés pour la production de viande ; ceux abattus sont, là encore, des chevaux de trait et de loisirs. Et, comme en Argentine, la phénylbutazone est en vente libre, achetable sans ordonnance vétérinaire. Sur place, les vétérinaires

1. En octobre 2020, les autorités argentines ont elles-mêmes découvert, dans une propriété de 750 hectares, des dizaines de chevaux morts ainsi que 500 autres mal nourris et blessés. Des bêtes apparemment volées et destinées à la consommation locale mais aussi à l'exportation. Malena Baños Pozzati, «Otro campo del horror : encontraron 500 caballos desnutridos, heridos o muertos…», *Clarín*, 7 octobre 2020.

européens[1] ont constaté que le système de contrôle local reposait sur une législation répondant globalement de manière appropriée aux exigences de l'UE. Du moins en théorie, car, rapidement, ils ont déchanté : « Cette législation ne couvre pas les mouvements de chevaux entre les exploitations, qui peuvent influer sur la fiabilité des déclarations sous serment que les propriétaires sont tenus de formuler en ce qui concerne le lieu de séjour des animaux et l'utilisation de médicaments vétérinaires. Les contrôles officiels reposent sur des procédures de contrôle documentées et font l'objet d'activités de supervision et d'audit, mais... les exploitations équines en sont exclues. » Les experts européens tombent en outre sur un os : impossible de vérifier les lieux où sont normalement parqués les chevaux juste avant l'abattage. « Les contrôles officiels portant sur les documents correspondants sont effectués peu avant l'abattage, dans les centres de rassemblement. Il n'a toutefois pas été possible de déterminer si ces contrôles étaient appropriés et efficaces, car, contrairement à la demande préalable spécifique de l'équipe d'audit, aucun des centres de rassemblement n'était en activité au moment de l'audit. » Bref, les auditeurs n'ont pas pu faire le travail, sont repartis bredouilles. Ils ont souligné : « Le fait que l'utilisation de médicaments vétérinaires chez les équins ne soit pas contrôlée dans les exploitations, ainsi que les manquements relevés au niveau de l'étiquetage et des consignes d'utilisation font planer des doutes sur la validité des garanties fournies quant au respect des délais d'attente après l'administration d'un médicament. » De sérieux doutes, même.

1. Audit effectué par la direction générale Santé et Sécurité alimentaire en Uruguay du 23 avril au 4 mai 2018, afin d'évaluer le système de contrôle en place régissant la production de denrées alimentaires d'origine animale (viande de cheval) destinées à l'exportation vers l'Union européenne.

A-t-on pour autant cessé d'importer de la viande de cheval en provenance d'Uruguay ? Non.

Brésil : des faux papiers

Voyons à présent l'énorme acteur brésilien[1]. Là aussi, les auditeurs européens ont jugé que, sur le papier, tout allait bien concernant les exigences européennes. Sur le terrain, en revanche, ils ont noté des faiblesses dans la mise en œuvre du plan d'action pour les chevaux, de même qu'une formation insuffisante du personnel dans certains domaines des contrôles, lacunes qui nuisent à l'efficacité du système ! Surtout, ils ont décelé que de la viande impropre quittait le pays avec des papiers discutables, direction l'Europe : « Les procédures de certification en vigueur ne permettaient pas systématiquement d'assurer que la documentation fournie garantissait que seule de la viande d'équidés éligibles était exportée vers l'UE. »

Canada : pas beaucoup mieux ?

Certes, on peut penser qu'au Canada, au moins, tout va beaucoup mieux. Hélas, non. En mars 2013, en plein scandale de la lasagne, on a découvert que de nombreux chevaux de course – « pharmacies sur pattes » – avaient été exportés vers l'Europe. L'autorité britannique de

1. Audit effectué par l'Office alimentaire et vétérinaire au Brésil du 16 au 28 septembre 2015 afin d'évaluer l'exécution des contrôles portant sur la production de viande fraîche de cheval et de produits à base de viande de cheval destinés à l'exportation vers l'Union européenne, notamment la surveillance des résidus et des contaminants ainsi que les procédures de certification.

contrôle sanitaire, la Food Standards Agency (FSA), s'est aperçue très vite que plusieurs animaux traités à la phénylbutazone étaient bel et bien entrés dans la chaîne alimentaire en France[1] ! Parfois extrêmement drogués ! Des journalistes de *The Star*[2], un organe de Toronto, ont cité l'exemple d'un cheval ayant reçu 21 doses de nitrofurazone, onguent topique utilisé pour traiter les infections de la peau. Or, en Europe, le recours à cette substance chez les animaux destinés à l'alimentation est interdit depuis 1995, car elle est liée au cancer chez l'homme…

De fait, le réseau d'alerte européen montre, à l'époque, l'arrivée sur le Vieux Continent de chevaux canadiens traités au clenbutérol (un anabolisant vétérinaire réservé aux juments et interdit à l'usage humain), mais aussi à la phénylbutazone (un anti-inflammatoire utilisé pour les chevaux de course notamment), tous destinés à la France, à la Belgique, l'Allemagne, l'Espagne, l'Italie, le Luxembourg et les Pays Bas.

De nombreux chevaux américains[3] – aux États-Unis, on n'a que faire, comme je l'ai dit, de donner toutes les garanties en termes de traçabilité – sont en outre vendus au Canada.

Tout cela valait bien un audit, et même deux – en 2014 puis fin 2018[4]. Suite à leurs dernières vérifications au Canada, les vétérinaires européens se sont voulu rassurants : les contrôles officiels de la chaîne de production

1. Laura Smith-Spark, « UK arrests, French investigation in horse meat scandal », CNN, 15 février, 2013.

2. Mary Orms et Dale Brazao, « Ottawa refuses to say whether drug-tainted horse meat entered food chain », *The Star*, 30 mars 2013.

3. 70 % des chevaux abattus au Canada en 2012 venaient des États-Unis selon L214.

4. Audit de la direction générale Santé et Sécurité alimentaire au Canada du 10 septembre 2018 au 24 septembre 2018.

et de certification de la viande de cheval sont bien organisés, ont-ils indiqué en substance. « Un ensemble complet de procédures opérationnelles de contrôle est en place, accompagné des outils appropriés et adéquats pour l'établissement de rapports. Les procédures de certification ont été jugées adéquates », peut-on lire. Mais le bilan se gâte quelques lignes plus loin. On frissonne même à la lecture de la suite, tant c'est cinglant : « Même si tous les abattoirs visités respectaient pour l'essentiel les exigences générales et spécifiques en matière d'hygiène, l'autorité compétente ne garantit pas que les listes d'établissements agréés pour l'exportation vers l'UE sont tenues à jour et reflètent avec précision les activités qui s'y déroulent actuellement, ou que les établissements remplissent toutes les conditions pour être inscrits sur lesdites listes. Dans ces conditions, les mesures mises en œuvre par l'autorité compétente pour répondre à ce point déjà soulevé lors de l'audit de 2014 n'ont pas été suffisamment efficaces. L'audit a permis de mettre en évidence certains problèmes relatifs à la fiabilité des contrôles portant à la fois sur les chevaux importés et sur les chevaux canadiens destinés à l'exportation vers l'UE, à l'exception de ceux placés dans des parcs d'engraissement pendant une durée minimale de six mois. Le système ne garantit pas pleinement que les chevaux n'ont pas été traités avec des substances illégales au cours des cent quatre-vingts jours précédant l'abattage, ou que les temps d'attente après administration de médicaments vétérinaires ont été respectés. Le suivi officiel des résultats non conformes est limité : alors que l'autorité compétente fait principalement peser la responsabilité des mesures correctives et du suivi des non-conformités sur les abattoirs, elle ne contrôle pas les exploitations équines pour vérifier et garantir l'efficacité de la mise en œuvre de ces mesures.

À cet égard, le manque de pouvoirs directs de l'autorité compétente sur les producteurs primaires et les acteurs intermédiaires entrave sa démarche. L'absence de coopération et de coordination avec les autorités provinciales, qui disposent de tels pouvoirs d'exécution, constitue une occasion manquée. Les mêmes constatations avaient été faites lors de l'audit de 2014. De nombreux antimicrobiens et antiparasitaires sont disponibles en vente libre : la législation provinciale est en cours de modification pour limiter le nombre de médicaments vétérinaires vendus sans ordonnance vétérinaire.» Les vétérinaires avaient déjà alerté sur des dysfonctionnements en 2014. En 2018, ils constatent donc que rien n'a changé (ou si peu)!

L'année suivante l'ONG Welfarm, avec les associations Tierschutzbund Zürich (TSB) et Animal Welfare Foundation (AWF), est retournée au Canada. Et a mis de nouveau à jour les conditions atroces dans lesquelles la viande de cheval est produite. Ses images montrent des chevaux obèses, gavés au grain, des juments gestantes, mais aucun poulain. «Il fait − 30 °C, si froid qu'ils meurent à la naissance», explique Adeline Colonat, responsable de campagne chez Welfarm[1].

Tout cela ne semble pas entraver le commerce de viande chevaline entre le Canada et l'Europe. Ce qui pousse à s'interroger sérieusement. Bien sûr, entre 2014 et 2015 (juste après le scandale Spanghero), l'importation de viande équine canadienne fraîche ou surgelée s'est calmée, avec une chute de 7 %. Mais en Belgique, à la même période, elle bondissait de 15 % selon les

1. «Le vrai visage de la viande chevaline» (communiqué de presse), Welfarm, 12 juin 2019.

rapports officiels du ministère de l'Agriculture et de l'Agroalimentaire du Canada. Mais, en 2019, la France a importé trois fois plus (en valeur) de viande chevaline canadienne qu'en 2013, et s'est même hissée à la septième place du top 10 des pays vers lesquels le Canada exporte, derrière les États-Unis, le Japon, l'Allemagne, l'Italie (y compris le Vatican), le Royaume-Uni, la Grèce.

Le site officiel du gouvernement du Canada stipule que «l'utilisation de la phénylbutazone chez le cheval est approuvée par Santé Canada, sauf pour les animaux destinés à l'alimentation (y compris les chevaux abattus pour la consommation humaine)». Or, depuis le 1er mars 2017, ils peuvent tout à fait prendre la route de l'Europe après cent quatre-vingts jours de «quarantaine[1]» : «Le risque pour le consommateur de la phénylbutazone au temps d'attente de six mois après administration chez le cheval est considéré comme acceptable compte tenu du niveau atteint très en deçà du seuil de préoccupation toxicologique pour l'homme», confirme l'agence française de sécurité sanitaire, l'Anses[2].

Mais, pour les consommateurs, cette situation traduit une absurdité sans nom. Alors que les autorités européennes interdisent formellement l'abattage pour la consommation de chevaux ayant été traités à la phénylbutazone en Europe, leur importation en provenance de pays tiers (hors Europe) est, elle, permise ! Cette décision favorise donc l'importation de viande chevaline en

1. https://www.inspection.gc.ca/exportation-d-aliments-de-plantes-ou-d-animaux/exportations-d-aliments/exigences/ue-viande-et-volaille/fra/1367938786477/1367938835254

2. Avis de l'Agence nationale de sécurité sanitaire de l'alimentation, de l'environnement et du travail relatif à la «Saisine relative à l'extension de la liste des substances à bénéfice clinique supplémentaire à d'autres substances d'intérêt en médecine équine», Anses, 31 mars 2016.

provenance de pays lointains, ce qui multiplie les risques de fraudes, comme me l'ont répété plusieurs hauts fonctionnaires européens.

Bien sûr, on savait

C'est d'autant plus rageant qu'on ne peut pas dire qu'on ne savait pas. En 2016 déjà, des députés européens avaient alerté et émis plus de 60 propositions[1] dans une résolution sur «la propriété responsable et les soins des équidés». Parmi celles-ci, 4 appelaient à s'attaquer au nœud du problème. La n° 49 soulignait les différences d'exigences sanitaires imposées sur les viandes équines produites en Europe et celles importées de pays tiers. La n° 55 invitait la Commission à prêter une attention particulière aux soins des équidés en fin de vie, et notamment à la définition de limites maximales de résidus dans les médicaments vétérinaires courants tels que la phénylbutazone, ce afin de garantir l'innocuité de la chaîne alimentaire. La n° 56 demandait aux États membres de favoriser la réintégration des équidés en fin de vie dans le circuit alimentaire grâce au système de sas (les fameux six mois de quarantaine), qui, fondé sur la recherche scientifique, permettrait de réintégrer l'animal dans la chaîne alimentaire après sa dernière administration médicamenteuse, tout en garantissant la sécurité du consommateur. Enfin, la n° 57 relevait que, dans certains États membres, les médicaments administrés ne sont pas enregistrés et, pire, sont susceptibles d'entrer dans le circuit de l'abattage

1. «Rapport sur la propriété responsable et les soins des équidés», Parlement européen, Commission de l'agriculture et du développement rural, 1er février 2017.

illégal avec de sérieux risques pour la santé publique. Bref, les eurodéputés demandaient noir sur blanc à la Commission européenne de « combler ce vide juridique ».

À la lumière des révélations de l'opération Opson de juillet 2020, force est de constater que ces propositions semblent rester lettre morte.

5

Viandes : un risque élevé

> « Je voudrais présenter ici
> mes excuses au pangolin. »
>
> Pierre Desproges

Du Brésil à la Pologne en passant par l'Allemagne, la France ou l'Italie, avec une escale en Afrique, la bidoche qui parvient jusqu'à nous est l'un des produits les plus exposés à la fraude. Qu'il s'agisse d'une des denrées les plus chères en fait une cible de choix pour les fraudeurs[1]. Les magouilles surviennent à divers stades de la production, de la transformation et de la distribution. Parfois, certains n'hésitent pas à dérober un cheptel entier : la viande est abattue illégalement sans aucune garantie sanitaire, puis revendue dans des circuits clandestins. Au Royaume-Uni, le vol de bétail est en augmentation : en 2019, il représentait 3 millions de livres sterling disparues (plus de 3,37 millions d'euros).

1. K. Robson, M. Dean, S. Brooks, S. Haughey et C. Elliott, « A 20-year analysis of reported food fraud in the global beef supply chain », *Food Control*, 116, 107310, octobre 2020.

Une situation qui a empiré durant le confinement, observent les experts[1].

La multiplication des scandales alimentaires, les images chocs tournées dans les abattoirs que plus personne ne peut ignorer, l'impact de l'élevage sur l'environnement de mieux en mieux documenté, la remise en cause des bienfaits supposés de la viande comme unique source de protéines ont poussé certains Français à se détourner des produits carnés au profit des protéines végétales. La proportion de flexitariens croît d'année en année, personnes « flexibles », qui réduisent leur consommation de viande, même si le végétarisme reste marginal : seuls 2 à 4 % (selon les sources). Chez nous, on aime la « bidoche » au sens large. Cela se voit, elle est partout, inévitable : au menu de la cantine, dans le sandwich jambon-beurre, ou sur la table de l'apéro où le saucisson est comme l'unique plat du jour. Elle est hachée pour passer mieux dans l'assiette de nos aînés, présentée dans une multitude de plats à emporter ou préparés : kebabs, burgers, currys, pizzas, etc. La gastronomie française en a fait une fierté nationale : magret de canard, bœuf bourguignon, coq au vin, pot-au-feu, cassoulet, blanquette de veau… Plébiscitée par les grands chefs, la viande est la vedette des tables de fêtes. Si le bœuf a perdu du terrain depuis le scandale de la vache folle il y a vingt ans (l'encéphalopathie spongiforme bovine) au profit de la volaille, les Français continueraient à en consommer en moyenne 85 kilos par an[2]. Pour satisfaire la demande, sont donc apparus des fermes usines et un boom des importations en provenance de pays éloignés

1. Mark Woolfe, « Criminal Gangs Stole Livestock Worth £3m in 2019 », Food Authenticity, 13 mai 2020.

2. Marie-Josée Cougard, « La France mange toujours autant de viande », *Les Échos*, 14 octobre 2019.

des standards sanitaires français tels que le Brésil, la Pologne, les États-Unis, etc.[1]. Et, selon les professionnels, ce n'est pas près de ralentir. C'est simple : avec la ruée vers la viande blanche, près d'un poulet sur deux est maintenant importé. La France est aussi le deuxième plus gros importateur mondial de lard et de jambon, juste après le Royaume-Uni, et le troisième plus gros importateur de viande ovine (mouton, brebis, etc.) après la Chine et les États-Unis, selon la FAO !

Les volumes s'envolent, les risques de fraudes aussi

Rappelons que quatre critères doivent être réunis pour utiliser ce terme de fraude : une infraction à la réglementation (illégal), l'intention de duper, un profit (ça rapporte) et enfin la tromperie effective des consommateurs (à qui l'on ment sur la qualité substantielle du produit).

Pour bien définir le périmètre, précisons que, lorsqu'on parle de l'industrie de la viande, le terme englobe les activités d'abattage et de transformation des viandes de boucherie et de volaille, mais aussi la préparation industrielle de produits à base de viande. Vient ensuite la distribution. En France, en plus des carnivores, le secteur nourrit pas mal de familles en leur fournissant un travail. Le secteur est même le plus gros pourvoyeur d'emplois dans l'agroalimentaire : 2600 entreprises[2] emploient plus de 106000 personnes « équivalent temps

1. « Les marchés des produits laitiers, carnés et avicoles. Bilan 2019. Perspectives 2020 », FranceAgriMer.

2. Magali Julé et Yohann Rivillon, « L'industrie de la viande : premier secteur des industries alimentaires, touché par des crises répétées », Insee, 29 octobre 2018.

plein» (ETP), selon le ministère de l'Agriculture[1]. Le chiffre d'affaires, majoritairement réalisé auprès de la grande distribution selon l'Insee, s'élève à 33 milliards d'euros, soit le quart du total de toute l'industrie agroalimentaire.

Une fois posé ce contexte, se comprennent mieux les enjeux. Mais vouloir préserver l'emploi n'excuse en rien l'opacité maintes fois dénoncée par la Cour des comptes – certains parlent d'omerta – qui entoure les géants du secteur. Souvent, on découvre trop tard avoir mangé de la viande contaminée, gonflée à l'eau, avariée, ou de la merguez qui n'en est pas, celles-ci ayant été largement distribuées donc avalées. Les autorités – que j'ai sollicitées à plusieurs reprises – refusent, dans ces situations, d'indiquer précisément où, en quelle quantité et sous quelles marques les produits non conformes sont parvenus à se frayer un chemin jusqu'à nos estomacs. Dans bien des cas, on s'aperçoit même que l'entreprise ou la marque mise en cause n'en est pas à sa première faute, comme le montrent les rapports de contrôles officiels truffés de non-conformités. Mais nos autorités préfèrent quasiment toujours les protéger en taisant leurs noms plutôt que de dévoiler toute la vérité.

Et puis, il y a des affaires qui prennent la poussière depuis des années dans les bureaux des procureurs. Qui mettent en cause petits et gros acteurs industriels, avec enfreintes à la sécurité sanitaire, tromperies. Mais on s'en accommode au nom des emplois locaux à préserver… Le fameux «chantage à l'emploi». Un préfet pèse pour protéger tel patron ; un président de chambre d'agriculture intervient ; sans parler de regroupements d'éleveurs, agriculteurs, fabricants qui brandissent les contraintes

1. «Panorama des industries agroalimentaires. Chiffres et indicateurs clés. Édition 2020», ministère de l'Agriculture et de l'Alimentation.

réglementaires pour justifier des pratiques inexcusables. Des inspecteurs de la fonction publique que j'ai rencontrés, hommes et femmes investis qui se lèvent tous les matins avec la conviction de contribuer à l'intérêt général, enragent de voir des méfaits se répéter sans que rien change ou trop peu, fulminent que des fraudeurs ne sont pas sanctionnés et s'offusquent que leurs hiérarchies ne communiquent pas sur ce qu'elles savent être illégal et scandaleux.

Heureusement, de nombreux artisans, transformateurs, fabricants travaillent honnêtement et consciencieusement. Mais, dans la filière viande, à l'échelle mondiale, le risque de fraude semble plus élevé qu'ailleurs. Star des assiettes, la viande fait ainsi les gros titres de la presse : « Viandes grisâtres, moisissures, excréments de souris dans des étuves à chorizo », « Oise : les 5 tonnes de viande saisies "sentaient la charogne" », « 780 tonnes de faux steaks hachés distribuées aux plus pauvres », « Où est la charcuterie potentiellement contaminée ? » « De la viande de brousse infectée par la peste porcine saisie à l'aéroport ! », « Le très juteux trafic du pangolin », etc., mince échantillon de scandales récents qui donne un bon aperçu des problèmes touchant la filière : contamination et risque sanitaire, fraude, tromperie.

« Straszny[1] »

La belle et grande Europe, chère à mon cœur, loge tout le monde à la même enseigne. Du moins en théorie. La réglementation européenne est on ne peut plus claire sur les obligations du secteur alimentaire : il incombe

1. Mot polonais qui signifie « effrayant, terrible, atroce ».

aux États membres de garantir la sécurité sanitaire des citoyens et d'effectuer les contrôles de rigueur. Libre à eux, ensuite, de décider des moyens déployés pour s'acquitter de cette mission. Le moins qu'on puisse dire, c'est qu'il existe de sacrées disparités entre pays. Tout le monde le sait au sein des instances européennes, mais le sujet est délicat. Car certains ont rejoint l'Union il y a «peu» et tardent encore à s'aligner sur les standards européens. La question qui fâche est donc : après combien de temps hausse-t-on la voix pour qu'ils rentrent dans le rang et garantissent la conformité des aliments qui inondent le marché commun ?

J'ai une tendresse particulière (familiale, à vrai dire) pour les pays de l'Est. Mais lorsqu'on parle de viande, on ne peut détourner le regard de ce qui se passe de ce côté du continent. Prenons le cas de la Pologne, membre de l'Union depuis 2004. Les grandes puissances européennes sont littéralement accros à sa viande produite à bas coût : les plus gros importateurs sont l'Italie, l'Allemagne, l'Espagne, les Pays-Bas, la Grande-Bretagne et bien sûr la France[1]. Dès lors, la Pologne tient la cadence : elle a multiplié sa production de volaille par dix en dix ans, au point de devenir le premier exportateur européen de volaille[2]. Cette croissance exponentielle n'a pas échappé à l'Organisation mondiale du commerce[3], qui classe le pays aux côtés de l'Inde pour l'impressionnant boom de ses ventes en une décennie. Dans le seul secteur de la viande, il exportait en 2017 pour près de 6 milliards de dollars

1. «Poland exports 80 percent of beef products», *The First News*, 2 février 2019.

2. «La Pologne : milliardaire en poulets et championne d'Europe d'élevage de volaille», *La Croix* (source AFP), 12 novembre 2019.

3. «World trade statistical review 2019», World Trade Organization (WTO).

américains, selon la FAO. À l'échelle mondiale, la Pologne est le pays qui exporte le plus de produits préparés à base de porc après les États-Unis et la Chine !

Donc, quand on parle viande, la Pologne n'est en rien un petit joueur. C'est même un champion, selon la société de conseil McKinsey & Company[1] : « Grâce aux investissements, l'industrie alimentaire polonaise bénéficie d'une infrastructure de production très moderne, en particulier dans les secteurs des produits laitiers, de la viande, des aliments surgelés et des boissons. Les installations sont souvent plus avancées que celles des pays de l'UE. » L'institut de l'élevage français[2] confirme que le recours de la Pologne aux aides européennes et/ou aux investissements de grands groupes étrangers a permis une profonde modernisation des outils d'abattage/découpe : « En douze ans, plus de 3 milliards d'euros ont été investis dans l'industrie de la viande. Avec une main-d'œuvre quatre fois moins chère qu'en France, les abattoirs polonais proposent aujourd'hui une viande au rapport qualité-prix imbattable en Europe. »

Il y a un « mais » ...

Le hic, c'est que, face à un commerce débridé grâce à des usines dernier cri, les contrôles sanitaires et vétérinaires sur place n'ont pas suivi.

Il a fallu qu'un journaliste, Patryk Chtépaniak, se fasse embaucher dans un abattoir du village de Kalinowo (au nord-est) et y filme en caméra cachée pour que ce

1. « Poland 2025: Europe's new growth engine », McKinsey & Company, janvier 2015.

2. « Les filières viande bovine et lait en Pologne », Technipel/Institut de l'élevage, septembre 2016.

scandale éclate en février 2019 et vienne éclabousser plusieurs entreprises françaises. Ses images, filmées plusieurs nuits d'affilée[1] et diffusées par la chaîne TVN24, montrent des bêtes acheminées la nuit, qui ne tiennent plus debout ; malades, elles sont néanmoins abattues, découpées, puis envoyées dans le circuit « normal » de la chaîne alimentaire, sans le moindre contrôle vétérinaire. Une pratique récurrente dans cet établissement comme ailleurs dans le pays, selon la télévision polonaise, qui révèle par ailleurs l'existence d'un réseau de traders spécialisés dans la vente de vaches en fin de vie, généralement cinq à six fois moins chères qu'un animal en bonne santé[2]. « Les autorités polonaises ont retracé la viande. Elles ont dans un premier temps dit que rien n'était sorti du pays, mais elles ont ensuite activé le système RASFF (Rapid Alert System for Food and Feed), un système de communication et d'échange d'informations rapide entre États membres », raconte une porte-parole de l'agence fédérale belge qui mit les pieds dans le plat[3]. Or plus de 2,7 tonnes de viande impropre à la consommation sont parties de Kalinowo vers quinze pays européens, dont la France. Sur la sellette, le ministre polonais de l'Agriculture, Jan Krzysztof Ardanowski[4], a ordonné une enquête mais parlé d'un « incident isolé », conscient que les conséquences de l'affaire peuvent être lourdes. Mais était-ce réellement circonscrit à ce seul établissement ?

---

1. Nelly Didelot, « En Pologne, des vaches malades dans les abattoirs », *Libération*, 29 janvier 2019.
2. Dont la viande est ensuite vendue au même prix.
3. Odile Leherte, « Des bovins malades abattus en Pologne ont-ils été importés en Belgique ? », RTBF, 31 janvier 2019.
4. Anne-Charlotte Dusseaulx, « Viande avariée de Pologne : à quel point la France est-elle touchée ? », *Le Journal du Dimanche*, 2 février 2019.

Face à l'onde de choc, rapidement la machine à retracer le parcours de la viande se met en branle en France. Et l'on découvre que neuf entreprises ont acheté 800 kilos de la viande avariée. Les autorités hexagonales se félicitent d'avoir tout retracé en trois jours[1]. Le problème, c'est que 500 kilos seulement sont récupérés et détruits. Donc que le reste a vraisemblablement été mangé, 150 kilos ayant été vendus au consommateur *via* des boucheries et 150 autres kilos mélangés[2] et intégrés à 2,4 tonnes de viandes de différentes origines par des grossistes, bouchers ou restaurateurs, explique le ministère de l'Agriculture.

Trop tard

Lorsque l'affaire éclate, la fraude a déjà eu lieu, et l'intervention des autorités – qui se félicitent de « l'efficacité de notre dispositif de traçabilité et de contrôle sanitaire en France » – survient donc *a posteriori*. Soit trop tard, scénario archi connu qui se répète à chaque scandale. Il est dès lors encore plus évident que la fraude ne peut être enrayée que par la mise en place d'un système préventif efficace, auquel la Direction générale de l'alimentation (DGAL), par la voix de son directeur général adjoint[3], ne semble pourtant pas complètement croire : « Il y a toujours des fraudeurs qui inventent des stratagèmes qui permettent de passer entre les mailles des

1. « Épisode de la viande bovine frauduleuse : "Le système d'alerte a bien fonctionné" », ministère de l'Agriculture et de l'Alimentation, 4 février 2019.

2. « L'intégralité de la viande polonaise avariée écoulée en France finalement identifiée », *Le Monde* (source AFP), 2 février 2019.

3. « Épisode de la viande bovine frauduleuse : "Le système d'alerte a bien fonctionné" », art. cité.

filets. [...] Il y a des stratagèmes développés par certains fraudeurs que l'on ne pourra malheureusement pas éviter. » Mais rappelons que ces fraudes ne sont pas le fait d'un mouton noir impossible à repérer avant qu'il ne commette son méfait. Des signaux avaient été lancés, des gens savaient. C'était même presque couru d'avance. « Ma boîte mail est remplie de messages d'anciens employés d'abattoirs, d'anciens vétérinaires, et même parfois de certaines autorités, qui savaient que ce genre de pratiques avaient lieu dans leur région, raconte le journaliste Patryk Chtépaniak à Europe 1. Ça n'arrive donc pas que dans trois, quatre abattoirs[1]. »

Pour en avoir le cœur net, la direction générale de la santé et de la sécurité alimentaire de la Commission européenne a envoyé des inspecteurs vétérinaires sur place. Ils y passent d'abord quatre jours, du 4 au 8 février 2019. Puis ils y retournent dix jours – il y a du boulot ! – du 25 mars au 5 avril 2019. Le ministre polonais de l'Agriculture Ardanowski se dit d'abord très satisfait[2] de leur visite – c'est le jeu politique –, mais il va vite déchanter. Car le bilan fait froid dans le dos[3]. L'audit révèle de « graves lacunes dans la mise en œuvre de contrôles dans l'abattoir concerné et dans la surveillance globale, ainsi que des problèmes en matière de personnel et de traçabilité des animaux ». Les inspecteurs européens identifient les raisons de ces manquements : les vétérinaires officiels polonais

1. Hélène Terzian, « Viande polonaise avariée : "Ça n'arrive pas que dans trois, quatre abattoirs", prévient le journaliste à l'origine des révélations », Europe 1, 4 février 2019.

2. « Agriculture Ministry to tighten food safety supervision », *The First News*, 2 février 2019.

3. Audit effectué par la direction générale Santé et Sécurité alimentaire en Pologne du 25 mars 2019 au 5 avril 2019 dans le but d'évaluer le système de contrôle de la sécurité alimentaire régissant la production et la mise sur le marché de viande bovine, y compris la traçabilité des animaux.

sont payés 400 euros par mois, une misère pour un travail dur et peu gratifiant, alors les jeunes s'expatrient pour gagner cinq à six fois plus ailleurs. Si bien qu'on ne trouve personne pour faire le job des contrôles vétérinaires dans les abattoirs. Le tout noté noir sur blanc !

Ceux qui restent ne sont par ailleurs pas incités à faire leur travail correctement dans les abattoirs petits ou de taille moyenne, car leur rémunération est directement liée au débit des établissements pour lesquels ils travaillent. « Par conséquent, et dans le cas où il s'agit d'établissements à débit élevé, ils gagnent bien plus que des vétérinaires officiels exerçant les mêmes fonctions. Cependant, dans les établissements à débit très faible, les revenus des vétérinaires agréés sont particulièrement faibles. En plus d'être décrite comme très préoccupante au sein du service, cette situation inéquitable a des incidences susceptibles d'avoir des effets considérables sur l'exécution des contrôles par ledit service, l'autonomie de celui-ci et la prévention des conflits d'intérêts. Un débit élevé est un frein à l'intervention et à la mise en œuvre de mesures correctrices destinées à réduire ce débit, alors qu'un débit très faible est une incitation à laisser d'autres activités mieux rémunérées prévaloir sur les contrôles officiels. » L'audit conclut : « Compte tenu des circonstances et étant donné qu'il n'y a pas de formation centrale pour les vétérinaires agréés, la qualité, la cohérence et l'impartialité des contrôles ne sont pas assurées, tandis que, simultanément, le niveau requis de supervision par le personnel officiel ne peut être atteint. » Comme les autorités polonaises tiennent à maintenir la compétitivité à tout prix, elles en viennent à ne pas respecter, par exemple, le règlement (CE) n° 882/2004 qui fixe un montant minimal pour les redevances d'inspections. Le pays, en somme, ne se donne pas les moyens de déployer des contrôles sanitaires efficaces, pari risqué qui constitue un double écueil pour les inspecteurs européens : « Non seulement cela peut sans doute procurer un avantage économique indu à l'industrie de la viande en Pologne, mais cela restreint aussi davantage les ressources financières nécessaires dont dispose l'inspection vétérinaire », écrivent-ils.

Face à un état des lieux aussi déplorable, la logique aurait été de restreindre les importations en provenance de Pologne. Le sujet a été évoqué en haut lieu. Mais il aurait été inconcevable, m'explique-t-on discrètement à la Commission européenne, de mettre un coup d'arrêt à l'économie polonaise. Il n'en fut donc rien. L'audit émet des recommandations, et la Pologne – comme c'est la règle – s'engage à un plan d'action assorti d'un calendrier d'exécution visant à remédier à toutes les constatations relevées, promet un travail législatif pour renforcer la supervision de l'abattage des animaux de boucherie et la sécurité des produits animaux, et même de créer 2 535 postes d'inspection comme de sortir le chéquier : 11,4 millions d'euros pour améliorer les salaires. Mais les vétérinaires locaux ont-ils réellement vu ceux-ci évoluer de manière sensible depuis lors ? Les postes vides ont-ils été comblés ?

Ce scandale sanitaire a montré que la prévention et la traçabilité des circuits alimentaires sont insuffisantes dans les pays européens, alors même que la réglementation en fait une obligation. Depuis, rien de changé ou presque : la viande polonaise continue d'emplir nos rayons sous diverses formes. Ainsi, entre mars et mai 2020, plus d'une centaine d'alertes[1] ont été lancées par de nombreux

1. Joe Whitworth, « Poland's Salmonella poultry problem continues », Food Safety News, 29 mai 2020.

pays, dont le nôtre, sur le réseau européen RASFF, à propos de salmonelles dans des dizaines de tonnes de volailles réfrigérées et congelées polonaises !

Pour conclure, soulignons que des dizaines de restaurants et boucheries en Île-de-France et dans les départements d'Ille-et-Vilaine (35) et du Loiret (45) ont commercialisé la viande avariée polonaise montrée du doigt en 2017. Didier Guillaume, ministre de l'Agriculture à l'époque, s'était engagé à informer « en toute transparence de l'état d'avancement des investigations ». Mais, interpellé par courrier par foodwatch pour réclamer cette transparence sur les fabricants, les marques qui ont commercialisé cette viande en France et sur les éléments qui permettent d'écarter tout risque pour la santé des consommateurs, son ministère n'a pas répondu. Or l'article 10 du règlement européen 178/2002 (notre bible en matière alimentaire) prévoit cette information aux consommateurs « lorsqu'il existe des motifs raisonnables de soupçonner qu'une denrée alimentaire ou un aliment pour animaux peut présenter un risque pour la santé humaine ou animale ». En France, on a une drôle de conception de la transparence… On l'aime dans le silence, semble-t-il.

Bœuf, bof

La viande de bœuf polonaise avariée n'est pas un cas isolé. Cinq chercheurs – Kelsey Robson, Moira Dean, Stephanie Brooks, Simon Haughey et le professeur Chris Elliott, dont je vous ai déjà parlé – ont relevé[1]

1. K. Robson, M. Dean, S. Brooks, S. Haughey et C. Elliott, « A 20-year analysis of reported food fraud in the global beef supply chain », art. cité.

413 signalements de fraudes concernant la viande bovine dans le système européen d'alerte RASFF (Rapid Alert System for Food and Feed) entre 1997 et 2017, période de vingt ans qui comprend le scandale à la viande de cheval déjà évoqué. Or, rappelons-le, on retrouve dans RASFF uniquement les alertes relatives à des denrées non conformes découvertes suite à des contrôles, et dont les mauvais résultats concernent plusieurs États membres. De nombreux cas – tout ce qui n'est pas contrôlé, de fait – passent dès lors – et constamment – sous les radars. Les auteurs de cette étude parue dans la revue *Food Control* en avril 2020 affirment que les fraudes à la viande de bœuf visibles avec RASFF ne représentent qu'une petite fraction du nombre réel. De manière générale, ils prédisent un risque accru de fraudes « sur l'ensemble des denrées alimentaires en raison du coronavirus qui a provoqué la fragmentation des chaînes d'approvisionnement alimentaire et la chute des économies, deux facteurs de risque considérés comme essentiels pour la fraude ». Dans près d'un cas sur deux (42,9 %, soit 177 alertes), les experts remarquent que la fraude la plus courante est la contrefaçon, c'est-à-dire les produits fabriqués ou emballés dans des locaux non agréés, ou sans inspection sanitaire ou documentation appropriée, ainsi que ceux délivrés avec des certificats sanitaires frauduleux. « La production dans des locaux non agréés suggère qu'il existe des chaînes d'approvisionnement parallèles fonctionnant illégalement, en dehors du secteur légal de la viande bovine. Les produits de contrefaçon constituent une menace pour l'industrie alimentaire et la santé publique, car il est peu probable que ces produits soient soumis aux normes d'hygiène ou aux contrôles de qualité requis, ce qui augmente considérablement le risque d'une épidémie de sécurité alimentaire. »

Dans la chaîne d'approvisionnement du bœuf, le stade de première transformation – quand un animal vivant devient carcasse, quartiers et abats dans les abattoirs mêmes – est le plus vulnérable en termes de fraude (35,8 %, 148 cas). La deuxième transformation – soit le travail même de la viande avec découpe, désossage, parage, piéçage – comptabilise 30 % des alertes analysées (124 rapports). À cette étape, les produits entrent dans la chaîne d'approvisionnement. Et là, tout devient possible selon leur étude : adultération en ajoutant de l'eau, substitution d'espèce de viande à une autre, utilisation illégale d'additifs ou de conservateurs, colorants (pour masquer la substitution d'espèce de viande), et même recours à de l'eau de Javel pour éliminer les taches sur la viande !

Les centaines d'alertes scrutées proviennent de 45 pays, mais deux tiers émanent plus précisément de 5 d'entre eux : le Brésil, puis les États-Unis, l'Allemagne, la Pologne et le Royaume-Uni.

Le premier a été au cœur d'un scandale planétaire en 2017[1]. L'opération Carne Fraca ou « chair faible » a mis au jour un vaste réseau de commercialisation de viande avariée, teinté de corruption de hauts fonctionnaires du gouvernement brésilien, y compris des inspecteurs des services sanitaires, des politiciens au plus haut niveau. Parmi les entreprises visées, deux géants mondiaux du secteur : JBS et BRF[2]. Pour donner un ordre de grandeur, JBS abat chaque jour 77 000 vaches, 116 000 cochons et

1. Eduardo Simões, « Brazil ex-President Temer charged in graft case linked to meatpacker JBS », Reuters, 29 mars 2019.

2. « Brésil : un réseau de viande avariée démantelé », *Le Figaro* (source AFP), 17 mars 2017.

13,6 millions de poulets[1]. Dont la viande est destinée aux Brésiliens, mais aussi aux Européens. « Des fonctionnaires recevaient des pots-de-vin pour faciliter la production d'aliments avariés, en émettant des certificats sanitaires sans avoir effectué d'inspections », a décrit la police fédérale brésilienne. Des substances cancérigènes étaient utilisées pour masquer l'aspect de produits, dont certains destinés à l'export. Cela durait vraisemblablement depuis des années, puisque l'enquête a conduit à l'arrestation de deux anciens ministres de l'Agriculture (sous la présidence de Dilma Roussef[2]). En juillet 2020, une enquête[3] de Disclose, avec Repórter Brasil, The Bureau of Investigative Journalism et *The Guardian*, a révélé en outre que JBS avait « blanchi » au Brésil du bétail qui avait fini dans nos assiettes. La société avait acheté en catimini des bêtes élevées sur des exploitations illégales car responsables de la déforestation de l'Amazonie et les avait déplacées vers des exploitations légales (pour maquiller leur trafic), puis exportées vers l'Europe comme si de rien n'était. « Cette viande arrive chez des grossistes au Havre ou à Toulouse. Elle finit ensuite dans des produits transformés et des aliments préparés pour certaines enseignes de la grande distribution, mais il est difficile de connaître la destination finale de la viande de bœuf brésilienne », explique Geoffrey Livolsi de Disclose.

1. Andrew Wasley, Alexandra Heal, Lucy Michaels, Dom Phillips, André Campos, Diego Junqueira, Claire Smyth et Rory Winters, « JBS: the Brazilian butchers who took over the world », The Bureau of Investigative Journalism, 2 juillet 2019.

2. Pedro Fonseca et Ana Mano, « JBS' Batista arrested with ex-Brazil agriculture ministers in probe », art. cité.

3. « Brésil : le géant du bœuf JBS écoule de la viande d'origine illégale en Europe », Disclose, 27 juillet 2020.

Fermer les yeux au nom du libre-échange ?

Le scandale Carne Fraca n'a pas empêché les négociations de l'accord de libre-échange entre les pays du Mercosur (Argentine, Brésil, Paraguay et Uruguay) et l'Union européenne (UE) de se poursuivre. Or il vise à booster les échanges commerciaux entre les deux continents en supprimant les barrières tarifaires d'une multitude de produits et en harmonisant les normes des deux côtés de l'Atlantique pour limiter tout ce qui pourrait être considéré comme un obstacle au commerce. Faut-il continuer à commercer avec le Brésil dans ces conditions ? Et avec le Mexique ? Chez Interbev, fédération qui défend les intérêts de la filière viande, la réponse est clairement non[1]. Les accords de commerce de l'Europe avec l'Amérique latine restent en travers de la gorge de son président Dominique Langlois. Lorsque la Commission européenne a finalisé l'accord avec le Mexique fin avril 2020, celui-ci a souligné que le texte allait « ouvrir le marché européen aux viandes bovines mexicaines, à hauteur de 20 000 tonnes par an, à 7,5 % de droits de douane. Et ce alors que les viandes bovines mexicaines, qui ne présentent pas de garanties suffisantes sur le plan sanitaire, étaient jusqu'à aujourd'hui exclues des échanges commerciaux entre l'UE et le Mexique ».

Au sein des hautes sphères de l'État, on sait depuis l'ouverture des négociations que la question fait débat. Dans son discours à la nouvelle génération agricole[2],

1. « Accord commercial Union européenne-Mexique. En pleine crise du Covid-19, la Commission européenne valide l'importation de 20 000 tonnes de viandes bovines mexicaines, aujourd'hui interdites pour raisons sanitaires » (communiqué de presse), Interprofession bétail et viande (INTERBEV), 29 avril 2020.

2. « Discours du président de la République, Emmanuel Macron, à la nouvelle génération agricole », Élysée, 22 février 2018.

le 22 février 2018, le président Emmanuel Macron évoqua, face à 700 jeunes agriculteurs réunis sous les ors de l'Élysée, les risques de fraudes liés au Mercosur ainsi que les questions qu'il soulève en matière de sécurité sanitaire, notamment sur l'importation de bœuf aux hormones (interdite en Europe). « Il n'y aura aucune réduction de nos standards de qualité, de nos standards sociaux, environnementaux ou sanitaires à travers cette négociation. Et pour être très explicite il n'y aura jamais de bœuf aux hormones en France, il n'y en aura jamais, il ne faut pas commencer à jouer avec les peurs des gens. Si on en a aujourd'hui, c'est parce que le contrôle est mauvais et il n'y a pas besoin du Mercosur ; il y en a qui fraudent, on le sait très bien, qui font rentrer de la viande d'autres marchés, qui vont se faire tamponner en traçabilité dans d'autres pays européens et qui la font débarquer. Mais ne vous trompez pas, ce n'est pas le Mercosur, c'est le fonctionnement actuel de notre marché ! »

En réalité, les accords de commerce comme le Mercosur vont tirer l'harmonisation des normes sociales et environnementales vers le bas, ce que foodwatch s'époumone à expliquer. Emmanuel Macron a poursuivi son discours en affirmant que si des produits interdits passent nos frontières, c'est que le « contrôle est mauvais ». À croire que, pour lui, la fraude fait partie des lois du marché – « on le sait très bien », dit-il.

Le séisme provoqué par l'affaire de viande avariée a poussé le président Michel Temer à annoncer des inspections plus rigoureuses dans les abattoirs du Brésil. Puis à inviter une quarantaine de diplomates de pays importateurs de viande brésilienne[1] à un gargantuesque

1. « Temer anuncia força-tarefa para investigar alvos da Carne Fraca », *Exame*, 19 mars 2017.

dîner plein de bidoche et de brochettes gigantesques. Pour toute réaction, l'Union européenne a dit renforcer les contrôles aux frontières (mais ce sont les États membres qui mettent – ou pas – cela en place) et a imposé un embargo sur la viande brésilienne… mais uniquement celle en provenance des entreprises impliquées officiellement dans l'affaire. Bien joli, mais visiblement insuffisant. Car l'année suivante, en juillet 2018, une enquête[1] menée par Repórter Brasil, *The Guardian* et le Bureau of Investigative Journalism a révélé que de la viande contaminée continuait à franchir les frontières de l'UE. Plus de 370 lots de morceaux de poulet et autres volailles brésiliennes atteints de salmonelle avaient été expédiés vers l'Union européenne depuis avril 2017, une douzaine de pays en étant les « heureux » destinataires, notamment : les Pays-Bas, la France, l'Allemagne, l'Espagne, l'Italie, la Belgique, l'Irlande et le Royaume-Uni. Ils ont dévoilé que 1 400 tonnes au moins[2] de volaille contaminée à la même salmonelle (l'équivalent d'environ 1 million d'oiseaux) ont été exportées vers le Royaume-Uni au cours de cette même période, marchandise impropre à la consommation bloquée à la frontière du pays, puis repartie vers le Brésil où on l'a tranquillement écoulée en supermarchés ! De nouveau parmi les entreprises incriminées se retrouvent celles du scandale précédent. La ministre de l'Agriculture brésilienne, Tereza Cristina, a minimisé en soulignant qu'il ne s'agissait que de « dix-sept ou dix-huit » containers ; soit pas grand-chose au

1. Andrew Wasley, Alexandra Heal, André Campos et Diego Junqueira, « Brazil sent 1 million contaminated chickens to the UK in two years », The Bureau of Investigative Journalism, 2 juillet 2019.

2. Claire Gatinois, « Au Brésil, du poulet à la salmonelle bloqué par la douane britannique a été revendu sur le marché intérieur », *Le Monde*, 5 juillet 2019.

regard des quantités énormes exportées vers l'Europe. Mais combien sont passés entre les mailles du filet ?

« Große Katastrophen »

Le scandale n'arrive pas uniquement par le biais de pays émergents, qu'on pourrait penser moins regardants sur la sécurité alimentaire. Ainsi, aussi étonnant que cela paraisse, les chercheurs[1] placent l'Allemagne dans le top 5 des États touchés par la fraude à la viande de bœuf.

À l'automne 2019, on a ainsi appris que l'entreprise Wilke, située au nord du Land allemand de Hesse, avait expédié de la viande contaminée par *Listeria monocytogenes* partout dans le monde. L'alerte RASFF mentionne 34 pays, du Japon aux États-Unis en passant par le Liban et la France. Et lorsque l'affaire explose, le 2 octobre 2019, en Allemagne 3 personnes sont déjà décédées suite à la consommation de ce produit contenu dans une pizza salami ou des saucisses provenant de l'entreprise Wilke Waldecker Fleisch- und Wurstwaren GmbH & Co, 37 autres étant atteintes de listériose liée à la même souche.

En Allemagne, des hôpitaux, des cantines, des supermarchés, mais aussi Ikea figurent parmi les clients de Wilke. La présence de *Listeria* a été signalée sur plusieurs produits, comme le bacon, des tranches de volaille, le « Teewurst » (saucisse crue fumée allemande fabriquée à partir de viande de porc et de bœuf), du salami, du jambon fumé. La *Listeria* a aussi été retrouvée sur les machines

1. K. Robson, M. Dean, S. Brooks, S. Haughey et C. Elliott, « A 20-year analysis of reported food fraud in the global beef supply chain », art. cité.

à trancher de l'usine. Trois cents tonnes de denrées alimentaires stockées à Wilke ont dû être détruites[1].

L'enquête locale de foodwatch démontre que le ministère d'État de la Hesse a attendu huit jours avant de transmettre à l'organisme responsable des contrôles alimentaires chez Wilke des informations importantes établissant un lien entre l'épidémie et l'entreprise. Foodwatch a aussi rendu public un rapport des autorités allemandes montrant qu'elles connaissaient les conditions d'hygiène désastreuses chez Wilke. Mais, faute de moyens, les autorités avaient effectué à peine la moitié des contrôles prévus dans la région. Celles de la Hesse ont conseillé aux femmes enceintes de consulter un médecin si elles avaient consommé des produits Wilke en raison des dangers qu'ils représentent pour l'enfant à naître, même en l'absence de symptômes. Mais sans dire où les produits, souvent transformés ou vendus en vrac, donc sans identification de Wilke, avaient été disponibles !

En France aussi[2], foodwatch pousse les autorités à dire la vérité. On apprend d'abord que deux départements ont importé et commercialisé la viande : l'Ille-et-Vilaine (35) et la Moselle (57). La situation étant prise au sérieux par Santé publique France, la Direction des alertes sanitaires du ministère de l'Agriculture affirme que des rappels ont été opérés localement avec des affichettes. Des affichettes ! Le procédé est largement insuffisant, alors foodwatch réclame à la Direction générale de l'alimentation (DGAL) du ministère de l'Agriculture la totale

1. « Listerienskandal. Wilke-Wurst-Restbestände werden vernichtet », *Der Spiegel*, 23 octobre 2019.

2. « Malgré trois morts provoqués par de la viande allemande à la *Listeria* et deux départements français concernés, aucune communication des autorités, déplore foodwatch » (communiqué de presse), foodwatch, 15 octobre 2019.

transparence sur les produits importés et potentiellement concernés : quelle est la liste, ont-ils été commercialisés, et si oui par qui et à quels points de distribution, sous quelles marques et en quelle quantité ? Quelles mesures ont été prises par les entreprises concernées et par les autorités ? Là encore, le ministère demeure muet alors que les autorités allemandes, suédoises, italiennes et irlandaises communiquent, elles, des listes de produits rappelés (plus d'un millier en Allemagne, révélés sous la pression de foodwatch). Face à l'insistance des médias, le ministère de l'Agriculture publie quelque chose. Un « point d'information[1] » ! Qui reconnaît que onze départements[2] sont concernés par l'importation de la viande contaminée, laquelle a été distribuée à des restaurants commerciaux, des hôtels, des traiteurs, des associations, des charcuteries, une péniche de croisière et même deux maisons de retraite. Des personnes âgées au système immunitaire plus fragile ont donc reçu une marchandise impropre. Et quand on sait que la listériose provoque des troubles digestifs, des diarrhées, des douleurs abdominales, de la fièvre… Le ministère de l'Agriculture français a beau minimiser en parlant de « quelques kilos », ceux qui en ont souffert ne lui disent pas merci.

Ce silence est incompréhensible. La presse régionale, elle, mène l'enquête. En Ille-et-Vilaine[3], 22 kilos sont retrouvés chez un grossiste, mais 25 autres ont

1. « *Listeria* : le point sur la charcuterie importée d'Allemagne en France », ministère de l'Agriculture et de l'Alimentation, 15 octobre 2019.

2. L'Ardèche (07), le Doubs (25), le Finistère (29), l'Ille-et-Vilaine (35), la Loire-Atlantique (44), la Moselle (57), le Bas-Rhin (67), le Haut-Rhin (68), la Sarthe (72), Paris (75) et le Val-d'Oise (95).

3. Yann-Armel Huet, « Trois kilos de salami contaminé à la *Listeria* vendus chez des détaillants de l'Ouest », *Ouest France*, 15 octobre 2019.

déjà été vendus dans des boucheries, charcuteries, épiceries ou supérettes. Où, par qui ? Les consommateurs l'ignorent toujours.

À l'époque, j'ai sollicité par écrit les députés des onze départements concernés. Un seul a réagi et posé une question au gouvernement, réclamant la transparence et les détails de cette scandaleuse affaire qui touche son département, le Bas-Rhin. Mais l'élu n'en sut pas plus que moi. Le ministère de l'Agriculture et de l'Alimentation lui répondit trois mois plus tard[1] que des affichettes avaient été apposées localement (*sic*), qu'il s'agissait de quelques kilos – sans autre précision. En somme : « Circulez, il n'y a rien à voir. »

Pangolin sauce bacon

Savez-vous quel est le lien entre le pangolin et le bacon ? Le pangolin est cet étrange insectivore aux allures d'artichaut et à longue queue (comme disait Pierre Desproges) méconnu du grand public avant la crise du Covid-19. Objet de nombreux trafics illégaux, l'animal est vendu sur les marchés en Afrique et en Asie comme un mets délicat. Mais il est suspecté, comme la chauve-souris, d'avoir véhiculé le coronavirus avant de le transmettre à l'homme. Les deux bestioles seraient en effet porteuses de virus similaires à celui qui a paralysé la planète. Reste que les chercheurs n'ont pas fini de démêler l'affaire[2] : « D'une manière ou d'une autre, ils forment la matière première du nouveau virus, mais on ne sait pas exactement comment cette matière première a été

1. http://questions.assemblee-nationale.fr/q15/15-23993QE.htm
2. Sébastien Mabile, « Trafic d'espèces et pandémie : quelles réponses au non-respect des normes ? », *The Conversation*, 19 avril 2020.

transformée – chez quel animal, ou chez l'homme», explique Kristian Andersen[1], professeur au département d'immunologie et de microbiologie au Scripps Research Translational Institute en Californie, qui étudie depuis longtemps la relation complexe entre l'hôte et l'agent pathogène. Ce qui est certain, en revanche, c'est que le pangolin est l'animal le plus braconné au monde[2], apprécié notamment pour ses écailles qui auraient des vertus médicinales. «Les jeunes mères chinoises les utilisent pour leurs effets prétendus bénéfiques sur la production de lait. Son sang bu tiède dans un verre d'alcool de riz aurait des effets toniques pour le cœur, et il est très prisé comme aphrodisiaque», écrit le journaliste Sébastien Le Belzic dans *Le Monde*[3]. L'étrange fourmilier est dès lors considéré comme en voie de disparition ou gravement menacé. En septembre 2016, la Convention internationale sur le commerce d'espèces sauvages menacées d'extinction (CITES) lui accordait le plus haut degré de protection en l'inscrivant sur sa liste rouge, interdisant le commerce international des espèces menacées d'extinction.

Le BACON, dans le cas qui nous préoccupe, n'a rien à voir avec les tranches de charcuterie de nos voisins britanniques. BACON, c'est le petit nom des opérations «BAgage CONtrol» menées conjointement par la douane et plusieurs agences belges pour contrôler, dans les aéroports du pays, le respect des règles en matière d'importation de viande, de plantes, de produits végétaux, ainsi que d'animaux, y compris les espèces protégées.

1. «Coronavirus : Significance of pangolin viruses in human pandemic remains murky», *The Straits Times*, 27 mars 2020.

2. Audrey Garric, «Les pangolins, mammifères les plus braconnés au monde, désormais protégés», *Le Monde*, 29 septembre 2016.

3. Sébastien Le Belzic, «Le pangolin, un mammifère protégé trop apprécié des cuisines chinoises», *Le Monde*, 22 décembre 2015.

Et du pangolin, dans les bagages dégoulinants, les autorités belges en trouvent beaucoup ! Le *Phataginus tricuspis* est ainsi le troisième animal le plus saisi à l'aéroport national de Bruxelles, à Zaventem.

Des dizaines de tonnes de sa viande sont illégalement importées dans des conditions d'hygiène déplorable chaque année[1] ; 45 tonnes pour ce seul aéroport[2]. Interrogés à leur débarquement, les voyageurs découverts prétendent souvent que c'est pour leur consommation personnelle. En réalité, la viande est destinée à être servie dans des restaurants exotiques de Bruxelles ou d'Île-de-France ; on l'a aussi repérée il y a quelques années chez des bouchers du 18e arrondissement de Paris[3]. Ce business mortifère attire des mafias classiques, soucieuses de diversifier leurs sources de revenus. « Ce n'est pas compliqué, puisqu'elles ont déjà les routes et le réseau. Il n'est ainsi pas rare de voir des saisies où se mêlent serpents, écailles de pangolin et lots de drogues », raconte à *L'Express*[4] Stéphane Ringuet, responsable du programme « Commerce des espèces sauvages menacées » au WWF France.

La Belgique, avec la France, est une plaque tournante du trafic d'espèces sauvages menacées. Chez nous, en 2012, les douanes ont saisi 31 tonnes de marchandises non conformes, essentiellement de la viande, souvent en provenance d'Afrique ou d'Asie. Ces animaux morts, entiers ou en petits morceaux, voyagent souvent en état

1. Ludwig De Wolf, « Pano : "Bushmeat" », VRT, 3 octobre 2018.

2. Patrick Michalle et Lucie Dendooven, « Brussels Airport : de la viande de brousse dans les bagages », RTBF, 3 décembre 2019.

3. A.-L. Chaber, S. Allebone-Webb, Y. Lignereux, A.A. Cunningham et J.M. Rowcliffe, « The scale of illegal meat importation from Africa to Europe via Paris », *Conservation Letters*, 3 (5), 2010, p. 317-321.

4. Emmanuel Botta, « Derrière le Covid-19, le scandale du trafic d'animaux sauvages », *L'Express*, 21 avril 2020.

de décomposition avancée dans les soutes à bagages d'avions de ligne, et transportent potentiellement des virus qui se transmettent à l'homme ou aux animaux d'élevage : salmonelle, ebola, peste porcine, trichinellose, variole du singe et autres joyeusetés contagieuses.

Le poids autorisé sur les vols long-courrier, en provenance d'Afrique par exemple, est de 60 kilos en classe affaires. Et des valises qui « coulent », dégoulinent de sang, les autorités en interceptent régulièrement. Les inspecteurs des douanes ont l'œil : ils sont souvent alertés par la taille démesurée du bagage, le type de sac (en jute plastifié) voire l'odeur carrément pestilentielle.

Entre janvier 2017 et octobre 2018, l'opération BACON a permis de mettre au jour 800 kilos de singe, antilope, pangolin, crocodile, tortue et rongeurs d'Afrique, en provenance principalement du Cameroun, Congo, Togo, Côte d'Ivoire, Éthiopie, Ghana, Sénégal, Ouganda[1]. En France, les douanes et l'Office central de lutte contre les atteintes à l'environnement et à la santé publique (OCLAESP, un service de police judiciaire de la gendarmerie nationale française) travaillent à enrayer le trafic de ces viandes interdites, dites « de brousse ». Cela donne parfois des saisies… saisissantes, comme lors de l'opération de contrôle des marchandises alimentaires effectuée fin octobre 2012 à Roissy et que me raconte Jean-Louis Monteil, à l'époque lieutenant-colonel en charge de la lutte contre les trafics agroalimentaires à l'OCLAESP, et qui a travaillé main dans la main avec la douane. Pas moins de 600 kilos de cette viande de brousse avaient été trouvés dans les bagages d'un vol Air France – un seul –

1. Dr Anne-Lise Chaber, « International bushmeat trade. Overview and results of a two-year study on illegal meat import conducted at Brussels airport (2017-2018) », Dead Or Alive : Towards a Sustainable Wildlife Trade, conférence, 3 décembre 2019.

en provenance de Bangui. À bord de l'avion atterri à 14 h 15 voyageait un ex-Premier ministre centrafricain[1], et ses bagages contenaient près de 12 kilos de cette marchandise, essentiellement du singe.

Il n'existe aucun chiffre officiel sur la vente et la consommation de cette viande, illégales dans l'Union européenne. Mais, chaque année, les douaniers en saisiraient 7 tonnes au sein des seuls aéroports de Paris[2]. La Direction des douanes françaises a indiqué au magazine *Geo*[3] avoir, en 2015, repéré, saisi et détruit 13 tonnes de viande d'origine indéterminée. Bref, le flou demeure sur la véritable ampleur du risque sanitaire.

Le colonel Ludovic Ehrhart, commandant en second à l'OCLAESP, a tenté de faire les comptes de ce juteux commerce pour Emmanuel Botta, journaliste à *L'Express*[4] : « On estime qu'il permet aux délinquants d'engranger chaque année 14 milliards d'euros, ce qui le classe au quatrième rang mondial des trafics les plus rentables, derrière celui de la drogue, la traite d'êtres humains et le commerce des armes. »

Contrôler ? Pas rentable...

Une fois qu'on a posé ces données effroyables sur la table, qu'en fait-on ? « Si on contrôlait tous les passagers

1. « L'ex-Premier ministre centrafricain contrôlé à Roissy avec de la viande de singe », La Libre (avec Belga), 25 octobre 2012.
2. « Document : enquête sur le trafic de viande de brousse », France 3, 13 février 2020.
3. Thomas Saintourens, « Trafic d'animaux protégés : on a remonté la filière », *Geo*, 29 août 2016.
4. Emmanuel Botta, « Derrière le Covid-19, le scandale du trafic d'animaux sauvages », art cité.

en possession de viande de brousse, on bloquerait l'aéroport toute la journée», lance, dépité, un douanier du terminal 1 de Roissy au journaliste Thomas Saintourens pour *Geo*[1]. Les ports et aéroports sont équipés de détecteurs d'armes à feu, mais les rayons X ne sont pas calibrés pour repérer d'étranges pangolins qui voudraient passer en catimini. Les recherches de viande prennent du temps, ne sont pas rentables, sont désagréables et potentiellement dangereuses.

Selon un ex-directeur adjoint de l'OCLAESP, le souci, c'est que «la viande de brousse est un produit de consommation courante en France qui fait l'objet d'un trafic portant sur des quantités très importantes. Mais il ne s'agit pas d'une priorité politique française, contrairement à la drogue, par exemple, qui cause des dégâts sur la santé des jeunes[2]».

Pas simple, donc. De nombreux experts se sont penchés sur le sujet lors d'une conférence internationale qui s'est tenue à Bruxelles en décembre 2019. Riches, documentées, techniques, émaillées de chiffres qui donnent la chair de poule et de photos sanguinolentes absolument répugnantes, leurs présentations se sont enchaînées pendant deux jours, dressant un tableau affolant.

Or le problème n'est pas à prendre à la légère : six maladies infectieuses sur dix chez l'homme sont propagées à partir d'animaux.

Les chercheurs estiment[3] que les 13 principales zoonoses, ces maladies transmissibles d'un vertébré à l'homme, directement ou indirectement (par la consommation de produits animaux comme les œufs, le lait, le

1. Thomas Saintourens, «Trafic d'animaux protégés : on a remonté la filière», art. cité.

2. *Idem.*

3. «Mapping of poverty and likely zoonoses hotspots», rapport du Département pour le développement international, Grande-Bretagne, 2012.

fromage, la viande), tuent 2,2 millions de personnes chaque année et en rendent malades 2,4 milliards[1].

Pas moins de 56 États sont impliqués dans le commerce illégal de pangolins, comme pays d'origine, d'exportation, de transit et/ou de destination, selon l'Union internationale pour la conservation de la nature (UICN[2]). Dans un rapport publié en 2018, Interpol indiquait que ces trafics constituent l'une des premières sources de financement des organisations terroristes comme des groupes criminels. « L'énorme volume d'argent illicite généré par l'exploitation des ressources naturelles est particulièrement préoccupant. Les réseaux criminels et leurs activités alimentent des conflits violents, ce qui fragilise l'État de droit », précise ainsi Jürgen Stock, le secrétaire général d'Interpol[3].

Pourtant, lors de la conférence internationale à Bruxelles, les chercheurs ont souligné que « les recherches visant à améliorer la compréhension de ce phénomène (rôle de la viande de brousse dans le régime alimentaire et les moyens de subsistance de la diaspora) et de la chaîne d'approvisionnement font largement défaut. Aucune donnée sur la valeur globale n'est disponible pour le commerce de viande de brousse dans l'Union européenne, mais des recherches ont montré que le prix de la viande de brousse achetée en Europe est jusqu'à dix fois supérieur au prix en vigueur dans le pays d'origine. Le manque de connaissances sur l'ensemble de la

1. S.J. Salyer, R. Silver, K. Simone et C. Barton Behravesh, « Prioritizing zoonoses for global health capacity building – Themes from one health zoonotic disease workshops in 7 countries, 2014-2016 », *Emerg Infect Dis*, 23 (13), 2017.

2. Sébastien Mabile, « Trafic d'espèces et pandémie : quelles réponses au non-respect des normes ? », art. cité.

3. Caroline Marie, « À l'origine du Covid-19, le trafic d'espèces sauvages », France Info, 22 avril 2020.

chaîne de distribution (des pays d'origine à l'Europe) ainsi que les filières utilisées pour transporter la viande dans l'Union européenne ne permet pas de donner une réponse claire».

Pendant ce temps, le trafic de pangolin, lui, se poursuit. Fin mars 2020, alors que le monde était terrassé par la pandémie du coronavirus, les autorités de Malaisie ont saisi à Port Klang, non loin de Kuala Lumpur, 6 tonnes[1] d'écailles cachées dans un container censé transporter des noix de cajou. Un butin d'une valeur de 25,7 millions de dollars.

Sébastien Mabile, avocat et président de la Commission droit et politiques environnementales du Comité français de l'UICN, veut croire que tout cela finira par provoquer une prise de conscience politique, un électrochoc avec l'obtention de moyens à la hauteur de la situation[2] : «Un vendeur de pangolins du marché de Wuhan, pour un bénéfice de quelques centaines d'euros, aura probablement provoqué la plus grave crise sanitaire et économique que le monde ait connue depuis plus d'un siècle. L'analyse coûts-bénéfices de la transaction réalisée milite pour que des moyens plus importants soient enfin alloués à la protection de la faune sauvage et que cessent les trafics illicites.»

Le porc camouflé comme de la drogue

En Italie, début 2020, 10 tonnes de porc en provenance de Chine ont été saisies et détruites immédiatement.

1. «Malaysia makes massive seizure of pangolin scales», *Bangkok Post*, 1er avril 2020.

2. Sébastien Mabile, «Trafic d'espèces et pandémie : quelles réponses au non-respect des normes?», art. cité.

Le camion contrôlé venait de Rotterdam (Pays-Bas) et transportait officiellement des fruits et légumes, mais un double fond débordait de la viande interdite ; exactement comme on planque de la drogue. Rien de plus grave que d'habitude ? Si, parce qu'une épidémie de fièvre porcine ravage l'empire du Milieu, où plus de 300 millions de porcs seraient déjà morts, touchés ou exterminés en 2019 (la Chine en a abattu 527 millions en 2020 selon le bureau de Reuters à Pékin). Donc qu'il est interdit d'importer cette viande en Europe. « *Contagiosissima* », très contagieuse, titrent les médias italiens, pour les élevages[1]. Les autorités sanitaires italiennes n'ont pas tergiversé : une fois l'origine identifiée, elles n'ont pas même procédé à une analyse de la viande, mais ont décidé de l'incinérer immédiatement[2].

Un grossiste implanté dans la zone industrielle de Padoue, non loin de Venise, fournissait la plupart des restaurants asiatiques de la région. Et réalisait un chiffre d'affaires dont la croissance parut trop insolente sur une si courte période. De fait, c'est ce qui attira l'attention des contrôleurs italiens[3], eux qui surveillaient depuis un moment les importations de marchandises en provenance de Chine et savaient que, à l'approche du nouvel an chinois, les commandes de viande allaient bon train.

Lors de la saisie, les inspecteurs se sont également aperçus que trois Bangladais travaillaient au noir dans l'entrepôt. Comme si cela ne suffisait pas, l'entreprise ne respectait donc pas plus la législation douanière : le porc avait été acheté en contrebande !

---

1. La fièvre porcine se propage de bête à bête, mais pas à l'homme.
2. « Peste suina: allarme rosso. Sequestrate 10 tonnellate di carne dalla Cina. Subito incenerita: contagiosissima », *Il Gazzettino*, 22 janvier 2020.
3. Alessia Piovesan, « Sequestrata a Padova carne cinese. Era a rischio peste suina », Rai/TGR Veneto, 22 janvier 2020.

Cocorico, mon œil

Veaux, vaches, cochons, couvées… En France, puisqu'on clame à tout bout de champ que nous avons la meilleure sécurité alimentaire au monde, on peut penser être à l'abri de ce type de fraudes. Détrompez-vous. Pour preuves, les enquêtes de la Répression des fraudes divulguent régulièrement des chiffres peu rassurants sur la filière viande (mais malheureusement, une fois encore, jamais les marques ou les noms des entreprises qui trichent, ni les quantités ou lieux de vente).

Côté volaille, quand les inspecteurs de la DGCCRF[1] ont voulu s'assurer du respect des règles d'étiquetage des carcasses et découpes fraîches, congelées ou surgelées de cette viande (poulet, dinde, canard, oie et pintade), ils ont constaté que, sur 89 établissements contrôlés (grossistes, détaillants, restaurants), 49 ne vendaient pas précisément ce qu'ils promettaient, soit plus d'un sur deux ! Un festival de tromperies a été mis au jour. Certains professionnels s'écartaient allègrement du cahier des charges des labels de qualité affichés (AOP, IGP, Label Rouge), qui permettent, on le sait, de vendre à un prix bien plus élevé. De nombreux produits affichaient fièrement la mention « fermier » ou « poulet de ferme » de manière abusive. Rappelons qu'un poulet « fermier » répond à des critères stricts : élevage en plein air et en liberté sous Label Rouge, biologiques ou AOC, avec des unités de petite taille (50 volailles par jour). De la volaille élevée en Espagne était étiquetée « origine France ». Et certains producteurs se lâchaient sur l'image d'Épinal : à grand renfort de photos bucoliques montrant par

1. « Contrôles des étiquetages de viande de volaille », DGCCRF, 7 février 2020.

exemple un poulet picorant gaiement ou des champs à perte de vue, ils essayaient d'embobiner les consommateurs, qui pensaient acheter un produit élevé en plein air alors qu'il s'agissait de « volailles élevées en claustration » n'ayant jamais vu le moindre brin d'herbe ni la lumière du jour. Quand on songe que la volaille est la deuxième viande la plus consommée après le porc, qu'en France l'engouement pour elle est réel – +15 % ces cinq dernières années[1] –, que chaque habitant en avale en moyenne 27,8 kilos par an (essentiellement du poulet), on mesure les marges engrangées par les tricheurs grâce à ces pratiques frauduleuses…

Le Sud-Ouest perd le nord

Le foie gras, qui évoque le terroir et un certain savoir-faire français, généralement vendu à un prix élevé, est un produit très fraudé. À quelques jours de Noël, fin 2019, la Répression des fraudes a révélé[2] des résultats d'analyses en laboratoires montrant un taux de non-conformité de 54 %. Près d'un foie sur deux étudié était allègrement gonflé à l'eau puisqu'il en contenait une quantité supérieure à la limite autorisée (de 10 %). Et des labels de qualité comme l'IGP – qui permettent de vendre le foie gras encore plus cher – se sont souvent avérés du bluff : « Cinq des six produits sous signe de qualité Indication géographique protégée (IGP) analysés se sont révélés non conformes pour des problèmes de composition. »

1. « La consommation de volailles en France a progressé de 15 % en cinq ans », *L'Indépendant* (avec RelaxNews), 11 février 2020.

2. « Qualité des produits de la filière des palmipèdes à foie gras », DGCCRF, 23 décembre 2019.

Enfin, un petit malin avait même osé refourguer un « foie gras d'oie » contenant moins de 1 % d'ADN d'oie !

Les fabricants de foie gras ayant été fortement impactés en 2016 et 2017 par deux épisodes de grippe aviaire dans le Sud-Ouest[1], la baisse de production les a poussés à diversifier leurs circuits d'approvisionnement. Même « les petits transformateurs se fournissent désormais en canard gras ou en foie gras auprès de négociants-grossistes alors qu'ils s'approvisionnaient auparavant auprès de coopératives locales », a rapporté la presse locale. Le hic, c'est que certains n'ont pas hésité à faire passer leurs produits chics et chers pour typiquement locaux, français, alors qu'ils s'approvisionnaient en Europe de l'Est, m'a raconté un ex-employé de plusieurs entreprises de transformation de viande.

Saucisses et merguez : un festival de tromperies

Le foie gras ne trône pas sur la table tous les jours. On y trouve plus fréquemment des merguez, de la charcuterie comme le salami ou les saucisses, les plats cuisinés ; autant de produits à base de viande auxquels la Répression des fraudes s'est intéressée de près[2]. Et, là encore, le constat est affolant : la composition de la « saucisserie fraîche » révèle régulièrement des espèces animales autres que celles figurant sur l'étiquette (du porc dans les merguez sans que cela soit annoncé), des

1. Anaïs Mustière, « Fraudes : les blocs de foie gras étaient gonflés à l'eau », *La Dépêche*, 29 décembre 2019.

2. « Composition des produits à base de viande et des produits de charcuterie », DGCCRF, 22 juin 2015.

reconstitutions de viandes non indiquées, des colorants non autorisés ou en quantités trop importantes – dans les merguez surtout –, des substances végétales non signifiées, voire des additifs non admis. Le taux d'anomalies dans les ateliers de découpe et de transformation des grandes et moyennes surfaces, ainsi que dans les ateliers de transformation artisanaux ou semi-industriels, a même atteint 26,5 %, soit plus d'un sur quatre ! Là encore, les autorités n'ont pas communiqué les marques, supermarchés, lieux, quantités découvertes, alors que cette transparence profiterait à ceux qui travaillent honnêtement, au prix d'efforts, de coûts supplémentaires, mais aussi d'un réel respect pour le consommateur. Au lieu de cela, tout le monde devient suspect... puisqu'un transformateur sur quatre capable de tricher pour refiler des produits non conformes, cela fait tout de même beaucoup !

Dans les salamis, la proportion de viande réellement mise en œuvre était inférieure à celle annoncée. Quant à l'étiquetage, c'était la fête aux mensonges : les emballages comportaient des mentions « maison », « forestière », « frais » et « supérieur » utilisées de manière trompeuse. Les inspecteurs, alarmés par le taux d'anomalie relativement élevé, ont pointé l'insuffisance d'autocontrôles adéquats et de maîtrise des procédures de nettoyage. La réglementation oblige pourtant les fabricants à s'assurer de la conformité des produits qu'ils mettent sur le marché. Mais voilà, dans cette grosse enquête menée par les autorités en 2015 – 808 actions de contrôle tout de même –, l'affaire s'est soldée par 151 avertissements, 10 injonctions et 36 procès-verbaux. Dont, j'insiste, nous, consommateurs, n'avons jamais entendu parler... Le règne de l'opacité.

L'année suivante, une autre enquête, concentrée exclusivement sur la qualité des merguez[1], montrait que deux sur trois présentaient une ou plusieurs anomalies. Au barbecue des potes, en vacances, à la maison, à la cantine, en avons-nous mangé ? Ce que la Répression des fraudes découvrit avait de quoi inquiéter : les analyses de composition faisaient apparaître la présence d'antioxydants non autorisés ou d'additifs assortis d'une fonction qui n'était pas la leur, de colorants non admis, non annoncés ou en quantités supérieures aux limites réglementaires. Certains reconditionnaient des merguez industrielles pour les faire passer pour des produits artisanaux[2]. Un échantillon sur six contenait du porc alors que ce n'était annoncé nulle part ; « le problème persiste », lâcha la DGCCRF. Donc ? De nouveau, comme l'année précédente, la Répression des fraudes souligna que les autocontrôles obligatoires avaient été insuffisants. Elle avança même une explication : ceux-ci « sont jugés trop onéreux par les professionnels ». Mais encore ? La DGCCRF déclara « maintenir la surveillance de ce secteur en raison de l'importance du produit dans le secteur de la boucherie-charcuterie »... C'était tout.

Sois pauvre et tais-toi

Les pauvres, faute de mieux, doivent-ils se contenter de sous-produits, accepter de la viande frauduleuse, moisie, brunâtre ou emplie de flotte, non conforme, impropre à la consommation ? Quand le système étatique

1. « Qualité des merguez », DGCCRF, 27 janvier 2016.
2. Géraldine Meignan, « Plumes, plomb, chlore... Ce qu'il y a vraiment dans les merguez », art cité.

de contrôle est défaillant, c'est malheureusement ce qui arrive parfois, en France comme ailleurs.

C'est un poulet gorgé d'eau, bien au-delà de la quantité réglementaire, qui a été servi aux plus démunis aidés en France par les associations Banques alimentaires, Secours populaire français, les Restos du cœur et la Croix-Rouge française à partir de mi-2018, et ce pendant plus d'un an. Ce poulet à l'eau provenait du Danemark. Les ministères de l'Économie, de la Santé et de l'Agriculture français sont restés évasifs sur l'ampleur du phénomène, mais les médias ont parlé de 360 tonnes d'escalopes. « Si on considère qu'une escalope pèse 100 grammes, cela veut dire qu'on prive les plus démunis de 3 600 000 escalopes de qualité. Voilà qui n'est pas normal », s'est indigné Jacques Bailet, président du réseau des Banques alimentaires.

Interrogées par foodwatch le 10 septembre 2019 sur ce qu'elles entendaient précisément par « des actions pour garantir la qualité des produits », comme écrit dans leur communiqué, ainsi que sur le circuit de la viande frauduleuse – s'est-elle retrouvée aussi dans les supermarchés, les restaurants ? –, les directions de trois ministères – Santé, Économie et Agriculture – n'ont pas donné de précisions. Or le rebondissement devenait franchement gênant.

Car, quelques mois auparavant, les mêmes organisations caritatives avaient dû réaliser, à leurs frais, des tests en laboratoire sur de la viande hachée qu'elles trouvaient suspecte. « L'État les a laissées seules. La demande de contrôles n'a eu lieu qu'à la fin du mois de mai. Il a fallu attendre quatre mois que l'État se réveille, c'est un scandale », fulmina le sénateur Fabien Gay[1], rapporteur

1. Guillaume Jacquot, « Scandale des faux steaks : un rapport du Sénat pointe "une triple défaillance de l'État" », Public Sénat, 24 juillet 2019.

de la Commission des affaires économiques du Sénat qui s'est penchée sur cette affaire[1].

Les inquiétudes des associations sur une potentielle fraude étaient fondées : 780 tonnes de steak haché distribuées à des personnes en grande précarité ne contenaient pas de la viande mais du gras, pas du muscle mais de la peau, le tout mixé avec du soja et de l'amidon, produits non autorisés dans des steaks hachés, mais aussi le réemploi de viande transformée[2] et des abats provenant d'organes tels que les amygdales. La société française Voldis, basée en Côtes-d'Armor, se serait approvisionnée *via* un autre intermédiaire, situé lui en Loire-Atlantique, auprès d'une entreprise polonaise. L'achat groupé de viande pour les associations portait sur une quantité de 1 436 tonnes, pour un montant de 5,2 millions d'euros. L'appel d'offres avait été réalisé par une agence du ministère de l'Agriculture, FranceAgriMer, dans le cadre d'une dotation du Fonds européen d'aide aux plus démunis (FEAD). Mais impossible de savoir d'où sortait la viande utilisée par l'industriel polonais. « Croyez-le ou non, sur un marché public intra-européen, nous sommes incapables de dire d'où viennent les 10 000 pièces qui ont servi aux 1 400 tonnes produites. On ne sait pas si c'est du bœuf polonais, ukrainien, canadien ou brésilien », souligna Fabien Gay. Dans un rapport, le sénateur de Seine-Saint-Denis dénonce « une triple défaillance » de la part de l'État : sur l'architecture des marchés publics, sur les contrôles, et enfin sur le manque d'accompagnement des associations flouées. Car la Croix-Rouge, Les Restos du cœur, le Secours populaire français et la Fédération

1. https://www.senat.fr/rap/r18-695/r18-695.html
2. Armelle Levy, « Fraude : 780 tonnes de "faux steaks hachés" distribuées aux plus démunis », RTL, 7 juin 2019.

française des banques alimentaires ont dû non seulement stocker (longuement) dans des frigos les centaines de tonnes de viande impropre immobilisées, mais aussi racheter, pour nourrir les plus démunis, de véritables steaks à un prix beaucoup plus élevé, raconte Patrice Blanc des Restos du cœur, ce qui a engendré des surcoûts importants pour elles, victimes de la fraude. Le rapporteur du Sénat chiffre la note à 400 000 euros.

Quand FranceAgriMer ou la DGCCRF ont été contactées pour avoir des directives claires sur la marche à suivre, raconte Jacques Bailet des Banques alimentaires, on leur a dit de se débrouiller et de voir directement avec le fournisseur ! Lors de son audition au Sénat, le président des Restos du cœur, Patrice Blanc, dénonça un cauchemar qui semblait se répéter : « On est en train de repartir avec le même fournisseur français ! Et c'est probablement avec le même sous-traitant polonais qu'on va repartir. On marche sur la tête alors que ce sous-traitant était déjà impliqué dans une affaire de steaks contaminés à la salmonelle il y a quelques années. » Anne Bideau, la directrice des activités bénévoles et de l'engagement de la Croix-Rouge française, pointa l'obsession du prix au détriment des critères de qualité et réclama plus de contrôles. Olivier Grinon, du Secours populaire, poursuivit : « C'est FranceAgriMer qui est propriétaire de ces produits jusqu'à ce qu'elle les donne aux associations. Pour nous, si le prix est bas, cela permet d'en avoir plus. »

Face aux sénateurs, la directrice générale de FranceAgriMer, Christine Avelin, défendit son institution, en expliquant que lorsqu'une offre est lancée sur le marché public, seules répondent des entreprises capables d'assurer la fourniture de la viande mais aussi de la livrer. Et de préciser : « L'offre transmise par Voldis était conforme au cahier des charges : la viande contenait bien

15 % de matière grasse, comme prévu. Le fournisseur polonais indiqué dans l'offre que nous avons retenue, avait toutes les garanties sanitaires, certificats HACCP, IFS et BRC. » Christine Avelin nia que le seul critère prix ait prévalu, mais reconnut que toutes les entreprises n'étaient pas inspectées : « 60 % des volumes livrés sont contrôlés. Mais l'entreprise en question a échappé aux contrôles en 2018. » Ces défaillances font alors bondir le sénateur Fabien Gay : « Depuis 2013, l'entreprise, qui a emporté un ou deux lots du Fonds européen d'aide aux plus démunis, n'a jamais été contrôlée par les autorités ! En 2015, elle a fourni des steaks avec de la salmonelle [...] On peut au moins se dire qu'en 2016, si on repasse un marché public à cette entreprise, au minimum on va la contrôler, c'est du bon sens. Pourquoi FranceAgriMer n'a pas été sur place, comme elle le fait pour 60 % des fabricants ? »

Plus de 5 millions de personnes, en France, sont susceptibles d'avoir accès à l'aide alimentaire, selon le président des Restos du cœur, Patrice Blanc : « C'est une population extrêmement importante et très sensible, ce qui rend d'autant plus scandaleux ce qui vient de se passer[1]. »

« Made in France »

Lorsque le scandale de la viande avariée en provenance de Pologne éclate, en février 2019, Christiane Lambert, directrice de la FNSEA, puissante Fédération

1. « Vente de steaks hachés frauduleux à des associations : l'origine des produits impossible à déterminer, l'État jugé défaillant », France Info (source AFP), 24 juillet 2019.

nationale des syndicats d'exploitants agricoles, se dit « révoltée de voir que des circuits commerciaux comme ça existent encore[1] ». Et renvoie la balle au consommateur : « S'il exige de la viande française, en restauration hors domicile, en grande surface et chez son boucher, on ne verra plus ces flux commerciaux frauduleux », affirme-t-elle. Il suffirait, en somme, de manger français pour éviter les fraudes alimentaires.

La Cour des comptes, juridiction chargée principalement de contrôler l'utilisation de l'argent public, est bien moins confiante. Dans un rapport paru en 2014, un chapitre salé est consacré à la « Sécurité alimentaire de l'alimentation ». La Cour relève l'existence, dans l'industrie de la viande, de faits franchement dégoûtants. La version publique fait une vingtaine de pages, mais Hervé Chambonnière, journaliste au *Télégramme*[2], a eu accès au texte intégral qui ne mâchait pas ses mots, notamment sur la viande « premier prix » : viandes gris verdâtre impropres à la consommation humaine dans des charcuteries, moisissures, souris vivantes ou mortes, excréments de souris dans des étuves à chorizo, etc. Les sages de la Cour des comptes[3] ont découvert avec horreur les sous-produits supposément vendus comme de la viande alors qu'il s'agissait en réalité de viande séparée mécaniquement (VSM), au fond souvent les « déchets » autrefois consommés uniquement par nos chiens et chats. « La VSM, surtout destinée, il y a quelques années encore, à la

1. « Viande frauduleuse polonaise : Christiane Lambert (FNSEA) se dit "révoltée de voir que des circuits commerciaux comme ça existent encore" », Europe 1, 2 février 2019.

2. Hervé Chambonnière, « Alimentation. Des failles dans le contrôle », *Le Télégramme*, 29 mai 2014.

3. « Rapport public annuel 2014, tome I, volume 1-1, la sécurité sanitaire de l'alimentation », Cour des comptes, 11 février 2014.

composition d'aliments pour animaux, est un produit obtenu par l'enlèvement, à l'aide de moyens mécaniques, de la viande des os de carcasses et pouvant donc contenir des résidus d'os, de cartilage ou de moelle.» Or «une grande partie de la charcuterie ou des produits de viande premier prix comporte de très larges proportions de VSM», signale ainsi la Brigade nationale d'enquêtes vétérinaires et phytosanitaires (BNEVP). Les conséquences pour la santé inquiètent la Cour : «L'offre des produits premiers prix peut paraître attractive, mais leur consommation systématique, par une population croissante, pourrait avoir, à terme, des répercussions sur la santé publique.» Et ce n'est pas tout.

La Cour dénonce aussi «l'insuffisance des contrôles du ministère de l'Agriculture» et «des anomalies graves» dans la mission de sécurité sanitaire des aliments conduite par celui-ci. Le rapport évoque les «manquements graves aux conditions d'hygiène» relevés par la BNEVP, ainsi que des «failles de traçabilité», et fait part de ce qu'on sait déjà mais qui prend toute sa force une fois couché sur le papier par les magistrats de la Cour : les «résultats d'analyse sont connus une fois que les produits ont été expédiés et très souvent consommés». On comprend, entre les lignes, que la BNEVP fait un boulot formidable, mais que ses enquêtes demeurent confidentielles pour le grand public. «La Cour a bien une solution, radicale. Une arme atomique, écrit Hervé Chambonnière : assurer "une grande publicité" aux enquêtes, aux cas de non-conformités et aux suites données. Une "arme qui exposerait les professionnels ne respectant pas les règles aux sanctions directes des consommateurs" et "aiderait également les services à résister davantage aux pressions locales".» Sans détour, la Cour des comptes recommande donc une plus grande transparence. Mais ce n'est pas gagné. Car elle a aussi repéré un sacré écueil : la Direction générale de l'alimentation, du ministère de l'Agriculture, a dans ses missions la sécurité alimentaire, mais aussi le développement économique de l'industrie agroalimentaire. Une situation schizophrénique qui lui fait dire : « Le développement économique semble être un objectif aussi important, sinon primordial, pour la DGAL, et ce même dans l'exercice de sa mission de protection de la sécurité sanitaire des aliments [...] La DGAL a tendance à privilégier l'accompagnement des professionnels plutôt que la sanction des écarts. »

À l'époque, ce rapport provoqua un tremblement de terre. Cinq ans plus tard, on en est malheureusement toujours au même point.

Opacité : la Cour des comptes enfonce le clou

En février 2019, la Cour des comptes enfonce le clou dans son rapport intitulé « Le contrôle de la sécurité sanitaire de l'alimentation : des progrès à consolider[1] ». Le constat est implacable : les contrôles sont toujours insuffisants et opaques. « Malgré ces progrès [depuis 2014], des insuffisances subsistent à toutes les étapes [...], depuis les autocontrôles réalisés par les entreprises jusqu'à la publication des résultats des inspections. » Le chapitre consacré au contrôle de la sécurité sanitaire de l'alimentation insiste de nouveau sur le besoin de transparence. Cette fois, la Cour hausse le ton et qualifie d'anormale cette opacité, notamment sur les opérations de la Répression des fraudes (DGCCRF), du ministère de

1. « Rapport public annuel 2019 : le contrôle de la sécurité sanitaire de l'alimentation », Cour des comptes, février 2019.

l'Économie. Selon le rapport, les services de celle-ci se sont refusés jusqu'à présent à la transparence au motif que la publication des résultats pourrait porter préjudice aux établissements contrôlés par rapport à ceux qui ne l'ont pas été. Pour la Cour des comptes : « Quelle qu'en soit la justification, cette situation est anormale. »

Dans un document, on lit que la DGCCRF, elle, s'engage à « inscrire ces contrôles sur Alim'confiance à brève échéance ». Mais peut-on avoir confiance en ce système mis en place par le ministère de l'Agriculture en 2017 censé communiquer sur les contrôles d'hygiène ? Pas sûr. Officiellement, « la publication des résultats des contrôles officiels s'inscrit dans une évolution vers une plus grande transparence de l'action administrative en général et des services de contrôle en particulier. Elle constitue une attente légitime des citoyens qui participe au rétablissement de la confiance dans le secteur alimentaire[1] ». Tout le monde pourrait donc consulter les résultats des établissements de production, de transformation des produits alimentaires, mais aussi des restaurants, des métiers de bouche et des supermarchés *via* un site ou une application mobile, le tout résumé par une note globale sans détails résumée par un « smiley » : très satisfaisant, satisfaisant, à améliorer, à corriger de manière urgente. Avec des résultats glissants, c'est-à-dire visibles pendant un an seulement. Mais comment y croire, alors que la Cour des comptes mentionne que certains établissements sont contrôlés tous les quinze ans ? Par ailleurs, Alim'confiance concerne seulement l'hygiène, et n'indique pas les marques et produits concernés – par exemple une fois qu'ils sortent des abattoirs –, ni où ils sont vendus, ni les éventuelles mesures correctives, ni les sanctions. Quant

1. https://www.alim-confiance.gouv.fr/Plus-d-infos

à l'affichage du niveau d'hygiène en devanture de l'établissement, il est facultatif. Franchement, s'il entend réellement jouer le jeu de la transparence, le ministère de l'Agriculture a bien mieux à faire.

La transparence : possible et nécessaire

Au Danemark, où le système de « smiley » existe depuis 2001[1], les résultats doivent être affichés dans tous les supermarchés, épiceries, boulangeries, boucheries, épiceries fines, kiosques, restaurants, pizzerias, cantines, cuisines d'hôpitaux et maisons de retraite. Tous les magasins, restaurants et autres qui vendent des aliments et des boissons au public sont inspectés régulièrement, avec une fréquence qui varie d'une fois tous les deux ans à une à trois fois par an, selon l'évaluation des risques. Les rapports, en PDF, téléchargeables sur le site findsmiley.dk, indiquent dans le détail ce que les inspecteurs ont contrôlé : des planches à découper au lave-mains, du stockage des denrées (parfois à même le sol !) à la température des frigos... On sait même combien de temps ceux-ci sont restés sur les lieux. Un hôtel deux étoiles non loin des jardins de Tivoli de Copenhague a, par exemple, été épinglé en mai 2018 avec un smiley pas content. Les deux pages qui renseignent son adresse indiquent exactement pourquoi il est affublé d'une telle mauvaise note : sols et armoires sales, vieux aliments qui traînent, etc. De quoi entacher la réputation de l'établissement, l'information étant publique. Qui n'a pas tardé à corriger ce qui lui était reproché. À l'occasion d'un

1. https://www.findsmiley.dk/english/Pages/About.aspx

contrôle d'à peine une demi-heure le mois suivant (vous avez bien lu : le mois suivant), l'hôtel a récupéré sa bonne note et un smiley souriant au possible !

Cette transparence n'est pas une exception scandinave. Les Irlandais aussi suivent mois par mois les infractions à la législation sur la sécurité alimentaire relevées par la Food Safety Authority of Ireland (FSAI), avec décisions prises à titre exécutoire, fermetures, demandes d'amélioration. Les autorités publient les noms et adresses des établissements ainsi que les faits peu ragoûtants ayant motivé leur choix. Ainsi, en mars 2020, on découvre une liste de restaurants italiens, asiatiques, indiens ainsi que la fermeture (carrément !) de l'atelier boulangerie d'un supermarché Eurospar situé à Kinnegad, petite ville de 2 700 habitants. Les consommateurs ont accès à une liste constamment mise à jour, ainsi qu'aux références précises des réglementations enfreintes. S'ils sont abonnés à la newsletter des alertes de la FSAI comme moi, un e-mail les prévient que de nouvelles informations sont disponibles sur les rappels de produits, mais aussi sur les mesures prises suite aux contrôles. Le site Internet de la Food Safety Authority of Ireland détaille par exemple pour mars : « Fientes de rongeurs sur l'étagère inférieure d'une armoire ; infestation de rongeurs sur le même sol que le stockage des aliments ; présence de fientes fraîches de rongeurs dans les zones de lavage et de préparation des aliments ; saleté et débris alimentaires sur le sol derrière les congélateurs coffres ; accumulation de graisse, de saleté et de débris alimentaires, y compris de la viande décolorée, sur le sol, indiquant que cette zone n'a pas été nettoyée depuis un certain temps ; un trou dans le mur autour des conduites d'eau qui pourrait permettre aux nuisibles de se déplacer dans les locaux; deux trous circulaires dans le mur inférieur sous une étagère où des excréments de rongeurs ont été trouvés; et de la viande hachée dont la durée de conservation a été incorrectement fixée à 26 jours à la suite d'un nouvel emballage sous vide.» Les inspecteurs ne se sont pas arrêtés à cet horrible état des lieux, ils ont aussi sanctionné le fait que le restaurant ne fournissait pas aux clients d'informations correctes à propos des allergènes, question de santé publique avec laquelle on ne lésine pas.

Pour chaque établissement visé, les consommateurs peuvent prendre connaissance du détail des rapports des inspecteurs et télécharger le PDF. Dans l'atelier boulangerie du supermarché, ce sont les rongeurs – rats ou souris, porteurs de bactéries responsables d'intoxications alimentaires – qui ont précipité la fermeture.

En France, les rapports d'inspections complets sont top secret. Car les détails sont «destinés aux exploitants du secteur alimentaire, nous dit-on. Il s'agit de documents difficilement compréhensibles et interprétables pour des consommateurs ne travaillant pas dans le secteur agroalimentaire». Vous êtes donc priés d'avoir confiance.

Omerta

Il s'en passe, des choses, à l'ombre des abattoirs, y compris dans ceux qui produisent de la viande vendue avec des labels de qualité comme le bio, le Label Rouge ou des valorisations du terroir. Des étourdissements ratés avant l'abattage, des animaux qui reprennent conscience avant ou pendant la saignée sans que le moindre étourdissement d'urgence ait été pratiqué – comme l'association L214 le montre régulièrement –, des cadences folles – « 63 vaches à l'heure quand on est au taquet » – qui cassent physiquement et mentalement les ouvriers, ces « mal-aimés qui nourrissent les Français », comme le racontent à la première personne les journalistes infiltrés Olivia Mokiejewski dans *Le Peuple des abattoirs*[1] ou Geoffrey Le Guilcher dans *Steak Machine*[2]. Au-delà des conditions de travail effroyables, la sécurité sanitaire des aliments qui sortent de ces établissements n'est pas toujours garantie.

Pierre Hinard, ingénieur agronome, est aujourd'hui éleveur bio. Entre 2006 et 2008, il était directeur qualité dans l'un des plus gros abattoirs et transformateurs de viande de Loire-Atlantique, Castel Viandes, situé à Châteaubriant. Acteur majeur, l'entreprise fournit des centaines de tonnes de viande hachée à quasi toute la grande distribution – Auchan, Système U, Carrefour –, ainsi qu'à des chaînes de restauration comme Flunch, McDonald's, William Saurin, Lustucru. Bref, on retrouve ses productions partout sur le territoire français.

Dans le livre *Omerta sur la viande*[3], Pierre Hinard raconte l'horreur de la remballe pratiquée au sein de l'entreprise, c'est-à-dire le « recyclage intensif » (« rien ne se perd ») de viandes impropres à la consommation, retournées à l'abattoir par la grande distribution parfois bien après la date limite de consommation. Et explique comment de grandes quantités étaient déballées, traitées, remballées et remises sur le marché agrémentées de nouvelles étiquettes[4]. Il évoque aussi : « les asticots –

1. Olivia Mokiejewski, *Le Peuple des abattoirs*, Grasset, 2017.
2. Geoffrey Le Guilcher, *Steak Machine*, Goutte d'Or, 2017.
3. Pierre Hinard, *Omerta sur la viande*, Grasset, 2014.
4. Audrey Garric, « Plongée dans une industrie de la viande faisandée », *Le Monde*, 29 novembre 2014.

250 kilos qui grouillent sur le toit et tombent dans les steaks hachés», les fausses valeurs de matière grasse (des steaks hachés à 25 % mais vendus pour du 15 %), les morceaux «verdâtres» et «à l'odeur écœurante», «les feuilles de traçabilité maquillées, les résultats bactériologiques dissimulés, des pièces de viande congelées, décongelées, recongelées, des dates truquées», sans oublier une «double comptabilité pour que les inspecteurs de la DGAL ne repèrent pas la fraude, mais aussi du sang déversé dans les champs[1]». Les coulisses de l'entreprise racontées par lui effraient. Notamment quand, y compris le samedi, dit-il, il fallait faire disparaître toute trace des carcasses fiévreuses, consignées, souillées (F, C, S) : «nettoyer la généalogie des viandes suspectes et inventer de toutes pièces une nouvelle traçabilité». Écœuré, Pierre Hinard a aussi décrit dans son ouvrage «des services vétérinaires absents ou corrompus» et des pouvoirs publics pour le moins… distraits[2].

Le récit est saisissant. «La viande poisseuse renvoyée par Auchan ("ça pue") est finalement écoulée chez William Saurin ("ils en feront des sauces et des conserves pasteurisées, on n'y verra que du feu")», raconte-t-il. Comme il explique que, au-delà des dysfonctionnements graves internes, il pouvait arriver que «les abattoirs mettent en place des systèmes pour contourner les contrôles», écrivant : «La direction obligeait mes assistantes à falsifier les documents comptables pour faire disparaître le fait que les animaux avaient été repérés comme souillés sur la chaîne d'abattage. Toute la chaîne était faussée dans les enregistrements informatiques[3].»

1. Pierre Hinard, *Omerta sur la viande*, *op. cit.*
2. *Idem.*
3. Laetitia Cherel, «Salmonelle : la hantise de la contamination», France Culture, 13 avril 2018.

L'auteur affirme avoir protesté auprès de sa direction, refusé de cautionner la pratique de la « remballe » contraire à la législation et dangereuse pour la sécurité des consommateurs. Après avoir lancé l'alerte et signalé, le 8 décembre 2008, à l'inspecteur vétérinaire de la direction départementale de la protection des populations les pratiques frauduleuses de l'entreprise à tous les échelons, Pierre Hinard se voit licencié le 20 décembre 2008 pour « insuffisance professionnelle ». « Son incurie avait eu pour effet un déclassement [sanitaire] de Castel Viandes en catégorie III (classement heureusement remonté depuis son départ) », m'indique l'entreprise qui conteste formellement avoir commis une infraction. En réalité, de graves problèmes sanitaires avaient été constatés par la direction départementale des services vétérinaires de Loire-Atlantique lors d'une inspection en mars 2008, donc auparavant. Ce service avait même adressé un courrier à Castel Viandes, la mettant en demeure de régler la longue liste de non-conformités liées à l'hygiène, aux contrôles de l'*E. Coli*, etc., constatées. Et si ce n'était pas réglé avant fin juillet 2008, les services vétérinaires avaient averti Castel Viandes que l'abattoir serait déclassé et perdrait le droit d'exporter vers la Russie.

L'avocat de Pierre Hinard se bat pour faire reconnaître le statut de lanceur d'alerte de son client. « Cette procédure de licenciement est la réponse de la société Castel Viandes à la dénonciation par M. Hinard des dysfonctionnements qu'il avait pu constater au sein de cette société… dysfonctionnements couverts et provoqués par les membres de la direction de cette dernière. D'ailleurs, la société Castel Viandes s'est empressée de peser, sur l'ensemble des acteurs, témoins de ces faits, de tout son poids économique afin de faire disparaître les traces de ces agissements et d'obtenir le silence de l'ensemble des témoins, pensant qu'en licenciant M. Hinard, elle se débarrasserait de l'unique gêneur qui [avait] eu l'audace de dénoncer les faits dont il était témoin auprès des autorités vétérinaires et sanitaires. M. Hinard doit en effet être considéré et traité comme un lanceur d'alerte ; il a injustement été licencié en raison des faits qu'il avait publiquement dénoncés », estime Me David Lemercier.

Plus de dix ans après ce licenciement, le 28 mars 2019, le conseil de prud'hommes de Nantes ne lui a pas reconnu ce statut et l'a débouté, « validant » ainsi son licenciement par l'entreprise. Mais Pierre Hinard ne lâche rien et a fait appel de la décision.

Les faits qu'il dénonçait paraissaient particulièrement graves. Et pas isolés, à en croire l'information judiciaire lancée en 2018 pour des actes de « remballe » au sein de la même société qui « accréditent les allégations de l'ex-cadre selon le parquet[1] », écrivit *Le Parisien*. Une instruction ouverte a mené en juin 2014 à la mise en examen, par un juge nantais, du PDG de l'entreprise et de la responsable qualité pour « tromperie sur la qualité substantielle de la marchandise » et « tromperie aggravée par un risque pour la santé de l'homme ou de l'animal ». Le procès au pénal n'ayant pas eu lieu, ceux-ci sont présumés innocents, et contestent ce qui leur est reproché.

Castel Viandes dément d'ailleurs l'intégralité des faits rapportés par son ex-employé, et considère ses « propos accusateurs comme calomnieux et portant atteinte à l'honneur de l'ensemble de ses salariés et de ses dirigeants ».

1. « Viande avariée : deux dirigeants de Castel Viandes mis en examen pour tromperie », *Le Parisien*, 27 juin 2014.

L'entreprise a du reste saisi le tribunal correctionnel d'une action en diffamation. Pierre Hinard ayant apporté au tribunal des preuves de ce qu'il dénonce, Castel Viandes s'étant désisté le jour de l'audience au tribunal correctionnel[1], de procès il n'y eut pas. L'avocat du lanceur d'alerte déclara : « Si vous vous désistez, c'est que vous ne pouvez démontrer le caractère diffamatoire des faits qui vous sont imputés… Ce qui laisse à penser que ce qui est écrit est vrai. »

Erreurs passées ? Sur son site, Castel Viandes affirme réaliser 2 millions d'investissements par an pour maintenir « un effort constant et important de modernisation ». Pourtant, de la viande impropre à la consommation est encore sortie de l'abattoir. Ainsi, Auchan, le 29 juin 2017, a dû procéder au rappel massif de steaks hachés issus de l'entreprise, indiquant juste (pudiquement ?) sur son communiqué le nom d'une « SOCIÉTÉ VF SAS », soit Viol Frères – la même que Castel Viandes –, pour une suspicion de contamination par la bactérie *E. Coli* 0157 : H7. La date limite de consommation des produits étant au 27 juin, ceux-ci avaient sans doute été déjà mangés…

Numéro un et pourtant…

En juillet 2015, le tribunal correctionnel de Saint-Brieuc avait condamné un autre géant du secteur, le numéro un du porc français, la Cooperl, dans une affaire de fraude à la viande contaminée aux salmonelles. Entre

1. Pascale Boucherie, « Les abattoirs de Chateaubriant retirent leur plainte : "C'est la victoire du lanceur d'alerte" », France Bleu, 31 janvier 2018.

2010 et 2012, l'entreprise avait commercialisé en France comme à l'étranger 2 000 tonnes de porc touché par les salmonelles grâce au maquillage des résultats d'autocontrôle. « Il s'agissait de 1 500 tonnes pouvant entrer dans la composition de plats cuisinés et de charcuterie, et de 500 tonnes de préparation de viande pour barbecue. De la viande en partie écoulée, selon les enquêteurs, chez des poids lourds de l'industrie agroalimentaire, révélait *Le Télégramme*[1] : Souchon d'Auvergne, la SCO (Monique Ranou), Carrefour, CSF (Carrefour Market), Herta, Cora, Brocéliande ALH, le groupe Pierre Schmidt, la SA Stoeffler, Système U et Auchan. »

Très majoritairement, les infections à *Salmonella* se manifestent par une gastro-entérite aiguë dont l'évolution est généralement favorable. Les symptômes ? Hyperthermie, diarrhées avec maux de ventre et parfois perte de connaissance. Une hantise pour l'industrie, puisque ces bactéries sont la principale cause des toxi-infections alimentaires.

Au sein du groupe coopératif, les résultats d'analyses étaient enregistrés dans le système informatique de façon malhonnête : l'ordre de ceux-ci se voyait modifié pour que les cinq premiers résultats – négatifs – apparaissent d'abord ; ce qui constitue un faux. « Cette manipulation, précise le jugement définitif, a été mise en œuvre sciemment pour se soustraire à l'obligation d'informer les services vétérinaires mais également les clients de tout résultat positif affectant un lot. La falsification présente en l'espèce un caractère frauduleux. » La Cooperl a également trompé ses cocontractants sur la qualité attendue de la viande. Pour le tribunal, l'intention coupable ne fait aucun doute « du seul fait de laisser supposer en

1. « Cooperl. Début d'un procès hors norme », *Le Télégramme*, 21 mars 2015.

toute connaissance de cause aux clients que les produits ont été soumis à des analyses conformes à la réglementation». Contre l'entreprise, le parquet avait requis une amende de 1,875 million d'euros, le quantum maximum, et réclamé la confiscation des avoirs saisis lors de l'enquête préliminaire, soit 2,9 millions d'euros. Finalement, le directeur à l'origine du stratagème a été condamné à 24 mois de prison avec sursis. Tandis que deux autres salariés ont écopé de quatre mois de prison avec sursis[1]. La coopérative, elle, écopa de 150 000 euros d'amende pour usage de faux, mais se vit relaxée de l'accusation de mise en danger de la vie d'autrui. Les 2,9 millions d'avoirs saisis correspondant au montant de la fraude ont été confisqués.

Cette condamnation a-t-elle servi de leçon ? Trois ans plus tard, en février 2018, un rappel massif[2] de jambons vendus sous marques distributeurs et produits par la Cooperl, a été opéré pour contamination à la *Listeria*. Les immunodéprimés, les femmes enceintes, les personnes âgées et les enfants en bas âge étant particulièrement à risque lorsqu'ils sont exposés à ces bacilles (les symptômes s'apparentent à ceux de la grippe, mais peuvent aller jusqu'à des troubles neurologiques ou à une infection du sang), il y avait urgence.

Confiance et technologie

Pour leur alimentation, les consommateurs plébiscitent le *made in France*, mais moins d'un tiers ont réellement

1. « Prison avec sursis pour un directeur de la Cooperl », Terre-net (source AFP), 3 juillet 2015.

2. « Cooperl : des jambons contaminés à la *Listeria* retirés de la vente », France 3 Bretagne, 13 février 2018.

confiance en ce qu'ils mangent. Selon une étude Kantar Worldpanel publiée début 2020, 73 % de nos compatriotes se disent inquiets de la sécurité alimentaire, chiffre qui croît d'année en année[1].

L'industrie agroalimentaire a compris l'urgence de rassurer ses clients sur la traçabilité des produits et de valoriser sa production « propre » ou 100 % française. La réglementation oblige d'ailleurs les opérateurs économiques à s'assurer des qualité et conformité des produits qu'ils achètent et revendent, eux qui doivent avoir toutes les informations sur les étapes des circuits de transformation et de distribution des produits ; c'est la traçabilité. Soit, mais bien peu arrivent à maîtriser la chaîne d'approvisionnement de bout en bout. Et quand un gros souci survient – comme le rappel massif des laits à la salmonelle dans l'affaire Lactalis ou lorsque les médias alertent sur le travail d'enfants dans la collecte des noisettes destinées au Nutella –, les industriels se retrouvent bien en peine de justifier, retracer, parce qu'ils n'ont pas suffisamment le contrôle des processus.

Pour pallier ce défaut, certains pensent avoir trouvé la parade : la blockchain. Présentée ces dernières années comme *la* solution miracle en termes de traçabilité, elle a fini par séduire de grands groupes qui y ont vu un enjeu commercial. Le poulet d'Auvergne, les tomates, les œufs, les oranges, la poularde, le saumon, du lait et du rocamadour issus de la Filière Qualité Carrefour se voient désormais, dans ces magasins « tracés » du producteur au rayon grâce à ce système. Dole, McCormick and Company, McLane Company, Nestlé (pour la purée Mousline retraçable chez Carrefour uniquement), Unilever

1. Adeline Haverland, « [SIA 2020] Le digital est dans le pré », *L'Usine nouvelle*, 25 février 2020.

et Walmart ne jureraient plus que par celle d'IBM, tandis que le lait infantile Danone vendu à la Chine, le miel de la marque Casino, les volailles Terre & Saveurs, les œufs de poules élevées en plein d'air sont « tracés » grâce à celle de Tilkal, une start-up française lancée en 2017 par trois spécialistes du numérique[1].

Dans toutes les conférences professionnelles dédiées à la fraude alimentaire auxquelles j'ai assisté ces dernières années, il y avait toujours une présentation des merveilles de ce système censé sauver une industrie des méfaits des vilains fraudeurs. Avant la blockchain, il fallait six jours au distributeur Walmart pour identifier d'où provenait un produit qui devait, par exemple, être rappelé d'urgence. Depuis, on parle de quasi-immédiateté. Il s'agit donc d'une promesse de transparence à vitesse inouïe. Mais de quoi s'agit-il ? Dans le cas de l'industrie agroalimentaire, elle peut s'apparenter à une base de données partagée, sécurisée et infalsifiable qui aide les industriels à sécuriser la traçabilité et la transparence de leurs approvisionnements. « Son utilisation permet aux acteurs d'une chaîne d'approvisionnement (producteurs, logisticiens, supermarchés, etc.) de tracer un produit alimentaire en réduisant les échanges et les coûts opérationnels au cours de son acheminement. Elle permet également d'assurer la véracité des informations qui vont être inscrites dans son registre, de réduire les fraudes et d'augmenter la confiance entre les parties prenantes », explique au site Maddyness Laszlo Szabo[2], cofondateur de SkillZ, une start-up qui développe et vend ces solutions logicielles.

1. Clotilde Chenevoy, « Carrefour et Casino, pionniers français de la *blockchain* dans l'agroalimentaire », L'Usine digitale, 11 avril 2019.

2. Laszlo Szabo, « Vous n'imaginez pas tout ce que la *blockchain* peut faire pour vous ! », Maddyness, 29 avril 2019.

Le système ingère une quantité de données phénoménale (data) en temps réel et enregistre tous les paramètres qui peuvent influer sur l'intégrité du produit : celles fournies par les producteurs (origines, numéros de lots, compositions, labels, dates de péremption, teneurs en pesticides ou en OGM, nom et localisation du producteur), et celles venues des transporteurs et distributeurs (température du camion, humidité ou encore géolocalisation). C'est en soi une révolution ! L'autre, c'est lorsque les fabricants ou distributeurs lèvent le voile sur la traçabilité en apposant sur une étiquette un QR code que les consommateurs peuvent scanner pour en savoir plus !

Prenons l'exemple d'un pot de miel Casino. Matthieu Hug, PDG de Tilkal, explique : « Ce service de “plateforme d'identité numérique pour les produits” répond à une logique de vases communicants : le producteur apiculteur charge l'information d'origine du produit, la coopérative Naturalim la récupère et enregistre son apport (notamment la mise en pot), et Casino enrichit le registre avec les informations de mise en magasin et les informations marketing. L'idée centrale, c'est d'arriver à capter une vue cohérente de la vie d'un produit, sachant que chaque partie prenante en possède un bout. » L'écriture des données est signée électroniquement à l'aide de clés privées. Une fois celles-ci inscrites, il est (*a priori*) impossible de revenir dessus. L'ensemble est ensuite distribué au réseau, qui a donc accès à la même information. Tous les cocontractants peuvent voir la copie des informations, logées dans des *data centers*.

Ce processus, qui participe du souhait de « nettoyer » la chaîne d'approvisionnement et de regagner la confiance des consommateurs, crée un cercle vertueux selon les experts du numérique. « Les gens en ont marre du marketing lénifiant qui présente l'éleveur avec sa jolie salopette ou Pierrette qui ramasse ses œufs gaiement. Car, quand on confronte le marketing à la réalité, il y a disconnexion et tout le monde réagit mal. Quitte à acheter des aliments, autant acheter à ceux qui font bien le job. L'enjeu, finalement, c'est d'éjecter les moutons noirs. »

S'il est vrai que la blockchain rend la fraude beaucoup plus compliquée, elle n'est cependant pas la réponse 100 % efficace qui arrêtera définitivement la triche. Bien qu'on assiste à une prise de conscience des acteurs industriels – c'est une bonne chose – de la nécessité de maîtriser leur chaîne d'approvisionnement de bout en bout et de plus montrer patte blanche à l'envie de transparence du consommateur, comprenons qu'il s'agit, aussi, d'une nouvelle façon de faire du business. « La blockchain ne pourra pas empêcher les scandales, mais elle permettra aux acteurs de démontrer qu'ils ont eu la bonne attitude sur la traçabilité », estime Brendan Smyth[1], directeur du développement d'Arc-net, start-up britannique qui travaille pour une grande chaîne de distribution en Grande-Bretagne. La blockchain pourra-t-elle, un jour, servir de preuve aux autorités de contrôle ? « Pour l'instant, me confie un expert, celles-ci ne veulent pas s'impliquer. » Et de se dire convaincu que cela aiderait pourtant la DGCCRF à accéder aux données de traçabilité et à agir rapidement lorsqu'il faudra organiser des rappels : « L'hébergement des serveurs leur coûterait environ 10 000 euros par an. Mais la question de la prise de responsabilité sur des données émanant du privé fait encore débat… »

1. Quentin Ebrard, « Aliments : avec la blockchain, tout se transforme mais rien ne se perd », Journal du Net, 8 mars 2018.

6

La fraude nuit gravement à la santé

> « Les vérités qu'on aime le moins à apprendre sont celles qu'on a le plus d'intérêt à savoir. »
>
> Proverbe chinois

La faim tue. Il arrive que manger ou boire aussi ! Je ne parle pas ici de la malbouffe avalée plus ou moins consciemment qui génère diabète, cholestérol, cancers et autres maladies cardiovasculaires, mais des conséquences désastreuses de la fraude alimentaire, de la vente de faux aliments, des denrées contaminées par des bactéries redoutables ou aspergées de pesticides contrefaits. Parfois jusqu'à la mort.

Certes, tous les cas de fraude alimentaire ne constituent pas un risque imminent pour le consommateur. Mais soyons clairs : la motivation des fraudeurs n'est pas l'intérêt général ; elle est financière avant tout. C'est ce qu'on appelle l'EMA, pour Economically Motivated Adulteration, ou l'adultération pour des raisons économiques. Les fraudeurs, qui souvent ne sont pas à un méfait près, n'ont, la plupart du temps, aucun état d'âme quant aux conséquences de leurs actes. Eux n'ont que faire de la santé des consommateurs. Et c'est là que la fraude devient carrément inquiétante.

Substances interdites, contrefaites... : rien ne les arrête

Lorsqu'un opérateur triche sur l'origine d'un aliment pour le rendre français alors qu'il vient de contrées lointaines, qu'il ment sur l'espèce de viande ou de poisson pour le vendre plus cher, il s'agit d'une tromperie grave sanctionnée au pénal, mais on n'en meurt pas. En revanche, si l'opérateur vend des aliments traités avec des additifs ou des pesticides interdits voire contrefaits (pâles et dangereuses imitations), s'il met sciemment sur le marché de la viande avariée ou du fromage, des légumes qu'il sait contaminés par des bactéries nocives, s'il passe la frontière en catimini pour se fournir en substances interdites chez nous mais autorisées chez les voisins – antibiotiques pour animaux, produits phytosanitaires, OGM –, s'il «omet» de signaler la présence d'un allergène (mortel pour certains) sur une étiquette ou un menu alors qu'il sait pertinemment – obligation légale – ce que contiennent ses produits... la fraude représente un véritable danger pour la santé publique.

Eh bien, cela se produit tous les jours, mais nous n'en savons rien. Dans des proportions affolantes, au vu des chiffres que j'ai débusqués. La situation semble même empirer d'année en année.

En 2019, le nombre de notifications d'alertes sur le réseau européen RASFF impliquant un risque grave pour la santé d'un produit circulant sur le marché avait augmenté de 5 % par rapport à 2018. Et c'était la sixième année consécutive que ce type d'alertes connaissait une augmentation significative. RASFF déborde de cas dangereux. « Il y en a tellement, me confiait un haut fonctionnaire à Bruxelles, que chaque jour un nouveau scandale pourrait exploser. Certains trouvent un écho dans la presse, mais, au final, très peu sont médiatisés au regard des quantités d'alertes que nous recevons. »

Des produits qui entrent en Europe malgré tout

Prenons l'exemple des feuilles de vigne en provenance d'Égypte. Pas moins de 18 substances phytosanitaires ont été retrouvées dans ce produit, qui plus est à des teneurs inquiétantes, cocktail détonant à base notamment de chlorpyrifos – un pesticide illégal en Europe depuis début 2020, car nocif pour le cerveau du fœtus et des jeunes enfants –, mais aussi de carbendazim – un fongicide interdit depuis 2014, notamment pour ses effets sur les embryons, même à très faible dose, provoquant également des dégâts génotoxiques et des perturbations endocriniennes, en plus des perturbations du système reproducteur masculin : diminution du poids des testicules et de l'épididyme, réduction du nombre de spermatozoïdes et de la fertilité observées chez les rats. Ce produit si dangereux a été découvert en juin 2020 lors d'un contrôle des autorités allemandes. Or il était vendu dans pas mal de pays européens, dont la France ! Le chlorpyrifos, qui nuit au développement neurodéveloppemental, a été détecté le même mois sur du melon charentais jaune… bio, cultivé en Espagne et vendu chez nous, notamment dans les rayons de Super U, qui a dû rappeler les produits.

Et si la sécurité des aliments devenait une priorité politique ?

Pour l'Organisation mondiale de la santé, il ne fait aucun doute qu'« une alimentation plus sûre sauve des vies ». À chaque bouchée mangée, « on est potentiellement exposé à une maladie due à une contamination microbiologique ou chimique. Des milliards de personnes sont en danger et des millions tombent malades chaque année ; beaucoup meurent à cause de la consommation d'aliments insalubres », souligne l'agence onusienne, qui sait de quoi elle parle[1]. Certes, la tragédie évoquée se déroule davantage dans les pays où les conditions de réfrigération des aliments laissent à désirer, où l'eau potable vient à manquer, où les climats tropicaux favorisent le développement de toxines qui infectent la nourriture, où les standards d'hygiène sont la dernière des préoccupations quand il s'agit de survivre. Mais le phénomène n'épargne pas les pays plus riches, alerte l'OMS.

Qui estime qu'aujourd'hui[2] 600 millions – soit 1 sur 10 dans le monde – de personnes tombent malades après avoir ingurgité des aliments contaminés, et que 420 000 meurent chaque année à cause de manquements à la sécurité alimentaire. Et qu'un tiers sont des enfants de moins de cinq ans, comme le précise Werner Obermeyer[3], son directeur exécutif adjoint. Un chiffre susceptible d'augmenter, prévient l'organisation.

1. « WHO estimates of the global burden of foodborne diseases: foodborne disease burden epidemiology reference group 2007-2015 », World Health Organization, 2015.

2. « Food safety. Climate change and the role of WHO », World Health Organization, Department of Food Safety and Zoonoses, janvier 2019.

3. FAO, WHO, « Food safety highlighted at the UN in New York », Codex Alimentarius – International Food Standards, 12 juillet 2018.

Le fléau inquiète la Banque mondiale. Pour Juergen Voegele[1], ancien directeur du pôle mondial d'expertise en Alimentation et agriculture de celle-ci, devenu vice-président pour le développement durable, face à une telle situation nos responsables politiques devraient prévenir plutôt que guérir. « La sécurité des aliments occupe une place relativement limitée dans les préoccupations des dirigeants et ne bénéficie pas de budgets suffisants, dit-il. D'une manière générale, face à une épidémie majeure de maladies d'origine alimentaire ou une perturbation des échanges commerciaux, les mesures sont plutôt réactives que préventives. »

Si le système français sait se montrer réactif, il ne s'est pas doté de suffisamment de moyens pour prévenir plutôt que guérir. Et cela peut avoir des conséquences graves sur la santé lorsqu'on parle de fraude alimentaire.

Les vrais pesticides comportent des risques, alors les faux !

De nombreux fruits et légumes cultivés au sein de l'Union européenne sont traités avec des faux pesticides, des produits phytosanitaires contrefaits, copies encore plus nocives arrivées de Chine, mais pas seulement. Un produit phytosanitaire sur dix serait totalement illégal, selon la Direction générale de la santé de la Commission européenne[2]. D'après l'Office de l'Union européenne

1. « Les maladies d'origine alimentaire privent les pays à revenu faible et intermédiaire de 110 milliards de dollars par an » (communiqué de presse), La Banque mondiale, 23 octobre 2018.

2. « Ad-hoc study on the trade of illegal and counterfeit pesticides in the EU », Commission européenne, Direction générale de la santé et des consommateurs, 2 mars 2015.

pour la propriété intellectuelle (EUIPO), on atteindrait même 14 % de contrefaçons au sein de l'UE, soit un sur sept[1]. C'est énorme.

En Ukraine, par exemple, un pesticide sur quatre utilisés par les agriculteurs est contrefait, selon l'agence de l'ONU pour l'environnement[2]. Or les échanges commerciaux entre la France et ce pays sont au beau fixe, et même en forte progression depuis plusieurs années. Cela va tellement bien que nombre de nos entreprises du secteur alimentaire y sont présentes[3]. La vigilance s'impose à tous les échelons.

La pratique est rare dans les pays nordiques (Danemark, Suède et Finlande) – pas de chance, on achète peu de fruits et légumes en provenance de Scandinavie –, en revanche, « les grands États membres d'Europe occidentale peuvent avoir un niveau [...] supérieur à la moyenne », précise l'étude.

Un sujet crucial, puisque la France est le pays où l'on vend le plus de pesticides en Europe, selon Eurostat[4] : plus de 80 millions de kilos[5] en 2018, soit deux fois plus qu'en

1. « Le coût économique des atteintes aux droits de propriété intellectuelle dans le secteur des pesticides », Office de l'Union européenne pour la propriété intellectuelle (EUIPO), 2017.

2. « Fake pesticides, real problems: addressing Ukraine's illegal and counterfeit pesticides problems », UN Environment, 21 décembre 2018.

3. Près de 160 entreprises françaises sont aujourd'hui implantées en Ukraine, employant 30 000 personnes et faisant de la France le premier employeur international sur place. Elles sont présentes notamment dans la grande distribution (groupe Auchan, Decathlon), la banque (Crédit Agricole et BNP Paribas), l'agroalimentaire (Louis Dreyfus, Fromageries Bel, groupe Soufflet, Savencia, Malteurop, Limagrain, etc.), et le numérique (Ubisoft, Blablacar). Source : Direction du Trésor, ministère de l'Économie, des Finances et de la Relance, 13 janvier 2021.

4. « Agri-environmental indicator – consumption of pesticides », Eurostat – statistiques expliquées, 2018.

5. Quatre-vingt mille tonnes.

Allemagne[1,2]. Les données du bureau des statistiques européen sont on ne peut plus claires : chez nous, on raffole des pesticides avec plus de 40 % d'augmentation entre 2011 et 2018[3]. Malgré les promesses des gouvernements, la tendance n'est donc en rien à la baisse dans l'Hexagone[4] : le nombre de doses – unités de pesticides (NODU) – utilisées a même augmenté de 24 % en 2018 par rapport à l'année précédente. On n'a donc pas fini d'en avaler, des vrais comme des faux ! Et c'est grave, car ces produits, et plus encore ceux contrefaits, présentent des risques pour les utilisateurs, les agriculteurs, bousillent l'environnement, les cultures et la santé des consommateurs qui les ingèrent en quantités incontrôlées.

Énormément de faux pesticides se baladent au sein de l'Union européenne. Pour preuve, l'opération Silver Axe coordonnée pour la cinquième année consécutive par Europol dans 32 pays[5] a conduit à la saisie de près de 1 400 tonnes de ces substances illicites[6], soit près de la moitié des 3 000 tonnes de pesticides contrôlées entre janvier et avril 2020 aux frontières terrestres et maritimes, sur les marchés intérieurs et lors de livraisons de colis ! Un chiffre deux fois plus élevé que l'année précédente !

1. https://ec.europa.eu/eurostat/statistics-explained/index.php?title=File:Pesticides_sales-01.jpg

2. Voir aussi les tableaux obscurs et kilométriques mis en ligne par le gouvernement français sur le site officiel data.gouv.fr, section « Ventes de pesticides par département ».

3. https://ec.europa.eu/eurostat/statistics-explained/index.php?title=File:Pesticides_sales-02.jpg

4. Stéphane Mandard et Stéphane Foucart, « Le recours aux pesticides a connu une hausse spectaculaire en 2018 », *Le Monde*, 7 janvier 2020.

5. 26 États membres de l'Union européenne plus l'Australie, la Colombie, la Suisse, l'Ukraine, le Royaume-Uni et les États-Unis.

6. « A record number of 1 346 tonnes of illegal pesticides taken off the market in 2020 global operation Silver Axe » (communiqué de presse), Europol, 3 juin 2020.

Pour donner un ordre de grandeur, la quantité saisie en 2020 suffirait à remplir 458 piscines olympiques ou à pulvériser 207 000 kilomètres carrés, soit 75 % des terres agricoles en France ou la totalité de celles allemandes ! Europol aime communiquer en usant de tels ordres de grandeur ; ainsi, en 2018, l'organisme expliquait que l'opération Silver Axe avait saisi suffisamment de pesticides contrefaits pour asperger « tout le Royaume-Uni[1] ».

Des chiffres considérables aux profits qui le sont tout autant : 94 millions d'euros. Un pactole pour les criminels qui trempent aussi – tiens, tiens – dans d'autres activités interdites comme le trafic de cigarettes contrefaites et le commerce illégal de produits pharmaceutiques. La fraude rapporte gros : jusqu'à 70 euros pour chaque kilogramme de pesticide illégal. Un business juteux caché qui met en colère les fabricants ayant pignon sur rue, ceux-ci collaborant étroitement avec Europol lors des opérations coups de poing.

Dans son dernier communiqué à ce sujet, Géraldine Kutas, directrice générale de l'European Crop Protection Association, organisme qui défend les intérêts des producteurs de pesticides, commente : « La vente de pesticides contrefaits est devenue discrètement l'une des entreprises criminelles les plus lucratives et les moins bien comprises du monde. Il ne s'agit pas seulement d'un problème pour nos entreprises, dont les produits sont contrefaits, mais aussi et surtout d'un risque pour la santé et l'environnement, car ces substances illégales ne subissent pas les tests de sécurité rigoureux qui sont requis pour mettre les pesticides sur le marché. »

---

1. « Largest-ever seizure of illegal or counterfeit pesticides in Europol Silver Axe operation » (communiqué de presse), Europol, 11 juillet 2018.

Si l'on comprend aisément que cette fraude nous expose, ainsi que les agriculteurs, à de graves dangers et prive les fabricants d'un manque à gagner – l'industrie y perdrait environ 1,3 milliard d'euros, soit 14 % des ventes[1] –, je ne serais toutefois pas aussi affirmative quant aux « tests de sécurité rigoureux » commandés par les producteurs.

Stéphane Horel, journaliste au *Monde*, a en effet révélé[2], en février 2020, que le laboratoire LPT (Laboratory of Pharmacology and Toxicology) de Hambourg, aussi surnommé « le labo de la mort », a traficoté le résultat de tests servant aux firmes lorsque celles-ci les soumettent aux autorités afin d'obtenir une autorisation de mise sur le marché ou un renouvellement d'homologation de leurs produits. Or des dizaines de tests réalisés par ce labo avaient permis la prolongation de l'autorisation du glyphosate en 2017 à l'échelle européenne. Un militant de la cause animale infiltré, qui a obtenu en caméra cachée des images diffusées sur la chaîne allemande ARD, a été témoin de ce genre de fraude. « Au cours d'une étude menée pour le compte d'un autre laboratoire pharmaceutique, sud-coréen celui-là, un singe, mort au bout de six semaines, a été remplacé par un autre, vivant. Ni vu ni connu : les résultats ont ainsi été falsifiés, raconte *Le Monde*. "C'est comme ça que ça marche, ici", lui a expliqué un employé. [...] Une femme se souvient d'avoir dû falsifier des données. "Si les résultats ne répondaient pas aux attentes, on me demandait de les améliorer", relate-t-elle. Dans un dernier cas, enfin,

1. « Politique et législation de l'UE sur les pesticides. Analyse approfondie », EPRS, Service de recherche du Parlement européen, avril 2017.

2. Stéphane Horel, « En Allemagne, un laboratoire qui a testé le glyphosate mis en cause pour fraude », *Le Monde*, 11 février 2020.

les tumeurs développées par les animaux sont devenues de simples “inflammations” dans le rapport final. »

La France, gourmande de faux pesticides ?

Mais revenons à Silver Axe V, qui, de fait, a mobilisé énormément de moyens puisque s'y retrouvent l'Office de l'Union européenne pour la propriété intellectuelle (EUIPO), l'Office européen de lutte anti-fraude (OLAF), la DG de la Commission européenne responsable des politiques en matière de santé et de sécurité alimentaire (DG Santé), ainsi que l'Association européenne pour la protection des cultures (ECPA, lobby des fabricants de pesticides), l'Association européenne pour l'entretien des cultures (ECCA, lobby) et CropLife International (autre lobby des fabricants de pesticides). Et, bien sûr, les agences de contrôle nationales.

Pas moins de 260 enquêtes ont été ouvertes durant cette opération. Deux individus ont aussi été arrêtés tandis que huit investigations sont toujours en cours, en Belgique, en France, en Allemagne, en Pologne, en Slovénie et en Suisse. Une question me taraude : dans un pays comme la France, si gourmand en produits phytosanitaires, qui donc utilise de faux pesticides ? On l'ignore.

En Italie, les autorités ont saisi 16,9 tonnes de substances contrefaites (valeur : 300 000 euros) dans un entrepôt de la province de Viterbo. En Belgique, près de 800 tonnes suspectes en provenance de Chine et d'Inde ont été saisies en mars et avril 2020 au port d'Anvers, en pleine pandémie[1]. Des pesticides destinés au marché

1. « L'Unité nationale d'enquête de l'AFSCA réalise une importante saisie de pesticides » (communiqué de presse), Afsca, 28 avril 2020.

professionnel, précise Stéphanie Maquoi, porte-parole de l'AFSCA, l'Agence fédérale belge pour la sécurité de la chaîne alimentaire, qui déclare : « Bien que ces produits phytopharmaceutiques soient autorisés, leur teneur (et/ou la présence d'impuretés) dans certains [...] à usage professionnel n'était pas conforme à la législation européenne. De plus, certains documents fournis (certificats d'analyse, traçabilité, origine de la substance active...) n'étaient pas fiables. » Le Service fédéral de la santé publique a procédé à des rappels et a retiré l'autorisation de mise sur le marché d'herbicides à base de bentazone et de fongicides composés de Captan Tech[1]. En Belgique toujours, on a découvert aussi des pesticides non autorisés en provenance de Suisse acheminés vers Chypre, selon Europol.

Lorsque j'interroge l'ECPA sur les pesticides les plus contrefaits et ceux commercialisés en France, l'organisation (qui défend les intérêts des fabricants du secteur) me dit ne pas disposer de l'information.

Une chose est connue : les faux pesticides voyagent peu en avion, ils préfèrent le bateau. Les saisies l'attestent : ils arrivent *via* les grands ports maritimes du nord-ouest de l'Europe – Anvers, Hambourg et Rotterdam –, ainsi que de certains ports de la Méditerranée. Or la France est bordée par la Méditerranée ! Un rapport d'audit de la Commission européenne précise que ce n'est pas parce qu'on n'identifie pas de cas illégaux de produits phytosanitaires dans d'autres ports maritimes qu'Anvers, Hambourg ou Rotterdam qu'il n'y en a

1. Bernard Padoan, « Près de 800 tonnes de pesticides saisies par l'Afsca », *Le Soir*, 28 avril 2020.

aucun[1]. Conclusion : de faux pesticides passent entre les mailles du filet !

Il suffit que les marchandises soient placées en transit à leur arrivée en Europe pour que le tour soit pratiquement joué. « Si on veut éviter les contrôles dans le pays de consommation final parce que l'on sait que les contrôles douaniers de ce pays sont réputés plus stricts, on peut les mettre en transit vers un autre pays qui sera jugé moins tatillon, où cela passera plus vite, où le risque est moindre d'être contrôlé, m'explique un directeur de service douanier. Partout en Europe, on est censé appliquer les mêmes règles. Mais cette pratique permet de faire, après quelques montages juridiques, du "saute-mouton". » Une fois dédouanées sur le territoire européen, les marchandises ont le champ libre, si l'on peut dire : « Les produits phytosanitaires illégaux semblent circuler assez librement après être entrés par les grands ports maritimes ; l'État membre de première arrivée étant rarement celui de destination finale. » Il y a donc de fortes probabilités pour que les produits contrefaits débarqués à Rotterdam, Anvers ou Hambourg trouvent preneurs en France.

Łukasz Woźniacki, en charge des affaires publiques et de la lutte anti-contrefaçon au sein de l'ECPA, me confirme que l'industrie collabore avec les autorités et parfois même les forme : « La lutte contre les pesticides illégaux est un effort de collaboration totale avec tous les acteurs légitimes concernés. Chacun apporte ses ressources, son expertise et ses contributions là où elles sont nécessaires, rendant l'ensemble du processus aussi efficace

1. Cela n'exclut pas la possibilité que des cargaisons soient effectuées, mais ne soient pas détectées en raison d'un faible niveau (ou de l'absence) de contrôles.

que possible. Nous organisons des séminaires pour les services répressifs des pays de l'UE afin de les aider à identifier les produits contrefaits et à échanger sur les meilleures pratiques. Dans le cadre de notre coopération avec Europol sur l'opération Silver Axe, nous fournissons des connaissances techniques et nous partageons des renseignements.» L'industrie prend aussi la prévention très au sérieux. «Au cours de ces deux dernières années, précise-t-il, nous avons formé près de cent mille agriculteurs européens aux risques liés à l'utilisation de pesticides contrefaits ou illégaux, ainsi qu'à la manière d'éviter et de repérer ceux-ci. Nous menons des campagnes de communication avec les autorités afin de sensibiliser les communautés d'agriculteurs dans pas mal de pays, par exemple par le biais de sites Internet dédiés au sujet en Bulgarie, en République tchèque, en Pologne.»

En Italie et en Grèce, des lignes téléphoniques spéciales ont été mises en place pour signaler tout soupçon de vente/utilisation de produits contrefaits/illégaux. Et en France? En 2016, le ministère de l'Agriculture et de l'agroalimentaire s'associait à l'Union des industries de la protection des plantes (UIPP), pendant français de l'ECPA, mais aussi à FranceAgriMer, à des filières agricoles et à l'Onema (Office national de l'eau et des milieux aquatiques[1]) pour diffuser une brochure appelant à la vigilance. «Des phytos hors la loi, ce n'est pas pour moi», titrait la campagne. Trois ans plus tard, en 2019, les mêmes acteurs ont lancé une autre opération de mise en garde «pour lutter contre l'importation des phytos illégaux». Cette fois, le ton se faisait plus menaçant, car la communication, qui donne des outils aux

1. Depuis lors absorbé par l'Office français de la biodiversité.

agriculteurs pour se repérer, mettait surtout l'accent sur les sanctions. L'affiche présentait un bidon noir supposément de pesticides dans lequel on distinguait des barreaux de prison serrés par deux mains. Sous le dessin, des chiffres claquaient : «Jusqu'à 7 ans d'emprisonnement, jusqu'à 750 000 euros d'amende». Et, pour enfoncer le clou, était écrit : «La suppression totale des aides pendant plusieurs années». Autant dire : la mort de votre business, donc faites gaffe. La campagne sonnait comme un avertissement : «Phytos hors la loi, 100 % des fraudeurs risquent gros !»

En ligne

Et si les pesticides n'arrivent pas par la route, il suffit de les commander sur Internet, pardi ! Le glyphosate est interdit à la vente aux particuliers en France depuis le 1er janvier 2019. Nous, simples citoyens, n'avons pas le droit d'en utiliser, ni même d'en détenir un minuscule bidon en fond de remise. Pourtant, fin 2019, les sites de vente en ligne comme Amazon et eBay le commercialisaient toujours tranquillement.

Il a suffi à Dominique Le Goux, chargée de mission pesticides et santé au sein de l'association Eau et Rivières de Bretagne, de sortir sa carte bleue pour acheter le désherbant. Aujourd'hui, les bidons interdits qu'elle s'est procurés – du Roundup et du Barbarian 360, tous deux à base de glyphosate – attendent sous scellés dans l'armoire d'une gendarmerie des Côtes-d'Armor l'instruction de l'affaire et le procès à venir. Eau et Rivières a en effet porté plainte contre X, ciblant notamment Amazon et eBay accusés d'enfreindre la loi française.

Dominique Le Goux me raconte ne pas avoir eu d'autres choix, ayant constaté à plusieurs reprises ces dernières années que pléthore de références interdites aux particuliers comme aux professionnels en France étaient aisément accessibles en ligne. En 2017 déjà, son association avait porté plainte contre eBay qui commercialisait des produits ne bénéficiant pas d'autorisation de mise sur le marché français, comme l'Amega, désherbant professionnel à base de glyphosate fabriqué en Allemagne. « On trouvait aussi des produits interdits sur le site Leboncoin qui, réactif, les a retirés immédiatement après mon signalement. Le site Cdiscount s'est aussi rapidement mis dans les clous », énonce-t-elle. Rebelote en février 2019, quand elle repère des dizaines de produits à base de glyphosate sur Amazon. Elle porte plainte à la gendarmerie, une enquête a lieu. « On avait eu l'impression que le site avait fait un bon ménage de printemps, car il n'y en avait plus. Mais, après l'été, c'était reparti : des références interdites chez nous étaient de nouveau disponibles sur le Net », soupire Dominique Le Goux.

Amazon a réagi dans la presse en affirmant demander « à tous les vendeurs de se conformer aux politiques de vente de la plateforme ». Et déclaré avoir supprimé le produit en question et « mis en place des outils visant à s'assurer que des produits interdits n'aient pas leur place dans notre boutique ». Se réfugier derrière la responsabilité des vendeurs n'est pas une réponse satisfaisante pour la chargée de mission d'Eau et Rivières. « On ne trouve pas, sur Amazon, des armes en vente libre ou des services de prostitution, commente-t-elle. Alors pourquoi des pesticides interdits ? Amazon sait faire le tri, configurer ses algorithmes et appliquer la loi quand elle veut. »

De son côté, eBay affirme que « la vente illégale de pesticides y est strictement interdite. Nous supprimons toutes les annonces proposant des produits interdits qui nous sont signalés».

Dominique Le Goux s'en prend également à la faiblesse des effectifs de l'inspection de l'environnement. «L'Office français de la biodiversité [sous la tutelle du ministère de l'Écologie] ne peut pas jouer correctement son rôle de police environnementale, en raison de la baisse des moyens et des personnels. Il n'y a quasiment plus d'agents pour aller sur le terrain. Comme dans bien d'autres domaines, l'action de l'État n'est pas à la hauteur de ses engagements. Des mesures fortes sont votées pour protéger l'environnement, les citoyens, c'est bien. Mais ensuite les pouvoirs publics ne se donnent pas les moyens de faire respecter la réglementation», déplore-t-elle.

Frauder pour contourner l'interdiction du glyphosate

À Bruxelles, la question du renouvellement de l'autorisation du glyphosate (qui compose le tristement célèbre Roundup) dans l'Union européenne pour les agriculteurs continue de faire débat.

Les arguments ne manquent pas[1] pour le faire interdire sans attendre : sanitaires, éthiques, environnementaux, agronomiques. Herbicide le plus vendu au monde, le glyphosate a ainsi été classé parmi les cancérigènes probables chez l'homme en 2015 par le Centre international de recherche sur le cancer (CIRC), agence de l'Organisation mondiale de la santé[2].

1. Stéphane Foucart, «Le désherbant Roundup classé cancérogène», *Le Monde*, 25 mars 2015.

2. Le fait de m'intéresser à cette question m'a valu, aux côtés de près de deux cents personnalités, d'être fichée par la firme de relations publiques

L'Europe a pourtant prolongé son autorisation pour cinq ans en novembre 2017. Sur ce, le président Emmanuel Macron a pris l'engagement d'interdire son utilisation en France « au plus tard dans trois ans ». Plus d'un demi-million de personnes en France ont, depuis, signé une pétition[1] (lancée par foodwatch avec des dizaines d'organisations de la société civile[2]) lui demandant de tenir sa promesse. Aujourd'hui, à quelques mois de l'échéance, le débat politique fait rage et préoccupe l'Office central de lutte contre les atteintes à l'environnement et à la santé publique (OCLAESP), qui tient à l'œil cette substance. Car l'interdiction serait une nouvelle occasion en or pour les fraudeurs ! Yannette Bois, commissaire de police adjointe du chef de l'OCLAESP, pense[3] en effet que « l'interdiction éventuelle pourrait donner lieu à de futurs trafics ». Des trafics qui existent déjà, surtout quand les réglementations varient d'un pays à l'autre, explique-t-elle : « En Allemagne, les normes sont plus souples qu'ici. Un agriculteur français

FleishmanHillard pour le compte de Monsanto/Bayer. Voir : « Soupçon de fichage illégal par Monsanto : une enquête judiciaire ouverte et de nouvelles plaintes en préparation », *Le Monde* (source AFP), 10 mai 2019.

1. bit.ly/fwPetitionGlyphosate

2. foodwatch, Générations Futures, Greenpeace, Fondation Nicolas Hulot, Agir pour l'Environnement, Les Amis de la Terre, Justice Pesticides, LPO, Fédération Artisans du Monde, ATTAC France, UFC-Que Choisir, Confédération Paysanne, Collectif de soutien aux victimes des pesticides de l'Ouest, Bio Consom'acteurs, Bloom, Réseau Environnement Santé (RES), Terre d'abeilles, Syndicat national d'apiculture, Solidaires, Miramap, Commerce équitable France, Union nationale de l'apiculture française, WeMove.eu, WECF, La Ligue contre le cancer, Alerte des médecins sur les pesticides, Réseau Action Climat, CCFD-Terre Solidaire, France Nature Environnement, WWF, CCLV, PowerFoule, Terre & Humanisme, Slow Food en France, Alliance Slow Food des Cuisiniers, SumOfUs, Mouvement de l'agriculture biodynamique, SOL – Alternatives agroécologiques et solidaires.

3. Nelly Terrier, « Comment travaillent les enquêteurs de l'Office contre les atteintes à l'environnement », *Le Parisien*, 11 septembre 2019.

confronté à un gros problème d'insectes va pouvoir commander sur Internet des produits qui viennent d'ailleurs, plus chargés en matière active. Il n'a pas le droit si le produit n'a pas ou plus d'autorisation de mise sur le marché en France, mais ça arrive de plus en plus[1]. »

De fait, le trafic de pesticides interdits en France mais autorisés dans d'autres pays va bon train. À Créances, dans la Manche, une vingtaine de personnes, dont plusieurs producteurs de légumes, ont ainsi importé d'Espagne 80 tonnes de produits phytosanitaires à base de dichloropropène[2], substance interdite depuis 2018 car reconnue cancérogène probable. Le pesticide avait été utilisé notamment sur les parcelles de carottes, la ville étant connue pour ses carottes des sables qui bénéficient d'une AOP et du Label rouge. Prises la main dans le sac, cinq entreprises de maraîchage refusèrent pourtant la destruction d'une partie de leur production. Il a fallu que le juge des référés du tribunal administratif de Caen intervienne, en décembre 2020, pour y mettre de l'ordre[3].

OGM partout

Des tonnes d'organismes génétiquement modifiés (OGM) interdits sont entrées dans la chaîne alimentaire depuis des années sans qu'on ait su où précisément, ni dans quel aliment. Et ce en flagrante violation du principe

1. En 2019, le réseau d'alerte européen (RASFF) a recensé plus de 300 produits contenant soit un pesticide interdit, soit des résidus trop élevés par rapport à ce qui est autorisé au sein de l'Union européenne.

2. Davy Delmotte, « Créances. 14 maraîchers suspectés de trafic et d'usage d'un produit interdit », *La Manche libre*, 19 novembre 2020.

3. « La justice valide la destruction de carottes dans la Manche », Terre-net (source AFP), 14 décembre 2020.

de précaution, doublée d'une opacité rare de la part des autorités[1].

C'est grâce aux révélations du journaliste Stéphane Mandard du *Monde*[2] que l'on a découvert qu'un OGM non autorisé, fabriqué en Chine, avait tranquillement pénétré le marché européen, et vraisemblablement nos estomacs puisqu'il était destiné à l'alimentation des animaux dont on se nourrit ensuite. Vingt pays, dont treize en Europe – France comprise –, étaient concernés par l'alerte lancée par la Belgique suite à un contrôle officiel de fin 2018. D'après *Le Monde*, la société chinoise Shandong aurait vendu en Europe au moins 8 000 tonnes de l'OGM interdit cette année-là *via* une entreprise néerlandaise : Trouw Nutrition.

En approfondissant le sujet[3], j'ai découvert qu'il s'agissait de vitamine B2 servant d'additif dans les aliments destinés aux animaux, riboflavine 80 % produite par une bactérie génétiquement modifiée, le *Bacillus subtilis* KCCM-10445. L'Autorité européenne de sécurité alimentaire (EFSA) est consciente que : « L'additif présente un risque pour les espèces cibles, les consommateurs, les utilisateurs et l'environnement, en raison de la propagation potentielle de cellules viables et d'ADN d'une souche génétiquement modifiée contenant des gènes codant pour la résistance à des antimicrobiens importants du point de vue de la santé humaine et animale » (antibiorésistance). L'Allemagne avait tiré la

1. Interpellée par foodwatch en novembre 2018, la Direction générale de l'Alimentation (ministère de l'Agriculture) n'a jamais répondu aux questions légitimes que se posent les consommateurs.

2. Stéphane Mandard, « Un OGM interdit détecté dans des tonnes d'aliments pour animaux d'élevage en Europe », *Le Monde*, 22 novembre 2018.

3. « Des tonnes d'OGM interdit dans la chaîne alimentaire depuis des années : nouvelles révélations » (communiqué de presse), foodwatch, 29 novembre 2018.

sonnette d'alarme et prévenu la France ainsi que d'autres États membres de l'UE en 2014 pour un problème similaire. En 2015, six chercheurs français et belges avaient publié des travaux sur la détection de ce «*Bacillus subtilis* non autorisé par l'Union européenne». En 2016, des experts de l'Office fédéral allemand de protection des consommateurs et de sécurité alimentaire (BVL), ainsi que d'autres autorités de l'UE, après des recherches conjointes, avaient conclu que ces aliments pour animaux n'auraient pas dû être vendus. On ne peut donc dire que les autorités ne savaient pas. Mais jamais nous n'avons su où ces OGM ont fini !

TIAC !

Le terme sonne comme un claquement ou comme le son du couteau quand il émince un légume sur une planche de cuisine. TIAC est en fait un acronyme. Celui de la toxi-infection alimentaire collective. À savoir les aliments qui rendent carrément malades : salmonelle, *Escherichia coli*, *Listeria monocytogenes*, etc. Derrière les noms savants de ces bactéries retrouvées dans la charcuterie, les fruits de mer, le fromage, les légumes, etc., se cachent autant de symptômes aux conséquences parfois mortelles[1].

Évidemment, les toxi-infections alimentaires collectives ne sont pas toutes la conséquence d'une fraude. Rappelons que, d'après la Commission européenne, il y a fraude alimentaire lorsque des personnes ou des entreprises trompent intentionnellement les consommateurs, obtenant un avantage injuste et violant la législation sur la chaîne

1. Les infections d'origine alimentaire regroupent des infections très diverses, dues à plus de deux cents bactéries, virus, parasites et agents non conventionnels.

agroalimentaire. Reste que la multiplication voire la récidive de ces maux au sein d'entreprises ou concernant des produits précis pose la question de la responsabilité des autorités, comme des fabricants et des distributeurs. S'il est compliqué de démontrer l'intention d'un fabricant de tromper le consommateur en vendant des produits contaminés, surgit le doute sur une forme de négligence coupable, négligence qui fait des malades et parfois des morts sans que des sanctions dissuasives tombent. Les retraits-rappels surviennent trop tard, la plupart du temps quand ont déjà été ingérés les produits défectueux, voire dangereux. Tant pis.

En 2018, le nombre de TIAC rapportées en France[1] était en augmentation (+ 24 %) par rapport à l'année précédente : 1 630 toxi-infections alimentaires collectives déclarées, affectant 14 742 personnes, dont 5 % s'étaient présentées à l'hôpital[2] et 2 étaient décédées. Des chiffres – publics – bien en deçà de la réalité, puisqu'il faut que les malades se présentent chez le médecin ou à l'hôpital pour que la TIAC soit comptabilisée. Or, souvent, les consommateurs vomissent ou endurent une vilaine diarrhée en se disant qu'il s'agit d'une intoxication alimentaire et que cela va passer. Donc sans se rendre aux urgences. On n'y va pas « pour si peu ».

Dix chercheurs de Santé publique France ont tenté de mesurer l'étendue du phénomène[3]. Et ils estiment

1. « Surveillance des toxi-infections alimentaires collectives. Données de la déclaration obligatoire, 2018 », Santé publique France, 30 mars 2020.

2. Hospitalisation ou passage aux urgences.

3. Dieter Van Cauteren, Yann Le Strat, Cécile Sommen, Mathias Bruyand, Mathieu Tourdjman, Nathalie Jourdan-Da Silva, Élisabeth Couturier, Nelly Fournet, Henriette De Valk et Jean-Claude Desenclos, « Estimation de la morbidité et de la mortalité liées aux infections d'origine alimentaire en France métropolitaine, 2008-2013 », Santé publique France, 21 août 2017.

entre 1,28 et 2,23 millions le nombre de cas annuels de maladies infectieuses d'origine alimentaire, dont 15 800 à 21 200 hospitalisations et entre 232 et 358 décès. C'est énorme. La morbi-mortalité attribuable aux maladies infectieuses d'origine alimentaire reste élevée, selon Santé publique France. En effet !

Pire : durant les premiers mois de 2020, en pleine crise du Covid-19, les intoxications alimentaires impliquant un réseau international (c'est-à-dire plusieurs pays) ont doublé dans le monde – oui, doublé – par rapport à fin 2019, d'après INFOSAN[1], le Réseau international des autorités de sécurité sanitaire des aliments de l'OMS.

La presse pullule de cas choquants. Dont, heureusement, les victimes réchappent la plupart du temps. Mais, même en France, il arrive qu'on meure d'intoxication alimentaire.

Si les TIAC sont particulièrement dangereuses pour les personnes âgées, en 2011, c'est un adolescent de quatorze ans, Benjamin Orset, qui est décédé à Oppède (Vaucluse), après s'être levé la nuit pour vomir et plaint de nausées et maux de tête. La veille, la famille avait dîné au Quick Cap Sud d'Avignon. L'autopsie a révélé que le garçon avait succombé à une toxi-infection alimentaire provoquée par un staphylocoque doré, selon *Le Parisien*[2]. Sept ans plus tard, en appel, le gérant fut condamné à deux ans de prison et 50 000 euros d'amende. Des contrôles réalisés dans son établissement le jour du décès avaient révélé de nombreux manquements

1. Joe Whitworth, « Salmonella back to main cause of incidents involving INFOSAN », Food Safety News, 29 avril 2020.

2. « Décès d'un ado après un repas au Quick d'Avignon : la condamnation de l'ex-gérant confirmée », *Le Parisien* (source AFP), 27 novembre 2018.

à l'hygiène, dont cinq non-conformités majeures. Une inspection arrivée trop tard, malheureusement.

Discrets rappels

On l'a vu à plusieurs reprises dans ce livre, en France, quand le risque sanitaire devient trop grave, ou trop évident, les produits contaminés sont rappelés. Mais bien discrètement, avec des affichettes posées par-ci par-là dans les supermarchés, pas toujours au bon rayon, souvent à l'accueil, et il faut vraiment vouloir obtenir l'information. De fait, les marques comme les producteurs se gardent de claironner sur leurs réseaux sociaux ou leur site Internet ces problèmes graves. Quant aux pages de rappel « qualité » de la grande distribution, elles sont bien planquées dans le World Wide Web : l'info existe quelque part, mais il faut être motivé – et aguerri – pour y accéder. Parfois, certaines percent et font l'objet d'un communiqué de presse sur les sites de la Répression des fraudes, de la Direction générale de l'alimentation ou du ministère de la Santé, mais la diffusion de telles alertes n'a rien de systématique. Le commun des mortels est en droit de se demander pourquoi, alors même qu'elles concernent un risque pour la santé, que c'est un sujet avec lequel on ne devrait pas badiner. On nous promet, depuis le scandale du lait infantile Lactalis contaminé à la salmonelle (décembre 2017), un site Internet unique qui concentrerait toutes ces informations cruciales. À l'heure où je rédige ces lignes, soit plus de deux ans et demi après l'affaire et malgré la parution d'un rapport d'enquête de l'Assemblée nationale visant à en tirer les enseignements, sans oublier les recommandations de la Cour des comptes en 2019, le projet n'a toujours pas vu le jour. Il se murmure que le site verrait le jour en avril 2021 ; nous verrons.

L'affaire Lactalis

À croire qu'on n'a tiré aucune leçon du scandale Lactalis, cette méchante affaire de TIAC à l'échelle planétaire avec lait infantile contaminé à la *Salmonella agona* sorti de l'usine de Craon qui a fini dans 86 pays !

Ce scandale sanitaire, découvert en décembre 2017, aurait pu et dû être évité. Notre système défaillant, qui faisait intervenir l'entreprise, des laboratoires, des distributeurs et même diverses autorités[1], a mis en danger la vie de dizaines de nourrissons.

Rappelons les faits. Des bébés ont consommé du lait infantile contaminé à la salmonelle depuis 2005 – comme a fini par l'admettre[2] le PDG de Lactalis, Emmanuel Besnier –, puisque la *Salmonella agona* retrouvée en 2017 est la même, selon l'institut Pasteur, que celle présente dans l'environnement du site depuis plus de douze ans, bactérie qui aurait été « libérée » lors de travaux.

En 2005, des produits infantiles contaminés sortis de l'usine de Craon avaient rendu plus de 140 enfants malades. Si Lactalis a racheté le site de production en 2006, l'entreprise et les autorités n'auraient-elles pas dû surveiller les lieux de plus près ? Et les autocontrôles menés en août et novembre 2017, révélant la présence de la *Salmonella agona*, ne devaient-ils pas conduire à un suivi du risque bien plus sérieux ?

1. « Scandale Lactalis. foodwatch porte plainte et accuse : tous responsables ! » (communiqué de presse), foodwatch, 14 février 2018.

2. « Lactalis "ne peut exclure" que des bébés aient consommé du lait contaminé entre 2005 et 2017 », *Le Point* (source AFP), 31 janvier 2018.

Le code de la consommation est clair sur ce point et Lactalis le plus grand groupe laitier mondial ; donc il connaît les règles. Une défaillance que le ministre de l'Économie, Bruno Le Maire lui-même, a notée[1] en décembre 2017 : « Les mesures prises par l'entreprise n'étaient pas de nature à maîtriser le risque de contamination de produits destinés à l'alimentation d'enfants en bas âge. » Mais il a fallu que le signal vienne du ministère de la Santé, qui avait observé un pic de salmonellose chez les enfants, pour que la vérité apparaisse !

Soyons clairs : la ligne de défense du groupe consistant à dire que la salmonelle était « seulement » présente dans l'environnement de l'usine et non dans le produit est très contestable. Les autocontrôles menés par Lactalis en août et novembre 2017 avaient déjà révélé la présence de *Salmonella agona* dans l'usine de Craon. Dès que l'entreprise avait eu connaissance d'éléments pouvant faire douter de la conformité et de la sécurité de ses produits, n'aurait-elle pas dû informer et signaler ? Elle ne l'a pas fait.

Lors de son audition devant une commission spéciale à l'Assemblée nationale[2], en juin 2018, le PDG de Lactalis, Emmanuel Besnier, a déclaré : « Je crois que nous avons pris, chaque fois, les mesures nécessaires. Dans la gestion de cette crise, on a tout fait pour que ça se passe bien. » Le dirigeant du groupe laitier a tout de même renvoyé la balle aux laboratoires : « Nous ne voulons pas nous défausser, mais les laboratoires ne nous ont pas alertés.

1. « Contamination à *Salmonella agona* de jeunes enfants : extension des mesures de retrait-rappel de produits de nutrition infantile » (communiqué de presse), ministère de l'Économie et des Finances et ministère des Solidarités et de la Santé, 10 décembre 2017.

2. « Affaire Lactalis : les députés ont mis le P-DG sur le gril », *Ouest France*, 7 juin 2018.

Or, quand les échantillonnages ont été refaits, ensuite, certains se sont révélés positifs», a-t-il ajouté.

Les distributeurs quant à eux avaient une triple obligation d'information et de signalement de non-conformité du produit : envers les autorités, envers Lactalis, leur fournisseur, et envers les consommateurs. Or certains supermarchés ont continué à vendre des milliers de boîtes rappelées. Plusieurs consommateurs leur ont signalé la présence dans les rayons de lots qui auraient dû être retirés, sans réaction dans bien des endroits.

Chez foodwatch, au cœur de la crise, le téléphone n'arrêtait pas de sonner. Des parents, affolés, racontaient avoir retrouvé des boîtes entamées rapportées au supermarché remises en rayon le lendemain même! Pendant des heures, l'effarement a succédé à l'indignation. Pendant des jours, j'ai récolté des témoignages de parents découvrant que le lait rappelé était donné à leur tout-petit à la crèche ou encore en vente chez Intermarché, Casino, Leclerc, Auchan, Monoprix et Super U. Que parfois des échantillons étaient encore distribués aux caisses ou chez les pédiatres. Choqués et parce que la loi est avec eux, ils ont décidé de porter plainte.

Le récit de Victor est éclairant sur la négligence avec laquelle la grande distribution a «géré» cette affaire. Mi-décembre 2017, ce papa déterminé achète quatre boîtes de lait Milumel en ligne sur le site d'Auchan; deux s'avéreront concernées par le rappel de lots contaminés. À plusieurs reprises, il alerte Auchan par e-mail. Chaque fois, le distributeur le renvoie vers Lactalis; à croire qu'il s'en lave les mains. Victor ne lâche rien et finit par parler à la directrice du service client. De qui il n'obtient aucune réaction. Il interpelle alors Auchan sur Twitter, mais, là encore, aucune réponse. Fin décembre, excédé, il écrit au médiateur de la grande distribution à la

Fédération du commerce et de la distribution (FCD), pour lui faire part du manque de considération et d'écoute dont il fait l'objet. « Nous avons un sentiment de perte de confiance totale envers notre enseigne de prédilection, qui n'a pas su, en l'espace de quatre jours, isoler de la vente des produits potentiellement dangereux, faisant partie de productions directement responsables de la contamination à la salmonelle de plus de 26 enfants en bas âge, et ainsi protéger de la façon la plus efficace notre jeune fils », écrit Victor. Le médiateur, ancien directeur des partenariats chez Auchan, n'accuse réception du message que le 4 janvier… et renvoie la balle à Auchan Direct. En janvier, c'est donc le directeur d'Auchan Direct qui le rappelle : « Ce monsieur m'a demandé des nouvelles de mon fils, alors qu'Auchan ne s'en était pas préoccupé depuis plus de trois semaines, s'agace Victor. Au téléphone, il admet qu'ils ont eu des loupés dans leur communication et au niveau de la logistique. Un mois après les faits, il m'offre un bon d'achat de 200 euros. Un geste commercial en dédommagement des désagréments subis. » Mais Victor, furieux, n'utilisera jamais ce bon. Mi-janvier, le papa reçoit en outre un e-mail, envoyé certainement à une multitude de gens par Auchan, afin de lui conseiller de ne pas consommer les produits achetés… un mois auparavant ! Ubuesque.

À peu près au même moment, le 11 janvier 2018, Bruno Le Maire, ministre de l'Économie et des Finances, et Stéphane Travert, ministre de l'Agriculture et de l'Alimentation, reçoivent les acteurs de la grande distribution pour « faire un point sur la situation concernant les produits Lactalis contaminés par une salmonelle et les rappeler à leurs obligations ». Un comble ! Là, les grandes chaînes de distribution feront leur mea culpa[1], blâmant surtout le chaos des rappels successifs de Lactalis, mettant en avant le rush de Noël ou des erreurs humaines. Dans l'immédiat, alors qu'ils ont enfreint la réglementation des retraits-rappels, ils s'en tirent sans plus de secousses, avec juste l'obligation de, désormais – enfin –, bloquer en caisses les produits rappelés. Ce qui nous a fait découvrir que ce système simple n'était pas encore déclenché !

Dans l'affaire, la DGCCRF (rattachée au ministère de l'Économie) aurait réalisé plus de 6000 contrôles entre décembre 2017 janvier 2018. Mais les seules informations rendues publiques à ce sujet ont été révélées par *Le Canard enchaîné*[2] en janvier et février 2018, données que Lactalis conteste. L'inspection vétérinaire (ministère de l'Agriculture) réalisée en septembre 2017 au sein de l'usine de Craon n'a « rien vu », assène l'hebdomadaire satirique. Comment serait-ce possible ? Parce que, lorsque le groupe d'enquête nationale des Fraudes (ministère de l'Économie) contrôle l'usine, le 2 décembre, celle-ci est « plombée par les salmonelles », écrit le journal. L'article du *Canard* sème donc le doute. Certains savaient-ils ? Qui aurait minimisé le risque ? D'autres auraient-ils occulté la vérité, voire protégé certains intérêts ? Ces autocontrôles ont-ils été réalisés scrupuleusement, au sein de Lactalis comme du laboratoire auquel l'usine confiait des échantillons ? Ont-ils révélé un risque pour les bébés ?

1. Hayat Gazzane, « Lactalis : comment se déroule la procédure de rappel ? », *Le Figaro*, 11 janvier 2018.
2. Christophe Labbé, « Lait infantile : les contrôleurs étaient aveugles », *Le Canard enchaîné*, 3 janvier 2018.

Des labos sous pression ?

Au fond, le problème, c'est que les entreprises n'ont aucun intérêt à communiquer sur les irrégularités qu'elles découvrent, préfèrent régler le problème en secret et tendent à « oublier » de faire remonter certaines informations aux autorités. Cette affaire a clairement mis en exergue le fait que trop dépendre du système d'autocontrôles, qu'accorder une confiance aveugle aux industriels ne fonctionnait pas. Emmanuel Besnier lui-même s'étonne[1] que le laboratoire auquel son usine confiait les tests des échantillons, n'ait jamais donné de résultats positifs à la bactérie depuis tant d'années. Qui était coincé par qui et quoi ?

Dans les couloirs de conférences réservées aux professionnels du secteur auxquelles j'ai assisté, plusieurs responsables de laboratoires m'ont confié que de gros clients – entreprises agroalimentaires, notamment – leur avaient parfois demandé de produire des résultats de tests plus favorables. Qui, quand ce n'était pas possible, claquaient la porte pour aller vers des labos qui, eux, joueraient le jeu… Loin de nous l'idée de penser que le labo évoqué ait eu cette habitude, mais on constate un vrai hiatus.

Identifié par la Cour des comptes[2] voici quelques années : « L'obligation de transmettre des résultats d'analyse non conformes ne pèse aujourd'hui que sur les professionnels, alors même que cette communication est contraire à leurs intérêts. Le code rural et de la pêche maritime prévoit la possibilité d'obliger les laboratoires à transmettre les résultats non conformes dès lors que ces

1. « Lactalis "ne peut exclure" que des bébés aient consommé du lait contaminé entre 2005 et 2017 », art. cité.

2. « Rapport public annuel 2014, tome I, volume 1-1, la sécurité sanitaire de l'alimentation », déjà cité.

non-conformités présentent un risque pour la santé publique, mais les arrêtés d'application prévus n'ont pas été pris. »

En 2018, la loi promulguée dans la foulée des États généraux de l'alimentation était censée améliorer la situation, mais elle a déchargé les laboratoires de toute obligation d'alerte, alors qu'ils sont bien placés pour savoir si un aliment est préjudiciable à la santé humaine. L'article 50 du texte du 20 octobre 2018[1] reporte en effet la responsabilité sur le seul propriétaire ou détenteur du résultat d'examen. Les secrets – informations cruciales pour la santé publique – seront donc encore bien gardés, à l'ombre des laboratoires… sauf si les autorités demandent expressément de les communiquer ! Mais comment celles-ci auraient-elles la puce à l'oreille ? Sur son site Internet, le labo Eurofins rassure ses clients – pour mémoire, les plus grands noms de l'industrie agroalimentaire – en ces termes : « Les laboratoires Eurofins Microbiologie ne transmettent donc pas directement les résultats défavorables, obtenus dans le cadre de votre plan d'autocontrôle, aux services officiels sans sollicitation expresse de leur part. » Voilà qui a le mérite d'être clair !

Une note d'instruction technique de la DGCCRF et de la DGAL précise en outre que « l'article 50 ne prévoit pas de nouvelles dispositions sur la gestion de la maîtrise des risques sanitaires par l'exploitant. Le fait nouveau introduit est l'obligation de l'information immédiate de la direction départementale en charge de la protection des populations (DDCSPP) par l'exploitant lorsque

1. Loi n° 2018-938 du 30 octobre 2018 pour l'équilibre des relations commerciales dans le secteur agricole et alimentaire et une alimentation saine, durable et accessible à tous.

celui-ci considère que, sur la base d'un résultat d'autocontrôle défavorable, les produits sont susceptibles d'être préjudiciables à la santé humaine ou animale même s'ils n'ont pas été mis sur le marché». Lorsque l'exploitant «considère» …

Une directrice de laboratoire ayant participé aux négociations de révision de la loi, avec une douzaine d'autres laboratoires, me raconte qu'il a été question d'obliger les labos à informer les autorités, mais que l'idée a été rejetée. «On a fait les comptes, dit-elle, et il y avait beaucoup trop d'alertes – plus de 800 par jour, rien que pour la douzaine de laboratoires présents aux réunions. Nous nous sommes rendu compte que les autorités ne parviendraient pas à les absorber avec le peu de personnel disponible au sein des DDPP.» Avec une telle loi, si les pouvoirs publics n'ont pas connaissance des résultats préjudiciables à la santé humaine, les autorités n'auront aucune obligation de s'en occuper… et ne seront pas hors cadre! *No comment!* Chacun jugera.

S'il faut blâmer Lactalis pour le danger sanitaire encouru depuis 2005, force est de constater que la grande distribution, les laboratoires et surtout l'État ont failli eux aussi à l'obligation de garantir notre sécurité alimentaire. Car c'est bel et bien l'État qui, *in fine*, doit établir un système de contrôle et de surveillance capable de couvrir toutes les étapes, de la production à la distribution; une exigence écrite noir sur blanc dans le règlement CE 178/2002, notre bible à tous en la matière[1]. Les nombreux

1. L'article 1er du règlement CE 2073/2005 prévoit, dans le même sens, que l'État vérifie le respect des règles et des critères microbiologiques, sans préjudice de son droit d'entreprendre d'autres échantillonnages et analyses, dans le cadre soit d'une vérification de procédé, pour les denrées alimentaires suspectées de présenter un danger, soit d'une analyse des

parents auxquels j'ai parlé espèrent de tout cœur que le procès à venir, suite à leur plainte déposée conjointement avec foodwatch en février 2018, établira clairement les responsabilités et aboutira à des sanctions exemplaires.

---

risques. Enfin le code rural et de la pêche maritime français prévoit quant à lui deux types d'obligations à la charge de l'État : une obligation de surveillance et de prévention, et une obligation de contrôle.

7

Faux breuvages : pourvu qu'on ait l'ivresse ?

« Il y a des sentiments qu'on a à l'estomac. »

Jacques Brel

Mortelle gorgée

Cette bouteille de vin rouge avait franchement de l'allure : classe, une étiquette noire à l'écriture blanche : un RED Merlot Cabernet Sauvignon Black & Bianco 2016. Quand Evi, quarante et un ans, originaire de Puurs (à une demi-heure de route au nord de Bruxelles), en avale à peine une gorgée, elle perçoit tout de suite qu'il a un goût étrange, raconte[1] un témoin. Elle ignore alors que cette gorgée de vin mènera au drame relaté ensuite dans les pages des faits divers. Evi a juste le temps de jeter la bouteille, fait un malaise et perd connaissance. Elle décède cinq jours plus tard, en décembre 2019, à l'hôpital de Saint-Nicolas, d'une… overdose, alors qu'elle

1. « Le parquet alerte sur du vin contenant de la drogue : la bouteille aurait été frauduleusement manipulée », *Le Soir* (source Belga), 27 février 2020.

ne consommait pas de drogue dure ! La bouteille de vin en question contenait une dose mortelle de MDMA et de MDA (méthylènedioxyméthamphétamine, molécule de la famille des amphétamines), principe actif de l'ecstasy, dont la consommation talonnerait celle de la cocaïne depuis quelques années.

C'est le bouchon qui mit les enquêteurs sur la piste d'une manipulation frauduleuse. La bouteille originelle est scellée par un bouchon noir et flanquée du logo blanc Black & Bianco, or celle d'Evi contenait un bouchon brun. D'où la suspicion d'un lien avec un trafic de stupéfiants auquel la marque de vin est bien entendu totalement étrangère. Selon les médias belges, « ce ne serait pas la première fois que des gangs de trafiquants mélangent de la MDMA dans un liquide pour faire entrer clandestinement de la drogue dans le pays. Une fois les flacons arrivés à destination, les dealers peuvent recristalliser la MDMA avec une chimie simple pour en faire des pilules d'ecstasy ».

L'alcool qui rend aveugle

D'après l'OMS[1], un quart de l'alcool consommé dans le monde provient de canaux non officiels ; comprenez un alcool produit illégalement, hors de tout circuit de contrôle. Ce qui conduit à de graves conséquences pour la santé, ainsi qu'à des centaines de morts chaque année. En Afrique, 40 % de la consommation serait d'origine illicite[2] ! Le fléau des alcools contrefaits touche particulièrement le

1. « Global status report on alcohol and health », World Health Organization, 2014.
2. « Size and shape of the global illicit alcohol market », Euromonitor International, 2018.

continent africain, ainsi que l'Amérique latine, l'Asie et l'Europe de l'Est. Mais pas seulement, comme nous allons le voir.

De quoi parle-t-on ?

L'alcool frelaté est fabriqué à partir d'ingrédients bon marché, dont certains très toxiques pour l'homme. Le plus courant est le méthanol, peu cher, utilisé pour remplacer l'éthanol, substance chimique qu'on retrouve habituellement dans des produits industriels et ménagers comme l'antigel, le dissolvant ou le détergent lave-glace !

Avaler de l'alcool contenant même à dose minime du méthanol provoque de sérieux dommages : problèmes neurologiques, vertiges, ennuis gastro-intestinaux (nausées, vomissements), troubles ophtalmologiques voire comas (par détresse respiratoire).

En 2012, une fausse vodka a empoisonné de nombreuses personnes en République tchèque[1] : 47 en sont mortes et 80 s'en sont sorties, mais… en restant aveugles. De même en Israël en 2018[2], ce qui poussa le ministère de la Santé israélien à mettre en ligne les photos des bouteilles contrefaites pour alerter la population. Fin 2020, 80 personnes sont décédées en Turquie, surtout dans la région d'Izmir, après avoir consommé de l'alcool de contrebande[3].

En 2018, lors de l'opération Opson, l'alcool illicite fut même le produit le plus saisi avec près de 10 millions de litres ! Six cent cinquante-cinq saisies ont été opérées dans

1. Opson III, 2013.
2. Communiqué de presse, ministère de la Santé israélien, 15 août 2019.
3. « Death toll from bootleg alcohol rises to 80 across Turkey », *Hürriyet Daily News*, 25 octobre 2020.

31 pays, et l'immense majorité des produits frauduleux a été trouvée en Hongrie, au Portugal, en Grèce, en Italie et en Espagne.

Le palmarès de l'opération est éloquent : 71 usines impliquées dans la production d'alcool illicite ont été débusquées, 581 mandats d'arrêt délivrés, 177 mandats de perquisition émis et 24 organisations criminelles spécialisées dans le faux alcool démantelées.

Malgré cela, d'année en année, la menace ne se résorbe pas. Et la Hongrie, souligne le rapport, continue d'être une plaque tournante pour la contrebande en provenance de Roumanie, de Serbie, de Bulgarie et d'Ukraine. Opson VII a montré un autre pays touché : l'Italie, avec plus de 7,5 millions de litres d'alcool illicite saisis, principalement du vin qui se faisait passer pour une production locale mais n'en était pas. La manœuvre était classique : les fraudeurs réutilisaient des bouteilles originales, imprimaient de fausses étiquettes et falsifiaient les documents attestant l'origine. Quitte à frauder, ils mélangeaient aussi des vins bon marché issus de diverses régions de la Péninsule en les faisant passer pour des crus prestigieux de zones géographiques protégées, bien plus chers. En tout, cette année-là, les autorités italiennes ont délivré 24 mandats de perquisition, arrêté 16 personnes et démantelé 3 réseaux criminels. De son côté, la Grèce a démantelé une organisation qui contrefaisait plusieurs marques célèbres de boissons alcoolisées. Plus de 22 000 litres de spiritueux, vins, bières et alcools purs illicites ont été saisis.

Covid-19 : la prohibition favorise le trafic

Pendant le confinement dû au coronavirus, l'ennui, le stress ont poussé certains à augmenter leur consommation d'alcool. La pandémie a donc déroulé le tapis rouge au commerce d'alcools illicites. Au Mexique, certains États[1] ont interdit la vente de bière et d'autres produits pour tenter de dissuader les gens de se rassembler, mais cette prohibition a incité la population à s'approvisionner autrement. Avec un résultat catastrophique : près de 200 personnes sont mortes entre mai et juin 2020[2] dans huit États après avoir consommé des boissons frelatées.

De leur côté, les douanes britanniques[3] (HRMC, Her Majesty's Revenue and Customs) ont saisi pas moins de 50 millions de litres d'alcool illicite (pour une valeur de 106 millions de livres sterling) entre 2010 et 2015. Une goutte d'eau, puisque les autorités estiment à 1 million le nombre de mouvements d'alcool annuels entre le Royaume-Uni et les États membres de l'Union. On peut donc craindre que les usines où coulent à flots whisky et vodka, mais aussi vin frelatés inondent l'Europe. Pour tenter d'enrayer le phénomène, le gouvernement de Sa Majesté a investi 47 millions de livres sterling en 2015. Et s'est doté d'une panoplie de moyens comme les saisies (de marchandises, véhicules, argent liquide), les poursuites pénales et même de la prison pouvant aller jusqu'à sept ans, avec en outre un blâme public (ce qu'on appelle le *name and shame*).

---

1. Phil Taylor, « Another illicit alcohol tragedy as dozens killed in Mexico », Securing Industry, 14 mai 2020.

2. Axel Sánchez, « Hay otra "curva" que crece: aumenta consumo de alcohol adulterado y ya murieron 189 mexicanos », *El Financiero*, 12 juin 2020.

3. « The HMRC Alcohol Strategy. Modernising alcohol taxes to tackle fraud and reduce burdens on alcohol businesses », HM Revenue & Customs, mars 2016.

Il Vino protégé

Chez nos voisins italiens, le vin est une fierté nationale qui s'exporte bien. L'Italie est, à ma connaissance, le seul pays à avoir créé une base de données en ligne permettant au public de voir et retracer tous les mouvements liés aux vins produits sur son territoire, Sicile et Sardaigne comprises : c'est le Registro telematico del vino (RTV, registre télématique du vin), lancé le 1er janvier 2017 et destiné à aider les autorités à gérer rapidement le risque de fraude et à analyser la dynamique des marchés. Les registres indiquent la production, les mouvements et la transformation, qu'ils soient destinés au marché national ou à l'étranger. Dix-sept mille opérateurs viticoles sont contraints, par décret ministériel, d'y insérer nombre d'informations : les quantités produites, importées, stockées, celles déplacées d'un entrepôt à l'autre, embouteillées, vendues avec le numéro de lot très précis et à qui (supermarché, œnothèque, etc.), mais aussi le type de barrique (incluant la matière dans laquelle elle a été fabriquée), l'enrichissement du vin, etc. Cela demande du travail aux exploitants, puisqu'ils génèrent environ 20 millions d'opérations par an. Une marge d'erreur de 1,5 % est tolérée.

Avec l'usurpation des dénominations protégées, Rome ne rigole pas. L'Italie s'est dotée d'un arsenal administratif et pénal assez dissuasif : les amendes vont de 3 000 à 13 000 euros par… bouteille, m'ont indiqué fièrement les contrôleurs.

Pour l'analyse des risques et la programmation des contrôles, cet outil en ligne extrêmement détaillé est précieux. Avant même de se rendre sur place – sans prévenir –, les inspecteurs connaissent au litre près combien les cuves contiennent de vin, si celles-ci sont en bois, combien de bouteilles sont parties et où. C'est ainsi que l'ICQRF savait très précisément que, le 31 décembre 2018, par exemple, la quantité de vin présente dans le pays s'élevait à 58 530 736 hectolitres ! En 2019, 18 000 contrôles ont été pratiqués[1].

On pourrait penser cette surveillance très rapprochée de nature à décourager les fraudeurs. Même pas. En 2019, les inspecteurs ont relevé des irrégularités sur 15 % des produits contrôlés[2].

Je l'ai dit : les consommateurs ont également accès à l'information. L'ICQRF, équivalent italien de notre DGCCRF, met à disposition deux fois par mois les données actualisées sous le nom évocateur de Cantina Italia (« Cave Italie »). Depuis 2019, les données sont même traduites en anglais dans un document rendu public. Et le rapport d'activité annuel est également disponible en chinois, histoire que la République populaire note combien l'Italie vise la tolérance zéro en la matière.

Le zéro tolérance est indispensable avec un vin aussi emblématique que le prosecco, célèbre mousseux. À l'échelle mondiale, ses ventes sont actuellement en plein boom. Ainsi, au Royaume-Uni, il détrône le champagne. Un marché attractif, donc, pour les fraudeurs.

De fait, entre 2016 et 2018, 12,4 millions de bouteilles de faux[3] prosecco Doc (et de faux pinot grigio Doc)

---

1. En France, 13 942 ont fait l'objet de contrôles entre 2016 et 2018.

2. Celles-ci allaient de l'usurpation des labels de qualité pour de simples vins à l'ajout d'eau ou de sucre, en passant par la détention « en noir » (*in nero*, comme indiqué dans leur dernier rapport) de vin non déclaré ou encore des vins vendus comme biologiques mais qui s'avéraient chargés en résidus de produits phytosanitaires après analyses.

3. Roberto La Pira, « La maxi frode del falso Prosecco Doc della Cantina Rauscedo. 35 milioni di bottiglie coinvolte », Il Fatto alimentare, 14 février 2020.

auraient été vendues par la coopérative Cantina Rauscedo (dans la province de Pordenone). En 2018, les magistrats ont saisi 170000 hectolitres, soit l'équivalent de 22,4 millions de bouteilles. La chasse au faux prosecco va loin, puisque les autorités ont saisi l'année suivante, dans les supermarchés du Nord-Est, des chips Pringles au prosecco et poivre rose[1] contenant de la «poudre de prosecco». Pourquoi ? Parce que le vin pétillant est protégé par une dénomination d'origine contrôlée. Le journal britannique *The Times* raconte même que les autorités italiennes, décidées à ne rien laisser passer, ont aussi épinglé un gel lubrifiant au prosecco. On ne badine pas avec la dénomination ! Pas question de tromper le consommateur, y compris dans les moments les plus intimes.

Lorsque je rencontre, dans son grand bureau à Rome, Stefano Vaccari, chef de l'Inspection centrale pour la protection de la qualité et la lutte contre la fraude dans le domaine des produits agroalimentaires (ICQRF), il a les yeux qui pétillent à l'évocation de ses succès. En quelques heures, il a obtenu le retrait, à Londres, d'un distributeur de prosecco «Bank of bubbles» installé à la place d'un ancien distributeur de billets. Le bar Vagabond, devant lequel la machine jaune vif illuminait la rue, célébrait la fin du *Dry January* (le mois de janvier où on tente de ne pas boire d'alcool), mais diffusait un vin frauduleux. Vaccari l'a fait démonter grâce au soutien de la ministre de l'Agriculture italienne, s'appuyant sur l'article 13 du règlement européen 1151/2012 qui protège les appellations de toute usurpation.

1. Tom Kington, «Pringles fall foul of Italy's prosecco police», *The Times*, 17 octobre 2019.

À l'ICQRF, on traque depuis des années l'utilisation abusive de l'*italian sounding* (l'évocation frauduleuse de l'Italie), les produits qui évoquent une prétendue origine italienne ou utilisent des appellations protégées sans respecter le cahier des charges qui va avec. Barbara Catizzone, responsable de la communication à l'ICQRF aux côtés de Stefano Vaccari, a même fait l'acquisition d'un dictionnaire italien-mandarin «pour ses recherches sur Internet», me lâche-t-elle avec un naturel déconcertant.

Car, en ligne, on trouve de faux barolo, brunello et même de la poudre de chianti ! Une diffusion de faux dans laquelle les géants du Web ont une responsabilité, que la répression des fraudes italienne rappelle quotidiennement. Ainsi, l'ICQRF a conclu avec eBay et Alibaba en Chine des accords que j'ai pu consulter, dans lesquels ces commerçants s'engagent à ôter de leurs sites tout produit frauduleux. Amazon n'a pas signé le document mais collabore, m'assure-t-on. Les sites Internet devenant coresponsables de la fraude lorsqu'ils ont connaissance de l'infraction, ils doivent supprimer toute publicité (*take down*[1]) une fois la faute signalée *via* une plateforme mise à la disposition des agents de l'ICQRF.

Au cours des quatre dernières années, les interventions de l'organisme pour protéger les produits italiens hors des frontières et sur le Web ont été au nombre de 3 276 ; «un résultat dont aucun autre pays européen ne peut se vanter. Nous avons 99 % de succès», souligne Stefano Vaccari. Un modèle à suivre ?

1. C'est le «Notice and Take Down» prévu par la directive CE 2000/31 sur le commerce électronique.

Juteux business

En France, les vins et spiritueux constituent le deuxième poste d'excédent de la balance commerciale, juste après l'aéronautique. La production viticole réalise un chiffre d'affaires annuel de plus de 11 milliards d'euros, tandis que les spiritueux dépassent les 9 milliards par an. Les deux filières fournissent du travail à 150 000 personnes, selon la Fédération des exportateurs de vins et spiritueux de France.

La principale fraude n'est pas de nature à tuer ou rendre aveugles les consommateurs, comme c'est le cas avec le méthanol contenu dans l'alcool frelaté. Chez nous, on est bien plus créatif : vin, sucre et eau ajoutés au whisky (Charente-Maritime); «brandy français» fait à base de vin espagnol (Charente); vin bio dépassant le plafond de sulfites toléré à cause d'un ajout excessif de sucre (Côte-d'Or); mouillage (allongé à l'eau); mélanges de vins qui ne correspondent pas à la mention sur l'étiquette... La palette des pratiques illicites donne le tournis.

D'autres exemples? Parlons du vin de piètre qualité versé dans une bouteille d'origine avec étiquette authentique et bouchon qui inspirent confiance récupérée au sein d'un restaurant chic, puis vendue (opération reproduite à maintes reprises) sur le Net. De fait, on peut trouver en ligne des contenants vides prestigieux revendus quelques centaines d'euros la bouteille, preuve d'un marché lucratif. Par exemple, une bouteille de Château Lafite Rothschild 1982 vaudrait, vide, près de 1 000 euros. Oui : vide!

Historiquement, c'est une fraude au vin qui a conduit à la création de la Répression des fraudes en 1907[1].

1. «Le contrôle des vins et spiritueux : retour sur des affaires récentes de fraude», DGCCRF, 15 octobre 2019.

Parce que, au début du XXe siècle, une boisson sans raisin fabriquée à partir de sucre de betterave et d'arômes était commercialisée en tant que « vin ». Aujourd'hui encore, la DGCCRF s'intéresse de très près au secteur. Une cinquantaine d'agents répartis dans tout le pays, au sein de neuf brigades d'enquêtes vins et spiritueux (BEVS), effectuent des contrôles au stade de la production (vignerons, négociants vinificateurs, fabricants de produits œnologiques, distilleries) et de la distribution (cafés, hôtels, restaurants, grande distribution, commerces de détail, cavistes et sites Internet).

Et des fraudes, il y en a ! Le monde entier – surtout les États-Unis, la Chine et le Royaume-Uni – est friand des bouteilles tricolores. La France en exporte pour 14 milliards d'euros par an[1]. Un engouement qui vire à l'aubaine pour les margoulins. Ainsi, le Conseil interprofessionnel du vin de Bordeaux (CIVB) a porté plainte auprès des autorités chinoises pour contrefaçon de vins de Bordeaux protégés par une Indication géographique – 10 000 bouteilles ! Et a même obtenu une victoire historique au pénal. Le contrefacteur a, en effet, été condamné en juin 2020 par le tribunal de Pudong, à Shanghai, à une peine de 18 mois de prison avec sursis et à des amendes d'environ 20 000 euros[2].

En décembre 2020, près de Naples, les autorités italiennes ont, elles, démantelé un atelier empli de faux bouchons et étiquettes et débusqué près de 800 bouteilles de faux champagne Moët & Chandon Brut Impérial d'imitation bluffante[3]. En 2013, ce sont plus de

1. https://www.fevs.com/la-filiere/chiffres-cles

2. Une condamnation dont se félicitent les producteurs français qui y voient une sanction dissuasive et « une avancée très significative dans la lutte contre la contrefaçon entreprise par le CIVB depuis plus de dix ans ».

3. Valentina Corvino, « Sequestrati falso Moet & Chandon e olio Sapio », *Il Salvagente*, 14 décembre 2020.

4 500 bouteilles du même champagne qui avaient déjà été saisies dans cette région[1].

À l'été 2020, l'Espagne a démantelé un réseau de criminalité organisée qui avait engrangé près de 100 millions d'euros de profits en distribuant de faux alcools par le biais de sociétés créées dans plusieurs pays d'Europe, dont la France[2].

C'est bien simple : les derniers chiffres de l'Office de l'Union européenne pour la propriété intellectuelle estiment que 5,3 % des vins et spiritueux en Europe sont contrefaits[3].

Mais, s'il y a beaucoup d'argent à se faire, il y en a beaucoup, aussi, à perdre.

Fiona Morrison, propriétaire du Château Lafite à Pomerol, confiait dans une interview[4] au journal *L'Écho* que l'œnologue de Petrus estimait qu'il y avait plus de bouteilles de 1947 en circulation que la quantité réellement produite ! De fait, durant l'opération Opson 2020, parmi le 1,2 million de litres saisis figuraient, à côté de 1 million de bouteilles de champagne non conformes, plusieurs faux Petrus…

Les très vieilles bouteilles attisent l'intérêt des collectionneurs prêts à débourser de véritables fortunes : 175 000 dollars, par exemple, pour un Lafite 1787 vendu par Hardy Rodenstock chez Christie's à Londres[5], qui

---

1. « Moet & Chandon falso : sequestrate 4 500 bottiglie a Solofra », Orticalab, décembre 2013.

2. « Seis detenidos por adulterar y vender vino y alcohol en C-LM y Madrid, en un fraude que roza los 100 millones », La Cerca / EP, 13 juillet 2020.

3. « 2020 Status report on IPR infringement », EUIPO, juin 2020.

4. Stéphane Godfroid, « Les grands crus ne sont pas toujours authentiques », *L'Écho*, 26 avril 2018.

5. Mitch Frank, « Hardy Rodenstock, wine collector and alleged counterfeiter, is dead at 76 », *Wine Spectator*, 8 juin 2018.

portait les initiales de Thomas Jefferson. Soit, mais il s'agissait d'un faux, comme l'a démasqué le Centre d'études nucléaires de Bordeaux-Gradignan. Cet établissement a mis au point, il y a une quinzaine d'années, une datation des vins par quantification de la radioactivité résiduelle grâce à la « spectrométrie gamma à bas bruit de fond ». Qui a révélé le pot aux roses. Sans ouverture de la précieuse bouteille, les traces de césium 137 (radioélément produit par la fission de l'uranium) mesurées ont établi que ce vin présumé de 1787 ne pouvait être authentique. « Cette technique permet une datation pour les vins millésimés entre 1952 et l'année 2000 environ, mais surtout elle est très efficace pour les très vieux millésimes : en effet, toute bouteille d'avant 1952 ne peut pas contenir de césium 137, même à l'état de trace », explique le physicien Philippe Hubert. Et pour cause : on n'a commencé à déceler des traces de césium 137 dans l'environnement qu'après les premiers essais nucléaires ou les accidents tels que Tchernobyl.

Ces technologies de repérage d'une fraude sans ouverture de la bouteille suscitent de plus en plus d'intérêt, notamment pour vérifier l'âge d'alcools forts comme le cognac, dont certaines bouteilles atteignent aux enchères plus de 130 000 euros[1].

Des domaines de renommée internationale comme ceux des barons de Rothschild ainsi que le Conseil interprofessionnel du vin de Bordeaux (CIVB, financé par les vignerons) se mettent eux-mêmes à traquer les fraudes en Chine et à investir dans des projets de

1. « Une bouteille de cognac, âgée de 258 ans, vendue à 131 000 euros aux enchères », *La Voix du Nord* (source AFP), 29 mai 2020.

recherche, notamment à l'université de Bordeaux[1], pour y parvenir.

Sous mes yeux ébahis, Tristan Richard, professeur de biophysique et directeur adjoint de l'unité Œnologie à l'université de Bordeaux, m'a montré comment en vingt minutes (contre deux jours en moyenne dans les laboratoires de la DGCCRF) il pouvait, grâce à la spectroscopie par résonance magnétique nucléaire (RMN), distinguer un bourgogne d'un bordeaux, identifier un millésime et même, au sein d'une région, différencier un médoc d'un libournais. Les bases de données de plus en plus riches, étoffées au fil des années, contiennent une multitude d'informations très précises relatives au pays de production, à la région, la sous-région, l'AOP, le château, la cuvée, le millésime et le cépage. « Par rapport à d'autres produits alimentaires, l'analyse chimique du vin constitue un véritable défi, précise-t-il, à cause de sa composition chimique complexe et de son évolution au cours du temps notamment. Le principal avantage de la RMN est qu'elle permet de doser en une seule expérience une grande variété de composés chimiques, comme des acides aminés, des acides organiques, des alcools, des sucres ou des composés phénoliques. » L'affaire est hautement complexe. « Près d'une cinquantaine de composés différents permettent d'authentifier un vin et révèlent ainsi son empreinte digitale, sa signature.

1. Des alliances se créent aussi pour mutualiser les connaissances et affiner les méthodes de détection de la fraude au sein d'une plateforme baptisée « VRAI » installée à l'Institut des sciences de la vigne et du vin avec l'université de Pau et pays de l'Adour, l'Institut polytechnique de Bordeaux, l'ADERA (Association pour le développement de l'enseignement et de la recherche en Aquitaine), le SCL (Service commun des laboratoires DGDDI et DGCCRF), le CIVB (Conseil interprofessionnel du vin de Bordeaux), et l'université de Bordeaux, avec l'appui de FranceAgriMer.

Chais qui trichent

La Répression des fraudes, alors qu'elle ne le fait pas pour les autres secteurs agroalimentaires, révèle sur son site Internet[1] les noms des tricheurs débusqués dans le domaine du vin. Avec force détails sur les sanctions, histoire de rappeler à ceux qui seraient tentés par ces pratiques malhonnêtes que ses brigades veillent au grain.

Malgré cette surveillance étroite, la liste des fraudes des dernières années reste longue. Parmi les plus récentes, citons la société de négoce Grands Vins de Gironde (GVG) condamnée en avril 2018 pour avoir commercialisé près de 6 000 hectolitres (valeur : 1,2 million d'euros) constitués de mélanges interdits et sans traçabilité. Bluff 100 % origine France garanti : « Des vins languedociens étaient assemblés avec des vins d'appellations bordelaises ou rebaptisés frauduleusement pomerol, margaux ou saint-julien. De simples vins de France étaient revendiqués en IGP Pays d'Oc. » De plus, les étiquetages comportaient des millésimes et des noms de châteaux fantasques. La DGCCRF, remontée, précise même que « la société avait déjà été condamnée en 2005 pour "tromperie sur marchandise et publicité mensongère" ».

En juin 2019, c'est « la société de production SCEA Vignobles Grandeau et l'entreprise de mise en marché SARL Maison Grandeau Lauduc » qui ont, elles, été condamnées « pour tromperie et falsification à la suite de l'utilisation illicite de mentions réglementées ("clos" et "château"), l'absence de tenue de registres de vendanges qui permettent d'assurer la bonne traçabilité des produits vitivinicoles, l'utilisation indue de charbons à usage

1. « Le contrôle des vins et spiritueux : retour sur des affaires récentes de fraude », déjà cité.

œnologique et la mise en place de la pratique dite “de la vigne éponge[1]” ».

En mai 2019, les responsables d’un Intermarché du Gard se sont fait tirer les oreilles pour des pratiques commerciales trompeuses. Leur faute ? Avoir mis en vente des vins espagnols dans les rayons réservés aux vins régionaux ou balisés « vins du Pays d’Oc ». Ni vu ni connu, cette façon subtile de tromper les consommateurs qui ne prendraient pas le temps de scruter l’étiquette dans le détail avant d’acheter a été épinglée. Et comme si l’amende prononcée par le tribunal de grande instance de Nîmes ne suffisait pas – 15 000 euros pour la personne morale, 5 000 euros dont 3 000 euros avec sursis pour le directeur de magasin –, le tribunal a ordonné la publication de la fraude dans le journal régional *Midi Libre*.

Au cœur de l’été 2018, ce sont 10 millions de bouteilles de vin rosé espagnol estampillées vin français[2] qui ont été mises au jour par la Répression des fraudes après deux ans d’enquête.

Dans la région de Beaune, le Domaine Rémy a, de son côté, été reconnu responsable de plusieurs fraudes, portant sur plus de 450 hectolitres. Du sucre était ajouté de manière illicite à l’AOP « Aloxe-Corton », appellation bourguignonne prestigieuse. Si cet ajout est parfois toléré, c’est dans des conditions très strictes, encadrées par la réglementation. Là, l’exploitant avait dépassé les

1. Cette pratique consiste à commercialiser des vins en excédent des rendements prévus pour une appellation donnée. En principe, les rendements doivent être maîtrisés conformément aux cahiers des charges des appellations et les excédents éventuels doivent être détruits afin qu’aucun acteur ne soit tenté de tricher en produisant plus que ce qui est permis par le cahier des charges.

2. *Le Parisien* indique que le vin rosé en vrac espagnol est beaucoup moins cher, et se vendait en 2016 à 0,34 euro/litre pour 0,75 à 0,90 euro/litre pour le rosé français – Aurélie Lebelle et Matthieu Pelloli, « Dix millions de bouteilles de rosé espagnol maquillées en vin français », *Le Parisien*, 8 juillet 2018.

bornes : du vin IGP était commercialisé en tant qu'AOP « Bourgogne[1] ». Ces bidouillages permettaient au fabricant de dégager un avantage économique intéressant, l'ajout de sucre améliorant artificiellement la qualité gustative, augmentant le taux alcoométrique volumique (TAV) et les volumes.

La liste de la DGCCRF égratigne aussi l'Alsace, la région PACA, l'Auvergne-Rhône-Alpes, la Champagne, l'Île-de-France (où du faux prosecco transitait). Aucune région, ou presque, n'échappe à sa vigilance. Absence de traçabilité des vins, usurpation d'AOC, utilisation de noms de châteaux et domaines fictifs pour des vins de négoce, usage indu de la certification « agriculture biologique », mention de cépages et de millésimes falsifiés : chaque fois, précise-t-elle, les affaires ont été transmises aux différents parquets compétents et sont en cours d'instruction. Nous voilà rassurés sur le bon suivi de ces dossiers.

« Le contrôle des vins médaillés et des concours vinicoles devient un axe important d'investigation pour les services de la DGCCRF, précise celle-ci. En effet, l'intérêt économique de commercialiser des vins médaillés, le nombre croissant de concours vinicoles (plus de 120 en France), ainsi que les problématiques de traçabilité justifient une surveillance du secteur. » Et il y a du boulot. Car la fraude est, parfois, commise par des canaux insoupçonnés. Ainsi, en juin 2019, le tribunal correctionnel de Bordeaux a condamné[2] pour fraude Hervé Grandeau, président de la Fédération des grands vins de Bordeaux,

1. Une IGP (Indication géographique protégée) garantit des qualités liées à un terroir viticole, alors que l'AOP (Appellation d'origine protégée) garantit le respect d'un cahier des charges relatif à un savoir-faire et des techniques d'élaboration particulières.

2. Yann Saint-Sernin, « Justice : le président de la Fédération des grands vins de bordeaux condamné pour tromperie », *Sud Ouest*, 27 juin 2019.

l'une des plus puissantes organisations professionnelles du vignoble regroupant près de 6 000 viticulteurs. Avec son frère, il était accusé par l'administration de « pratiques illicites en matière d'assemblages de vins et d'avoir dépassé des rendements autorisés puis de les avoir commercialisés. La fraude portait sur un volume estimé à 5 900 hectolitres de vin pour 1,37 million d'euros de chiffre d'affaires entre 2010 et 2014[1] ». Lors du procès, Hervé Grandeau reconnut quelques négligences, mais souligna : « Je n'ai pas fait prendre de risque pour la santé[2]. » Le tribunal l'a condamné à six mois de prison avec sursis et 30 000 euros d'amende, dont 20 000 avec sursis.

La fraude se loge aussi aux terrasses ou aux tables de grandes maisons. En effet, dans les cafés, hôtels et restaurants, les cartes des vins sont trompeuses dans un cas sur trois, estime la DGCCRF, dont les inspecteurs sont amenés à faire pas mal d'heures supplémentaires : « Dans les boîtes de nuit, les bouteilles de champagne de maisons prestigieuses vides sont "rechargées" avec des mousseux sans appellation, rebouchées avec un petit bouchon et stockées en chambre froide, tout comme des vodkas et whiskys de grandes marques sont "reremplies" avec des produits standards de marque distributeur. »

On le voit, lorsque les autorités veulent être transparentes, elles en sont capables. Alors pourquoi ne le sont-elles pas davantage ? La Cour de justice de l'Union européenne, dans un arrêt d'avril 2013, ouvre un boulevard à une plus grande transparence : « Le droit de l'Union autorise les autorités nationales à fournir des

1. « Vin de Bordeaux. Un patron de la profession condamné pour tromperie sur AOC », Terre-net (source AFP), 29 juin 2019.

2. Stéphanie Brossard, « Le président de la Fédération des grands vins de bordeaux devant la justice », France Bleu Gironde, 20 juin 2019.

données d'identification lors de l'information des citoyens sur des denrées alimentaires non préjudiciables à la santé, mais impropres à la consommation. En particulier, il s'agit du nom de la denrée, de l'entreprise ou du nom commercial sous lequel elle a été fabriquée, traitée ou distribuée. »

Les autorités en charge des contrôles devraient donc être d'autant plus décomplexées. Après tout, il n'y a pas que le sacro-saint vin français sur nos tables !

8

Un scénario bien huilé

> « Mais dis donc,
> on n'est quand même pas venus
> pour beurrer des sandwichs. »
>
> Michel Audiard

Je dois vous faire une confidence : j'ai, d'ordinaire, les sens affûtés. Mais, quand j'ai rencontré mon interlocuteur pour évoquer les fraudes dans le secteur de l'huile d'olive, je ne m'attendais pas à vivre un moment aussi poétique.

Mon « poète » est analyste dans un laboratoire où sont contrôlées les huiles végétales vendues en France. Ce scientifique, appelons-le Gérard. Les mots qu'il utilise, fruits de son expertise, de son travail quotidien, transportent dans un voyage sensoriel assez fascinant. Car, pour vérifier sa conformité avec les réglementations, une huile d'olive doit passer deux tests : une analyse d'abord chimique, puis sensorielle. En d'autres termes, des experts – qui ont été formés pendant un an à en discerner les subtilités – doivent la goûter afin de repérer ses défauts, la déclarer conforme ou non. Une étape incontournable. Et Gérard fait partie des rares dégustateurs agréés par le Comité oléicole international (COI).

Une fois par semaine, ses collègues et lui se retrouvent dans une salle à température et hygrométrie régulées où ils goûtent des huiles d'olive à l'aveugle disposées devant eux dans des verres bleus. Le bleu, une couleur importante, car il ne faut pas être influencé par la teinte de l'huile... Ces récipients sont posés sur des chauffe-verres qui vont porter le liquide à une température de 26-27 °C et en exhaler les arômes de fruité comme les éventuels défauts. Le dégustateur prend alors une gorgée, tapisse l'ensemble de sa bouche et de sa gorge « en effectuant une rétro-olfaction », précise Gérard. Et c'est là que l'évocation qui titille les sens débute : goût d'herbe coupée, de fruit cru, de banane verte, d'artichaut, de noix, de pomme, de vanille, d'olive gelée... La palette de ce que Gérard est capable de distinguer dans un échantillon de quelques millilitres est bluffante. En l'écoutant, captivée, j'ai la sensation d'avoir un œnologue en face de moi.

Mais son job ne consiste pas seulement à déterminer l'intensité du fruit, les saveurs de l'huile (fruité vert, fruité mûr, fruité noir). Au nez et au goût, il est aussi – et surtout – à même de repérer les embrouilles, les défauts : il sait dire si les olives ont subi une oxydation parce qu'elles ont été stockées longtemps à l'air libre, identifie sans peine un goût rance, moisi ou chômé que l'on a tenté de masquer avec des mélanges voire des arômes, devine si des vers de mouche ont attaqué les fruits, etc.

Et ses verdicts, imagés mais précis, ont des conséquences implacables : après avoir été goûtée par Gérard et ses collègues, une huile qui se prétend vierge extra – même s'il s'agit d'une marque réputée ou chère – peut être déclassée au rang de vierge ou courante, voire carrément «lampante» (c'est-à-dire impropre à la consommation) lorsque les intensités des défauts sont trop importantes. Ainsi, artificiellement aromatisée, une huile d'olive ne peut plus se prétendre vierge[1].

Un marché porteur

Les bienfaits du régime méditerranéen à base d'huile d'olive riche en acides gras et antioxydants bons pour la santé ont permis à cette substance d'occuper une place de choix dans nos cuisines… Et aussi, malheureusement, d'être victime de bien des fraudes. Faire passer une huile banale pour ce qu'elle n'est pas est une tromperie fréquente dans le monde. Cette fraude à multiples facettes dépasse les frontières : de l'huile d'olive ordinaire est vendue pour de la vierge extra, de l'huile d'olive se voit «rallongée» avec d'autres sans que cela soit mentionné (ce qui, sur de gros volumes, dégage une intéressante marge), une banale huile végétale est teintée avec de la chlorophylle pour la faire entrer dans la catégorie reine à la mode, etc. On voit de tout, et du pire.

Lors de l'opération Opson V en 2016, les autorités italiennes ont ainsi mis la main sur 85 tonnes d'olives «peintes» au sulfate de cuivre – un produit reconnu toxique – visant à améliorer leur aspect… Ce procédé donne aux fruits une couleur verte si intense que même ceux des récoltes des années précédentes peuvent être «recyclés» et rafraîchis de manière convaincante. La concentration en sulfate de cuivre retrouvée était deux fois supérieure à la limite légale !

1. «Huile d'olive, une origine toujours incertaine», DGCCRF.

Des règles strictes

L'huile d'olive fait l'objet d'obligations très strictes. Elle doit respecter les règles d'étiquetage (mention de l'origine, procédé utilisé pour l'extraire, etc.), mais aussi présenter toutes les caractéristiques organoleptiques (l'apparence, l'odeur, le goût, la texture, la consistance) encadrées par la loi. Ainsi une huile vierge est obtenue seulement par des procédés physiques – uniquement mécaniques – ou à la main pour être qualifiée d'« extra », donc pure –, mettant en œuvre une pression à froid ou une extraction, et ce sans recourir à un quelconque produit chimique. L'huile conserve alors le maximum de composés issus de la plante (antioxydants, vitamines) et présente de meilleures qualités nutritives. Si elle a été chauffée – comme cela peut arriver pour extraire plus rapidement et en plus grande quantité –, l'huile d'olive raffinée perd le droit de se prétendre « vierge extra ». Tout en bas du classement, on retrouve donc la « simple » huile d'olive, sans autre qualificatif, obtenue à partir d'une deuxième extraction sur les tourteaux ou grignons d'olives, ou par le mélange de plusieurs huiles d'olive vierge. Celle-là, du coup, mérite seulement le titre d'« huile d'olive » et coûte beaucoup moins cher. Or l'huile d'olive fait partie des produits les plus fraudés en Europe[1]. Le travail de Gérard est donc crucial pour déterminer la conformité des bouteilles et bidons commercialisés essentiellement dans les supermarchés.

1. « Adulterated olive oil on the EU market », Parlement européen (question avec réponse écrite E-001332-19 à la Commission), 13 mars 2019.

En France, nous en consommons grosso modo 3,5 litres par an, estime la Fédération nationale des industries des corps gras (FNCG). Soit beaucoup moins que les Portugais (9 litres), les Italiens (12 litres), les Espagnols (14 litres) ou les Grecs (23 litres). Comme nous produisons à peine 5 % de l'huile d'olive que nous consommons, celle-ci est largement importée.

La distance et la multiplication des intermédiaires augmentent le risque de fraude, je l'ai plusieurs fois évoqué. Dans ce cas, c'est particulièrement vrai : une huile d'olive sur deux contrôlée chez nous (majoritairement importée, donc) présente des non-conformités, selon la Répression des fraudes.

Gérard les découvre au labo, forcément. D'année en année, il voit revenir les mêmes huiles présentant les mêmes embrouilles. Pour cet ingénieur poète, c'est le signe d'un laxisme dans les procédures contentieuses et pénales. Ainsi, souvent, au sortir de sa cabine de dégustation, il s'aperçoit que les produits non conformes qui doivent être déclassés sont parfois commercialisés par de grandes marques.

La production mondiale est dominée par l'Espagne, l'Italie, la Grèce, la Tunisie. Mais « les huiles d'olive qui affichent une origine "Espagne" présentent plus d'anomalies que celles élaborées en France sous signe officiel de qualité », précise la DGCCRF. En 2018[1], une grosse opération menée par les autorités britanniques et espagnoles a vu plus de 24 000 litres saisis, huiles frauduleusement vendues comme vierge extra alors qu'elles contenaient un tiers d'huile raffinée !

1. « The EU Food Fraud Network and the System for Administrative Assistance – Food Fraud », Commission européenne, rapport annuel 2018.

Alors que le coût de production avoisine les 3 euros/litre, l'huile d'olive nous est vendue à un prix bien supérieur, allant de 6 euros en grande surface à 60 euros «lorsque l'huile d'olive est commercialisée par des groupes de luxe en flaconnages particuliers[1]». Pour la Répression des fraudes, «cet écart important [...] et la demande croissante des consommateurs incitent certains professionnels à recourir à des comportements frauduleux afin d'accroître leurs bénéfices».

De fait, lors de leurs contrôles, les inspecteurs dénoncent des tromperies récurrentes. Comme «la mention sur l'étiquetage d'une catégorie supérieure à sa catégorie réelle (huile d'olive "vierge extra" à la place d'huile d'olive "vierge"), l'absence de l'indication de l'origine pourtant obligatoire, le mélange d'huile d'olive avec de l'huile raffinée de type colza ou tournesol (vendue 29 euros le litre par le producteur), ou encore des dénominations de vente erronées ou de nature à induire en erreur le consommateur».

Lors de la dernière opération de contrôle publiée en 2019, le Service commun des laboratoires (SCL) de Marseille a analysé 138 échantillons. Soixante-douze d'entre eux ont été déclarés non conformes, dont 55 à la suite de l'analyse organoleptique. La Répression des fraudes a démantelé une usine «avec du matériel informatique sophistiqué» commercialisant de l'huile d'olive affublée des étiquettes d'une grande marque alors qu'il s'agissait de contrefaçon. Et deux lots d'huile classée par le passé comme lampante continuaient d'être commercialisés... Malheureusement, même si cette fraude est

1. «Huile d'olive, une origine toujours incertaine», DGCCRF, déjà cité.

choquante, les autorités n'ont pas communiqué les marques ni les points de vente.

Huile… sans olives

Parfois, la fraude n'est pas aisément repérable parce qu'elle ne se déroule pas aux abords des champs d'oliviers mais à l'ombre d'usines où une fausse huile d'olive est fabriquée… sans la moindre olive.

Ces beaux bidons métalliques blancs, affublés de la mention « olio extra vergine di oliva » et du drapeau italien reconnaissable en un clin d'œil à son vert-blanc-rouge, on les aurait achetés les yeux fermés. À vrai dire, ils ont été écoulés en quantités énormes en Allemagne et en Italie. Or ce n'était pas du tout de l'huile d'olive ! En mai 2019, Europol et Eurojust[1] ont révélé qu'un réseau criminel transformait de l'huile de tournesol de mauvaise qualité achetée environ 1,20 euro en lui ajoutant de la chlorophylle, du bêta-carotène et de l'huile de soja. Le tout présenté comme de l'huile d'olive extra-vierge et vendue entre 10 et 15 euros.

Lors de cette opération baptisée « Golden Oil Case », 24 personnes ont été arrêtées en Italie et Allemagne. Les *carabinieri* de Foggia ont saisi plus de 150 000 litres de la fausse huile mise en boîtes dans des conditions insalubres, condiment qui s'apprêtait à partir vers des restaurants et des supermarchés de Stuttgart, Francfort, Berlin et toute l'Italie. Repéré en 2015, démantelé cinq ans plus tard grâce à la coopération des services de police et judiciaires italiens et allemands, ce manège livrait 23 000 litres d'huile frelatée tous les quinze jours par camion.

1. « Eurojust crackdown on counterfeit olive oil trade » (communiqué de presse), Eurojust, 14 mai 2019.

Un peu de teinture, et le tour était joué

Deux ans auparavant, des fraudeurs de Larissa en Grèce[1] (à 350 kilomètres au nord d'Athènes) transformaient, eux, de l'huile de tournesol en suivant à peu près le même modus operandi. Leur fausse huile d'olive – glissée dans des boîtes métalliques noires de cinq litres très classe avec dessin d'olivier, mention évocatrice de Kalamata, réputée pour ses olives, et le terme « extra virgin olive oil » – était écoulée au Danemark, en Belgique, en Allemagne et aux Pays-Bas. Plusieurs années durant, des centaines de milliers de litres de cette « Karpos » ont trouvé acheteurs un peu partout en Europe, commercialisée dans des supermarchés, des supérettes et des restaurants. Les produits, présentés comme de l'huile d'olive extra-vierge, étaient vendus à la moitié du prix du marché, les fraudeurs prétendant que leur préparation provenait directement des producteurs. Sept personnes ont été arrêtées, qui falsifiaient depuis 2015 les documents, blanchissaient de l'argent et n'avaient pas hésité à utiliser un colorant contenant des substances cancérigènes[2]...

En 2018, le rapport de l'Opson pointe du doigt le crime organisé dans le secteur de l'huile d'olive en Italie, Grèce, Espagne, et les dangers pour la santé humaine. Europol et Interpol ne cachent d'ailleurs pas leur inquiétude : « L'huile d'olive faussement étiquetée était distribuée dans plusieurs épiceries, mini-marchés et dans un supermarché, ce qui montre la vulnérabilité de la chaîne de distribution légale qui met en danger un nombre incalculable de consommateurs. »

---

1. Joseph James Whitworth, « Denmark finds counterfeit olive oil sold in country », Food Navigator, 25 juin 2018.

2. Angela Sanan, « Seven held in Greece for alleged olive oil fraud », Olive Oil Times, 27 novembre 2017.

En Italie, l'huile aussi est sacrée

Parce que la fraude est répandue, les États membres de l'Union européenne ont l'obligation de surveiller le marché de l'huile d'olive de très près. Mais chaque pays est libre de choisir les armes qu'il déploie pour ce contrôle, et surtout les moyens qu'il y consacre.

Comme pour le vin, la Répression des fraudes italienne a mis en place une base de données sur son territoire – Frantoio Italia, c'est son nom –, que les fabricants sont obligés d'alimenter, en renseignant les volumes, les mouvements des stocks, etc., dès lors qu'ils produisent plus que pour leur consommation personnelle (soit plus de 350 kilos d'olives par an).

J'ai vu cette base de données extrêmement détaillée. « Pour nous, c'est là que commence la traçabilité », confient les inspecteurs italiens. Avant même d'opérer le moindre contrôle, l'outil les renseigne sur la nature et la quantité des stocks : on y voit ce qui a été acheté à l'étranger et où, ce qui a été embouteillé en Italie, vendu et à qui. Tous les documents fiscaux sont en ligne également. Comme les inspecteurs de l'ICQRF sont pratiquement tous ingénieurs agronomes, ils ont une connaissance pointue des champs d'oliviers : telle variété va produire autant de kilos au mètre carré. « Nous savons que ce producteur, par exemple, a 556 arbres, répartis sur 16015 mètres carrés, me montrent sur l'écran Raffaele, Anna et Antonio. Cela nous permet de calculer sa production, de savoir à quoi nous attendre avant le contrôle, d'être prêts à repérer toute fraude. » Il faut, en moyenne, 5 à 6 kilos d'olives pour obtenir 1 litre d'huile et environ une tonne de fruits pour 150 litres. Afin de prévenir la fraude, rien de tel, donc, que de rapides calculs, vite fait bien fait.

Quand ces inspecteurs me parlent, je sens leur amour des terroirs, leur connaissance des cycles de production. Leurs analyses permettent d'anticiper qu'un aléa climatique dans telle région peut conduire à retrouver – tiens, tiens – de l'huile d'olive mélangée à une autre huile végétale pour faire face aux difficultés passagères. Dans leur analyse des risques de fraudes, ils prennent bien des critères en compte.

Le président du principal syndicat agricole Coldiretti dans les Pouilles, Savino Muraglia, le confirme[1] : « Avec la production d'huile d'olive extra-vierge *made in Italy*, qui a atteint en 2019 un niveau historiquement bas à cause des gelées de février 2018 et des effets dramatiques de la *Xylella*[2] ayant vu l'effondrement de la production de plus de 60 %, le risque de fraude et de sophistication au détriment du vrai *made in Italy* qui touche les producteurs agricoles et les consommateurs a augmenté. »

La base de données Frantoio Italia va jusqu'à renseigner le numéro de la vasque où est stockée l'huile d'olive. Que les opérateurs doivent constamment mettre à jour. Si les stocks varient ou sont déplacés d'un entrepôt à un autre, ils disposent de six jours pour l'enregistrer. Sous peine d'amende. Cette transparence permet de garantir aux consommateurs des produits honnêtes et de qualité. Mais la base de données est contraignante pour les producteurs. Conscients, les inspecteurs me confirment que

1. Giuseppe Fugaro, « Mega truffa all'extravergine pugliese. 24 arrestati tra Italia e Germania », *Terra è Vita*, 15 mai 2019.

2. La bactérie *Xylella fastidiosa*, transmise et véhiculée par des insectes vecteurs, s'attaque à un très large spectre de végétaux : vignes, oliviers, arbres fruitiers, agrumes, caféiers, chênes, luzerne, etc. Actuellement, il n'existe pas de moyens curatifs pour lutter contre cette bactérie.

cela représente du travail pour les opérateurs, qui doivent se familiariser avec l'outil. C'est un coût, aussi. S'ils peuvent faire gratuitement leur déclaration détaillée sur le programme en ligne officiel, ils peuvent aussi se procurer un programme simplifié qui leur coûtera… 600 euros.

Les données d'inventaire accessibles en ligne, même pour le grand public, sont compilées tous les quinze jours par l'ICQRF. Les autorités – et nous aussi, par la même occasion – savent dès lors précisément combien d'huile d'olive telle entreprise a importé d'Espagne, de Grèce, du Portugal. Elles connaissent le lieu de stockage précis ainsi que les mouvements qui peuvent être suivis à la trace. Le ministère de l'Agriculture publie tous les ans un rapport traduit en anglais qui détaille l'état des stocks région par région. Et aide à dégager les tendances. C'est ainsi que, d'après le rapport publié le 31 mars 2020, 40 % de l'huile d'olive d'Italie se trouve dans la région des Pouilles. Le document précise même les tonnages par types d'huile d'olive dans les différentes provinces. Au litre près, je sais donc qu'il y avait, dans les moulins, 11 180 234 litres d'huile d'olive « Terra di Bari ».

Cette précision est impressionnante et unique, à ma connaissance. Pourtant, les inspecteurs italiens voudraient aller plus loin : « Il faudrait que cette base soit internationale pour réellement contrôler les flux d'un pays à l'autre. » Avec la globalisation des marchés, à quoi sert, en effet, un système de contrôle strict dans un pays s'il peut être aisément contourné chez le voisin ?

9

Miel sans abeilles

« Someone needs to tell the truth,
but it shouldn't be my job. »
Thom Yorke

Elles sont minuscules, bosseuses, fascinantes, délicieusement productives. Mais, partout sur la planète, les abeilles tombent comme des mouches. Dans certains pays européens, les colonies ont réduit de 50 %[1], et leur déclin s'accélère[2]. En France, selon Arnaud Montebourg, ancien ministre reconverti dans le miel avec la création de Bleu Blanc Ruche[3], 300 000 ruches périraient chaque année à cause des polluants dans l'environnement (pesticides), des maladies, des parasites et prédateurs (varroa, frelon asiatique…), et des effets du changement climatique qui ravage les plantes à butiner. Nos voisins suisses

1. « Il est urgent d'agir pour protéger les populations d'abeilles européennes, exhortent les députés » (communiqué de presse), Parlement européen, 23 janvier 2018.
2. « Le déclin des abeilles s'accélère en Europe », Bleu Blanc Ruche, 15 juillet 2020.
3. Qui vend des « miels de repeuplement *made in France* ».

ont mesuré que 15 miels sur 16 testés étaient contaminés par le glyphosate[1].

Et en octobre 2019, l'association des apiculteurs de Grande Canarie s'alarmait de n'arriver péniblement qu'à 10 % de leur récolte habituelle[2]. Le miel est donc devenu une denrée rare et chère.

Le compte n'est pas bon

Même moi qui ne suis en rien une matheuse, je vois que les chiffres ne collent pas : l'offre ne suffit plus à satisfaire la demande. Une consommation qui, en France, ne cesse d'augmenter pour atteindre 40 000 à 45 000 tonnes par an[3]. Or, en 2019, à cause d'une mauvaise météo, l'Union nationale de l'apiculture française (Unaf) a qualifié la récolte de « catastrophique[4] » et estimé que la production s'élevait seulement à 9 000 tonnes[5].

Rareté et cherté font que le nectar des dieux est, depuis des années, la cible de deux types de fraudes : l'adultération – c'est-à-dire un contenu de pot qui ressemble à du miel mais est tout sauf du miel – ou bien une tricherie sur l'origine – on vous fait croire par exemple qu'il est corse, avec la mention AOP qui

1. « Étude de l'impact du glyphosate en Suisse, en réponse au postulat de la Commission de la science, de l'éducation et de la culture du Conseil national en date du 6 novembre 2015 », rapport du Conseil fédéral, Confédération suisse.

2. Gaumet Florido, « La apicultura vive su peor año, con solo un 10 % de su cosecha habitual », *Canarias7*, 5 octobre 2019.

3. « Bilan de campagne miel », FranceAgriMer, 2018.

4. « Miel : l'Unaf confirme une récolte "catastrophique" », *Paysan breton* (source Agra Presse), 4 septembre 2019.

5. « Miel : récolte 2019 moins basse que prévu par l'Unaf qui dément le chiffrage officiel », *Paysan breton* (source Agra Presse), 23 mai 2020.

convainc d'y mettre le prix, alors qu'il provient d'ailleurs ou est mélangé à d'autres miels.

Pur, dans des produits transformés vantant la naturalité devenue à la mode, dans les médicaments, des produits de beauté… le miel est partout. Une demande satisfaite par les importations[1]. Inutile de compter sur nos voisins : la production des 18,5 millions de ruches européennes[2] ne suffit pas non plus à combler cet appétit. Alors on va chercher le miel loin. Très loin[3] : en Ukraine, en Chine, en Argentine et au Mexique essentiellement. Selon FranceAgriMer, notre pays en a importé 32 205 tonnes en 2018. À un prix d'achat extrêmement bas : 2 euros le kilo en moyenne. Autant dire : une misère.

Résultat : les apiculteurs hexagonaux sont confrontés à une explosion des miels importés – d'Europe ou non – à des prix défiant toute concurrence. Mais avec quelle qualité[4] ?

Énormément de trafic

En septembre 2014, l'association UFC-Que choisir a analysé différents miels vendus en grande distribution[5].

1. FranceAgriMer.
2. « Honey. Market Presentation », Commission européenne, printemps 2020.
3. Eurostat Comext a évalué que, en 2019, l'Union européenne avait principalement importé du miel de Chine (79 201 tonnes), d'Ukraine (44 988 tonnes), d'Argentine (21 828 tonnes) et du Mexique (21 543 tonnes).
4. Marie Astier, « Le faux miel envahit les rayons des supermarchés », Reporterre, 28 mars 2018.
5. « Miels. Des sucres ajoutés près d'une fois sur trois », *UFC-Que choisir*, septembre 2014.

Sur 20 «premier prix», 6 présentaient des ajouts de sucre, soit presque un tiers. En 2015, la Commission européenne[1] a fait tester plus de 2000 échantillons de miel : 32 % de ceux vendus dans l'UE n'étaient «pas conformes ou soupçonnés de ne pas l'être». En juillet 2019, l'enquête de la Répression des fraudes sur la «Qualité des miels, gelées royales, sirops d'érable et d'agave[2]» menée auprès de 317 établissements – de la production à la distribution – a relevé les mêmes tendances inquiétantes : 32 % de taux d'anomalie et 43 % de non-conformité. Sans oublier une francisation de plusieurs centaines (voire milliers) de tonnes de miels espagnols et chinois. «Cette tromperie en bande organisée s'appuyait sur des intermédiaires actifs en France et en Espagne, précise la DGCCRF. En bout de chaîne, le miel était revendu au consommateur en pot mentionnant une origine française, avec parfois même des mentions à consonance locale.» Des miels belges étaient ainsi commercialisés avec la mention «récolté et mis en pot en France», un opérateur se faisait passer pour producteur alors qu'il mettait simplement en pot des produits importés, un «miel de Provence» était adultéré à 14 % avec du miel d'origine espagnole. Les inspecteurs avaient aussi coincé un apiculteur qui s'apprêtait à trafiquer du miel en lui ajoutant du glucose, tandis que d'autres recouraient à des sucres exogènes.

1. Manon Flausch, «Un tiers du miel vendu dans l'UE est frelaté», Euractiv, 7 septembre 2017.
2. «Qualité des miels, gelées royales, sirops d'érable et d'agave», DGCCRF, 11 juillet 2019.

La Chine donne le bourdon

La Chine produit, à elle seule, presque deux fois plus de miel que toute l'Europe, soit 447 000 tonnes par an[1]. Mais l'empire du Milieu est fortement soupçonné d'être aussi… celui du miel adultéré. Pour le professeur Norberto Garcia, président de l'Union internationale des exportateurs de miel, « le miel adultéré (modifié ou falsifié), c'est le principal fléau pour l'industrie apicole, plus que les pesticides ou les problèmes sanitaires[2] ». D'après les données qu'il a tirées des bases statistiques des Nations unies, les exportations d'un groupe de sept pays (Chine, Inde, Vietnam, Ukraine, Thaïlande, Turquie, Taiwan) ont bondi de 196 % entre 2007 et 2014, alors que le nombre de leurs ruches, lui, ne progressait que de 13 % ! Le professeur note donc « l'augmentation étonnante des exportations de miel chinois » et la suppose due à « la dilution avec les sirops[3] ».

Il y a comme un loup dans la ruche… Si l'on s'en tient à une logique arithmétique, une ruche chinoise serait « capable de produire quatre-vingts kilos de miel par an, alors qu'une ruche européenne plafonne à trente ou quarante kilos, les bonnes années », s'étonnent François Roche et Béatrice Mathieu dans leur *Enquête sur le nouvel or jaune*[4]. Bizarre et d'autant plus invraisemblable, les 9 millions de ruches chinoises sont un tiers peuplées d'*Apis cerana*, des abeilles à la productivité moyenne d'environ « quinze kilos de miel par ruche » selon les auteurs.

1. Contre 259 000 tonnes pour toute l'Union européenne.
2. « Le miel : une demande colossale… et une offre qui n'arrive pas à suivre », *Le Figaro* (source AFP), 29 octobre 2016.
3. Norberto Garcia, « Prix du miel, l'effondrement », *Abeilles & Cie*, n° 174, avril 2016, p. 31-36.
4. Éditions François Bourin, 2017.

Pas assez de miel? Inventons-en! Une bonne partie du miel dit chinois est en fait édulcorée par ajout de sucre ou d'eau. On voit aussi du faux miel, produit par la synthèse de glucose et de fructose. «Le miel de synthèse est le stade ultime de l'adultération, expliquent François Roche et Béatrice Mathieu. Du glucose, du fructose, du maltose, de l'acide gluconique (semblable à celui que produisent les abeilles), un ou deux enzymes, de l'eau, des pollens, éventuellement des arômes de fleurs de synthèse (la chimie fine sait imiter quasiment tous les parfums de fleurs), et le tour est joué. [...] Il existe aussi des techniques beaucoup plus sophistiquées. La plus répandue consiste à ajouter au miel du sucre exogène, de canne ou de maïs. On peut y ajouter des colorants afin qu'il arbore cette belle teinte ambrée que l'on apprécie tant.»

Des découvertes effrayantes

Christophe Brusset, ex-trader dans l'agroalimentaire et auteur de *Vous êtes fous d'avaler ça!*[1], a été amené à négocier l'achat de très grosses quantités de miel pour la grande distribution à des prix planchers. Au tarif fixé par ses patrons, il lui était impossible de trouver de telles quantités en France. Il s'est donc naturellement rendu en Chine. Surtout à Chengdu, capitale du Sichuan, mais aussi à Shanghai et Dalian, à 900 kilomètres à l'est de Pékin.

Avec son sang-froid quelque peu déroutant, il me raconte les usines locales aux technologies dernier cri où se façonnait sous ses yeux le produit qui ferait illusion,

1. Christophe Brusset, *Vous êtes fous d'avaler ça!*, Flammarion, 2015.

fabriqué de toutes pièces pour ce prix ridicule que les chaînes de supermarchés étaient prêtes à payer. « Ces entreprises chinoises fournissent un assemblage artificiel de sirops de glucose et de fructose industriels, coloré avec du caramel, le tout subtilement aromatisé. C'est pratiquement indétectable si la fraude est faite intelligemment, en respectant notamment les ratios glucose/fructose naturels pour ne pas éveiller les soupçons. » Christophe Brusset a vu des vieilles batteries de voitures gisant au fond de fûts de miel, des produits présentant des particules de rouille ou/et d'antibiotiques.

Les blâmables, dans l'histoire, ne sont pas que les Chinois. « Bien sûr, la qualité de leurs produits est médiocre, voire carrément mauvaise, mais cela ne dérange personne. Moi, j'étais payé pour acheter du miel pour des marques et des distributeurs ayant pignon sur rue. Il y a bel et bien un marché pour le miel frauduleux. » On aimerait connaître des noms, mais l'ancien trader préfère se faire discret, ayant reçu des menaces de procès d'anciens employeurs au cas où… « Ce qui est certain, dit-il, c'est que ce miel frauduleux a été commercialisé en France parce que nombre de mes patrons le cautionnaient », conclut-il.

Histoire d'O

Il faut compter aussi avec les fraudeurs français.

En mai 2019, un apiculteur savoyard, dont les pots mentionnaient « miel de Savoie récolté par l'apiculteur », a été poursuivi pour « tromperie sur la qualité et l'origine d'une marchandise » parce qu'il avait mélangé sa production à du miel italien. « L'apiculteur qui gère 780 ruches avait acheté en 2016 et 2017 près de trois tonnes de miel qu'il avait ajoutées à une partie de sa propre production afin d'assurer les commandes passées par différents supermarchés de la région», écrit *Le Dauphiné*[1]. «Cet homme fou amoureux de son métier n'a voulu tromper personne, car ce miel italien était d'excellente qualité, à la différence des miels achetés en Chine à un euro le kilo par des apiculteurs peu scrupuleux», a plaidé son avocat. Mais la procureure n'a pas goûté l'argument. «Le prévenu, qui est loin d'être un petit producteur local, n'a pensé qu'à son seul intérêt économique pour honorer ses contrats avec la grande distribution sans trop se soucier des consommateurs. S'il est aujourd'hui devant ce tribunal, c'est parce qu'il a sciemment organisé cette tromperie», déclara-t-elle.

Quelques mois auparavant, un apiculteur d'Eccica-Suarella (près d'Ajaccio) avait, lui, fait passer près d'une tonne de miel de châtaigneraie d'Isère pour un miel corse AOP[2]. L'homme, qui possède une centaine de ruches, devait faire face à une sévère diminution de ses rendements suite aux mauvaises conditions climatiques. Carrefour et E. Leclerc auraient rompu leurs contrats avec lui suite à la médiatisation de l'affaire. Au tribunal, l'apiculteur a reconnu avoir «fait une bêtise[3]». Devant un parterre d'apiculteurs en colère, Me Éric Morain, avocat du Syndicat Mele di Corsica, a raconté une histoire d'O : «La lettre la plus importante de l'AOP, c'est le O, pour "Origine" : l'assurance donnée au consommateur qu'un produit vient bien de l'endroit d'où il est censé venir, avec toutes les garanties qui sont attachées à une

1. Olivier Masseboeuf, «L'apiculteur avait coupé son miel avec du miel italien : 28 000 euros d'amende», *Le Dauphiné*, 13 mai 2019.

2. C. Marcelin, «600 kilos de miel importés saisis chez un apiculteur AOP», *Corse Matin*, 22 novembre 2017.

3. J.-F. Colonna, «La justice sanctionne une fraude au miel», *Corse Matin*, 10 novembre 2018.

production de qualité. C'est cela qu'il faut protéger pour éviter de jeter la suspicion sur l'ensemble d'une filière. »

Un étiquetage plus clair

Cela faisait des années que le Syndicat national d'apiculture (SNA) réclamait un étiquetage clair des origines des miels au niveau européen. Après l'Italie, c'est chose faite en France. Chez nous, la loi a été définitivement adoptée le 27 mai 2020. Une véritable avancée pour l'information du consommateur puisque, à partir de janvier 2021, les différents pays d'origine des miels vendus sur notre marché devront être inscrits sur l'étiquette. « Pour le miel composé d'un mélange de miels en provenance de plus d'un État membre de l'Union européenne ou d'un pays tiers, tous les pays d'origine de la récolte sont indiqués par ordre pondéral décroissant sur l'étiquette. » Avec cette réglementation, on pourra lire par exemple « mélange de miels originaires de Chine (60 %), Ukraine (20 %), France (20 %) ».

Les syndicats d'apiculteurs espèrent que les consommateurs, en voyant ce type d'information, se tourneront plutôt vers un miel non mélangé 100 % français, ou au moins vers un miel mélangé qui ne provient pas de Chine. « Le gouvernement a tardé à prendre une décision qui pourtant est de bon sens, qu'ils pouvaient prendre en bravant la Commission européenne qui considère que l'étiquetage d'origine est un obstacle au commerce. Vous voyez où on est ? », a regretté Arnaud Montebourg qui demande[1], lui, l'interdiction pure et simple d'importation de miel chinois.

1. « Arnaud Montebourg dit non au miel chinois », Bleu Blanc Ruche, 4 octobre 2019.

« La prochaine étape vers plus de transparence, selon le Syndicat français des miels, est que cette nouvelle règle s'applique à l'ensemble des metteurs en marché européens, afin que l'ensemble des produits du rayon miels soit soumis au même niveau d'exigences en termes de transparence. C'est ce qui est attendu aujourd'hui par les consommateurs. »

Il faudra d'autres étapes pour tenter de protéger – un peu tard, hélas – nos abeilles. La stratégie européenne Green Deal (Pacte vert) promet aussi de tout faire pour diminuer l'utilisation des pesticides et, incidemment, freiner l'hécatombe des ruches. Les députés européens poussent en ce sens[1]. La France a pris les devants en interdisant à partir du 1er septembre 2018 cinq substances insecticides néonicotinoïdes – des produits phytosanitaires – aux effets particulièrement nocifs sur l'environnement et notamment les pollinisateurs. « Cette interdiction a placé notre pays comme précurseur de la protection des pollinisateurs, se réjouit le ministère de l'Agriculture. Sous l'impulsion de la France, l'Union européenne a récemment adopté des restrictions d'usage pour trois de ces substances, interdisant leur utilisation dans la plupart des situations. » Il était temps ! En juillet 2020, la Cour des comptes européenne estimait que les politiques publiques de protection des insectes rendant des services écosystémiques majeurs n'avaient eu aucun résultat[2]. C'est un sujet qu'il faut tenir à l'œil, car le gouvernement s'apprêtait à rétropédaler sur l'interdiction

1. « Protection des abeilles : les députés appellent à réduire l'usage des pesticides » (communiqué de presse), Parlement européen, 3 décembre 2019.

2. Stéphane Foucart, « Sauvegarde des pollinisateurs : l'échec de la Commission européenne », *Le Monde*, 9 juillet 2020.

des néonicotinoïdes pour la filière betteravière au moment où je rédige ces lignes[1].

Essaims à vendre

On peut compter sur la créativité du crime organisé pour s'engouffrer dans ce marché lucratif et tendu. « Des réseaux criminels s'intéressent à la vente d'essaims, et un essaim peut être revendu 1 500 euros, explique au *Parisien*[2] Éric Bayle, lieutenant-colonel à l'OCLAESP et chef de la division de la stratégie et de l'analyse. Il y a donc des abeilles françaises clandestinement acheminées à l'étranger pour pallier la baisse de pollinisation ailleurs. Il existe aussi un marché, en France, où la mort prématurée des abeilles commence à gêner le renouvellement des essaims. D'où une recrudescence de vols de ruches dans le Sud. »

Cette situation donne le bourdon : du miel produit en Europe de l'Est avec des abeilles volées en Provence reviendra-t-il sur nos étals étiqueté *made in France* ? On n'est pas à l'abri d'une fraude supplémentaire concernant l'or liquide.

---

1. Thomas Chenel, « Néonicotinoïdes : on vous explique rapidement les arguments pour et contre le projet de loi », Business Insider, 5 octobre 2020.
2. Nelly Terrier, « Comment travaillent les enquêteurs de l'Office contre les atteintes à l'environnement », art. cité.

10

« Il est beau, mon bio »

> « On ne fera pas un monde différent
> avec des gens indifférents. »
>
> Arundhati Roy

On est champions, on est champions… ou presque. Les Français dépensent en moyenne 178 euros par an en bio ; soit plus que les 144 euros dépensés par les Allemands, mais moins que les Suédois qui y consacrent un budget de 264 euros[1]. Une alimentation bio ayant le vent en poupe (croissance à deux chiffres), une « envie de bio » partagée par toutes les tranches d'âge de la population, voilà de quoi réjouir le président et le directeur de l'Agence bio.

1. Alexandre Rousset, « Les Français bientôt champions d'Europe du bio », *Les Échos*, 9 juillet 2020.

Défiance

Les consommateurs étant en effet de plus en plus sensibles au respect de l'environnement, attentifs à la qualité des produits et soucieux de l'impact de l'alimentation sur leur santé, ils voient dans ce mode de production une démarche saine. En 2019, près de trois Français sur quatre déclaraient consommer bio au moins une fois par mois et un sur sept tous les jours[1]. Nous sommes donc de plus en plus demandeurs. Soit, mais, face à l'offre de produits qui s'élargit dans les supermarchés, nous voilà devenus sceptiques. Car l'alimentation arborant ce label n'est pas forcément locale, et les produits suremballés de plastique. Et faire pousser des tomates bio sous serres chauffées n'est en rien écolo… Dès lors surgit un paradoxe : l'engouement est mis en balance avec une défiance qui monte. Ainsi, en 2015, le taux de confiance dans le bio atteignait 82 %, en 2019 il chutait à 59 %, et même à 57 % concernant les marques distributeurs.

Vrai bio, faux bio : dans mon entourage – et peut-être aussi le vôtre – le débat fait désormais rage. En France, plus de 60 % des interrogés doutent que le bio le soit vraiment. De fait, le secteur n'échappe pas aux fraudes, comme je vais le détailler en un menu où se retrouvent céréales, pommes, piments, œufs… Le tout assaisonné par des réseaux du crime organisé.

1. « Baromètre de consommation et de perception des produits biologiques en France » (dossier de presse), Agence BIO/Spirit Insight, février 2020.

Multiples contrôles, oui, mais...

Il faut savoir que l'alimentation biologique est beaucoup plus contrôlée que n'importe quel autre secteur conventionnel. En bio, le cahier des charges est très strict, les rendements moindres qu'ailleurs. Dès lors, cette production s'avère beaucoup plus contraignante, ce qui justifie les prix plus élevés. Ainsi, pour produire de la viande bio, un éleveur doit renoncer aux antibiotiques, prévoir de l'espace pour l'animal, un accès vers l'extérieur, lui fournir une alimentation en priorité issue de la ferme[1].

Avec l'appétit pour le bio en hausse et l'offre qui peine à suivre, forcément la fraude gagne du terrain. Il faut parfois aller chercher les produits biologiques plus loin, multiplier les intermédiaires, passer par des traders, d'où des risques supplémentaires. L'expansion rapide du marché a ouvert la porte à des opérateurs peu scrupuleux en quête de profit facile. D'autant que les risques sont limités : une fois pris, ils voient juste leurs produits déclassés en conventionnel (et plus vendus au prix du bio). La marchandise, frauduleuse, n'est en rien rappelée et circule ensuite librement… Résultat, le faux bio peut envahir nos marchés pendant des années avant que ce soit découvert, comme ces ananas en provenance du Costa Rica exportés depuis quatre ans avec des certificats complètement frauduleux[2].

1. Stanislas du Guerny, «La difficile et lente conversion en bio des éleveurs de porcs», *Les Échos*, 21 février 2020.

2. Jeffry Garza, «Supuesto fraude con piña orgánica estará bajo investigación legislativa», *La República*, 21 février 2018.

Qu'est-ce que du faux bio ?

Un produit ne peut être vendu bio que s'il est *certifié* bio. Cela signifie que, pour apposer le logo vert à feuille, il faut qu'un organisme certificateur ait fait le job d'aller vérifier sur place que les pratiques du producteur, de l'usine de transformation ou de la chaîne de distribution sont conformes au cahier des charges bio tel que défini dans le règlement européen 834/2007[1]. « Les auditeurs d'un organisme de certification sont là pour évaluer un mode de production spécifique à l'agriculture biologique ; de la même façon que les commissaires aux comptes auditent chaque année les comptes des entreprises pour attester qu'elles font les choses dans les règles de l'art, explique Philippe Thomazo, directeur général d'Ecocert, certificateur français actif dans 130 pays. Tous les opérateurs dans le secteur de l'alimentation biologique doivent se soumettre volontairement à ces audits, ils n'ont pas le choix s'ils veulent garder leur certification. Cela demande un effort conséquent pour les gens qui s'engagent en bio, il faut le souligner. » Si Ecocert certifie près de 60 % des opérateurs bio en France, dans l'Hexagone les organismes aptes à agréer ces labels sont au nombre de douze. Les codes leur correspondant sont sur les emballages : FR-BIO-01 pour Ecocert, FR-BIO-10 pour Bureau Veritas, FR-BIO-16 pour Qualisud, etc.

Produire de l'alimentation bio ne se résume pas à évincer les pesticides, comme la plupart d'entre nous le

1. Règlement (CE) numéro 889/2008 de la Commission du 5 septembre 2008 portant modalités d'application du règlement (CE) numéro 834/2007 du Conseil relatif à la production biologique et à l'étiquetage des produits biologiques en ce qui concerne la production biologique, l'étiquetage et les contrôles.

croient. Un opérateur bio doit – c'est la loi – démontrer qu'il a tout mis en œuvre pour respecter les règles de cette agriculture. Le bio, en fait, est une obligation de moyens, non de résultats, ce qui peut surprendre. «On s'interdit d'utiliser des substances. Mais 93 % des surfaces cultivées en France ne sont pas bio, donc un agriculteur bio peut être exposé à un coup de pulvérisation du champ voisin conventionnel. Et une contamination arrive. Des traces de résidus infimes sont possibles», explique Charles Pernin, délégué général du Synabio qui regroupe deux cents acteurs du secteur (des petits producteurs, des PME et des entreprises de taille intermédiaire dont des marques connues). Si le fermier conventionnel a traité son champ avec des produits phytosanitaires et qu'un gros coup de vent en amène vers l'espace bio du fermier qui se fait contrôler par le certificateur ce jour-là, forcément apparaîtront des résidus. Ce qui ne veut pas dire que le producteur triche. Évidemment, les auditeurs ne s'arrêtent pas à ces simples constats de résidu de pesticides, ils doivent aussi enquêter en profondeur pour comprendre, vérifier la manière dont le fermier travaille. Philippe Thomazo précise : «Un produit bio est issu d'un système de production très différent du conventionnel. La production en biologique respecte la terre, le sol, la santé du paysan (qui n'est pas exposé à des quantités de pesticides dangereuses), celle des consommateurs. C'est un système agricole qui veille à nourrir le sol et pas la plante avec des intrants chimiques. Le bio préserve la biodiversité, est engagé dans la rotation des cultures. Cultiver du maïs tous les ans sans utiliser de pesticides par exemple n'a aucun sens écologique, car cela épuise les terres. Il faut que la rotation des cultures soit intelligente. C'est un savant dosage et une responsabilité.»

L'organisme certificateur, on l'a compris, ne se contente pas de vérifier que le producteur se passe de pesticides. À la différence des fabricants d'aliments du conventionnel, les producteurs bio sont soumis à une sacrée pression : une fois par an au moins, Ecocert me dit visiter toutes les exploitations certifiées par elle. « Cela tourne plutôt autour de 1,5 contrôle par an pour les producteurs en France, indique Philippe Thomazo. Un contrôle annoncé par opérateur et un inopiné pour deux opérateurs. Tandis que chez les distributeurs et transformateurs bio (industrie agroalimentaire), on est sur une fréquence légèrement plus élevée, pouvant aller jusqu'à deux contrôles annuels. »

De la même façon qu'il y a des inspecteurs spécialisés dans les produits de la pêche ou la viande, les organismes certificateurs accueillent dans leurs rangs des experts en apiculture, en vanille, en viticulture, en fruits exotiques, etc. Plus que tout autre secteur agroalimentaire, le bio est donc tenu à l'œil de très près. « Ces contrôles exigeants de conformité constituent une garantie assez forte pour les consommateurs, poursuit le DG d'Ecocert. En bio, c'est absolument toute la chaîne qui est contrôlée : du producteur au distributeur. »

Les fermiers, éleveurs, industriels, distributeurs doivent donc être capables, une à deux fois par an, de mettre sur la table tous les documents et de démontrer la traçabilité sans faille de leurs matières premières, d'un bout à l'autre de la chaîne. En cas de doute, les auditeurs effectuent des prélèvements, envoient des échantillons de terre ou de produits au labo. Sur les 60 000 contrôles effectués par Ecocert chaque année, 10 % s'avèrent non conformes. Parce qu'il y a bien sûr des ratés dans le bio, comme ailleurs. « Parfois, c'est par ignorance, constate Philippe Thomazo, surtout chez un agriculteur qui se lance. S'il n'est pas suffisamment informé, formé, ça peut donner des couacs.»

La sanction est alors une suspension immédiate de certification ou un retrait de celle-ci. On ôte le caractère bio à tout ou partie de la production, procédure appelée le déclassement vers du conventionnel. Le produit n'a plus le droit de se prétendre bio. Il arrive même que, suite aux inspections, les produits doivent être retirés des rayons des supermarchés; c'est arrivé en France avec une huile qui n'avait de bio que le nom. Mais, là encore, les consommateurs ne sont pas nécessairement informés par des rappels publiés sur les sites officiels...

Dans tous les cas, les organismes certificateurs informent la Répression des fraudes des non-conformités et déclassements qu'ils décident. L'année suivante, en cas de suspension temporaire, l'opérateur pourra postuler de nouveau en vue de récupérer sa certification bio, mais il sera surveillé de très près. Si la certification lui a été retirée à cause de manquements graves – par exemple l'utilisation volontaire de produits interdits ou une comptabilité incomplète qui ne permet pas de vérifier la traçabilité des produits –, il n'aura pas le droit de la retrouver avant deux à trois ans. Parfois, enfin, l'organisme certificateur doute, suspecte une double comptabilité, une fraude. Chez Ecocert, ce type de suspicion remonte auprès de la Répression des fraudes plusieurs fois par an.

Vrai ou faux bio : une sacrée différence de prix

L'appât du gain pousse à la fraude. Si un opérateur remplace un important volume de pommes bio par des conventionnelles, au bout du compte, il empochera des profits vertigineux. À la Commission européenne, on reconnaît que «la différence de prix substantielle entre les produits biologiques et les produits conventionnels (en moyenne environ 30% plus élevée), rend le secteur économiquement intéressant. En décembre 2020, Europol a révélé qu'un groupe de criminalité organisée[1], opérant en Espagne mais qui commerçait aussi en France, vendait des pistaches biologiques jusqu'à 80% plus cher que celles issues de la production conventionnelle[2]... alors qu'elles étaient notamment traitées avec du glyphosate. L'économie de la fraude biologique se caractérise par des bénéfices élevés, de faibles pénalités, une faible probabilité de détection, qui se traduisent par des profits élevés pour les fraudeurs. Actuellement, comme il n'y a pas d'harmonisation au niveau de l'UE sur un catalogue de sanctions, certaines sanctions sont relativement laxistes, les sanctions financières sont rares et limitées, voire inexistantes».

En 2019, l'Europe a donc décidé de se concentrer sur la fraude dans le bio. Seize pays de l'Union européenne ont participé à une vaste opération dans le cadre d'Opson VIII, coordonnée par le Réseau européen de lutte contre la fraude (Food Fraud Network), Europol et Interpol. L'une des actions, Bad Juice[3], a permis de démanteler un réseau organisé tentaculaire[4]

1. Les 14 personnes arrêtées (à Ciudad Real, Madrid et Malaga) ont été accusées d'atteinte à la santé publique, de blanchiment d'argent, de falsification de documents et de délits liés au marché et aux consommateurs. Ces individus ont réalisé un bénéfice de 6 millions d'euros. L'enquête en France se poursuit.

2. «€6 million in illegal profit of fraudulent organic pistachio sales», Europol, 18 décembre 2020.

3. «Operazione Bad Juice – Scoperta maxi frode in commercio nel settore dei prodotti biologici», ministère des Politiques agricoles, alimentaires et forestières, 25 juin 2019.

4. Le graphique des acteurs impliqués donne le tournis : https://ec.europa.eu/food/sites/food/files/safety/docs/ff_coord-act_2019_opson8_large.jpg

vendant du jus de pomme concentré bio supposé européen, mais fabriqué en réalité avec des pommes pourries serbes, impropres à la consommation en raison de la présence de mycotoxines (patuline). Or la patuline est pathogène, reconnue pour provoquer des désordres gastro-intestinaux avec ulcérations, distensions et hémorragies, voire des perturbations de la fonction rénale à plus forte dose, selon l'Anses. Les fruits en décomposition étaient aussi contaminés par des produits chimiques, tels que des fongicides, des insecticides et des herbicides, non autorisés dans l'agriculture biologique. À la mixture finale, les fraudeurs ajoutaient de l'eau et du sucre pour faire passer leur breuvage ni vu ni connu auprès des acheteurs européens.

Plusieurs entreprises étaient impliquées. Plus de 1 400 tonnes de ces faux jus ont été saisies pour une valeur d'environ 5 millions d'euros, 9 personnes arrêtées et plus de 6,5 millions d'euros saisis par les inspecteurs de l'ICQRF et la Guardia di Finanza de Pise, les deux sociétés qui revendaient les produits serbes frelatés étant basées en Italie. Les autorités reconnaissent que ces «mauvais jus» ont été achetés par des entreprises leaders de l'industrie agroalimentaire européenne, notamment pour fabriquer des confitures et marmelades[1]. Ce sont des organismes de contrôle néerlandais et allemands qui avaient sonné l'alarme, ayant de sérieux doutes quant à l'origine et la production du jus de pomme concentré. Mais rien, malheureusement, n'a filtré sur les marques concernées... Malgré les quantités astronomiques, on n'en a jamais rien su.

1. Carlo Baroni, «Falso succo di mela biologico : scattano gli arresti, in manette il patron del Ponsacco», *La Nazione*, 26 juin 2019.

Les contrôleurs contrôlés

Il y a les fraudes liées aux entorses conscientes au règlement. Celles-là peuvent être anticipées en effectuant une bonne analyse des risques, en prenant en compte un ensemble de paramètres extérieurs. Le climat est l'un d'eux, raconte le directeur général d'Ecocert Philippe Thomazo : « Si une région a été très touchée par des pluies diluviennes et que l'on sait que ces conditions climatiques-là peuvent avoir comme conséquence une attaque des champignons sur les plantations, de blé notamment, on va demander aux contrôleurs de vérifier tout particulièrement que les fermiers n'ont pas eu recours à des fongicides en mode préventif. » La suite est mathématique : une analyse de risque fine suivie d'un contrôle pertinent permettra de débusquer davantage de falsifications.

Les producteurs en bio ont la pression mais les certificateurs aussi, étant eux-mêmes contrôlés tous les ans notamment par l'Institut national de l'origine et de la qualité (INAO). Car les faux pas peuvent avoir des conséquences économiques graves. S'il arrive ainsi aux organismes de contrôle de décertifier à tort un produit, leur hantise est surtout de certifier un aliment qui ne devrait pas l'être. Depuis le scandale survenu en Italie montrant que des auditeurs d'un organisme reconnu avaient été corrompus, on redouble de vigilance, évidemment.

En 2015, l'affaire Vertical Bio avait révélé l'existence d'une fraude aux céréales bio qui durait depuis 2010. Des contrôleurs « complaisants[1] » d'un organisme réputé

1. Marco Omizzolo, « I boss a Kilometro 0 », blog, *La Repubblica*, 25 mars 2018.

étaient impliqués, permettant la commercialisation de produits biologiques faussement certifiés contenant des OGM et des résidus de pesticides ou de désherbants (du chlorméquat, par exemple, ou encore du glyphosate). Il s'agissait de grandes quantités de céréales destinées à l'élevage comme à la consommation humaine : soja, maïs, blé tendre et lin provenaient de Roumanie, mais aussi de Moldavie, d'Ukraine et du Kazakhstan[1]. Au cours de l'enquête, la Guardia di Finanza de Pisaro et l'ICQRF ont retracé le chemin de 350 000 tonnes envoyées dans divers pays européens. Trente-trois personnes attendent leur procès, accusées d'association de malfaiteurs, fraude dans l'exercice du commerce, délits aggravés par le fait qu'il s'agissait de produits issus de l'agriculture biologique, particulièrement protégés par la loi italienne. «Une fraude internationale avec un chiffre d'affaires d'environ 126 millions d'euros», écrit Marco Omizzolo dans *La Repubblica*[2].

Les couacs sur le bio qui vient de loin

En France, un produit biologique n'arrive sur le marché qu'avec des papiers en règle : un certificat d'inspection biologique (COI), délivré en plus du document sanitaire commun d'entrée pour les marchandises soumises à contrôle sanitaire. Ce document électronique atteste la qualité biologique des produits et doit être délivré par un organisme tiers officiellement reconnu par la Commission européenne. Onze postes de contrôle

1. «Il biologico italiano ancora soggetto a truffe», Association italienne pour l'agriculture biologique (AIAB), 30 janvier 2015.
2. Marco Omizzolo, «I boss a Kilometro 0», art. cité.

frontaliers de la Répression des fraudes ont été ouverts : Marseille, Le Havre, Roissy, Saint-Nazaire, Bordeaux, Perpignan, Dunkerque, Lyon, Strasbourg, la Guadeloupe (Les Abymes) et la Réunion (Saint-Denis).

Or, en 2018, 1 produit sur 12 contrôlé était non conforme (8,1 %). Mais, pour certaines denrées, le taux montait, notamment à cause de la présence de pesticides dans des baies de goji originaires de Chine (17 %) ou des piments venus d'Égypte (23 %). Quant à des arachides en provenance du Sénégal, elles présentaient un taux de non-conformité très élevé (80 %), dû au risque de contamination aux aflatoxines. En principe, chaque lot doit être accompagné d'un certificat sanitaire et avoir fait l'objet d'une analyse avant son exportation vers l'Union européenne. Mais, dans les faits, la DGCCRF constate[1] que « la certification des produits biologiques est difficilement respectée par les pays tiers » (comprenez : hors l'Europe). La moitié des certificats bio contrôlés en France le sont pour des produits provenant du Maroc, de la Turquie, de la Tunisie, de Madagascar, d'Inde, de Chine, du Sri Lanka, du Japon et du Pérou, et, souvent, ça coince. « De nombreuses erreurs dans l'établissement et la validation des certificats par l'organisme certificateur du pays tiers sont constatées lors des contrôles documentaires. » Une centaine de certificats a ainsi été rejetée en 2018. Sur les 9 000 lots d'aliments biologiques contrôlés par la Répression des fraudes (environ 145 000 tonnes), 274 tonnes ne satisfaisaient pas aux critères. Cela fait tout de même beaucoup de produits essayant de se faire passer pour ce qu'ils n'étaient pas…

1. « Contrôle à l'importation des denrées alimentaires, une étape essentielle pour garantir la sécurité sanitaire », DGCCRF, 13 mai 2020.

Il y a donc du faux bio en circulation chez nous, c'est indéniable. Après vérifications sur les marchés, dans les restaurants, les grandes surfaces et les domaines viticoles, la direction départementale de la protection des populations des Alpes-Maritimes a estimé[1], fin 2019, que 30 % des produits bio étaient frauduleux. « Un primeur antibois a reçu une visite surprise pour avoir écrit "bio" sur son ardoise alors que les fruits et légumes qu'il vendait présentaient des pesticides », relate France Bleu. Pas de bol, son certificat était falsifié…

Dans les supermarchés

La Commission européenne réalise des audits régulièrement dans les pays tiers, hors de l'Union, pour vérifier que les contrôles et la production biologique sont bien au niveau des exigences européennes. Mais elle ne peut empêcher que des pesticides interdits en Europe continuent d'être utilisés dans ces pays lointains. Il arrive que des produits aspergés de substances pourtant interdites chez nous finissent dans les rayons de nos supermarchés. Exemple. En 2018, *60 millions de consommateurs* a épinglé[2] des riz basmati supposés bio de grandes marques, venus d'Inde et du Pakistan, car ils contenaient plusieurs résidus de pesticides théoriquement interdits dans ce type de production, dont du tricyclazole. Autre cas moins exotique, en Belgique, en 2018 : deux supermarchés de la chaîne Delhaize et Colruyt ont

1. Pauline Renoir, « 30 % de fraude au bio dans les Alpes-Maritimes », France Bleu Azur, 12 septembre 2019.
2. Arnaud Gonzague, « Des traces de pesticides retrouvées dans du riz, du chocolat et plein d'autres produits bio », *L'Obs*, 22 mars 2018.

dû rappeler[1] en catastrophe les produits carnés notamment bio qu'ils avaient achetés à l'abattoir Veviba, à Bastogne. Dans l'entrepôt frigorifique, les autorités belges ont constaté que la date de congélation des produits de viande surgelés était altérée. Lors de l'inspection dans l'atelier de découpe, les inspecteurs ont découvert que de la viande non destinée à la consommation humaine était vendue soit sous forme de queue de bœuf, soit sous forme de viande hachée… en supermarchés. Les autorités ont fermé l'usine. Pourquoi en parler puisque c'est du conventionnel ? Parce que, quelques jours plus tard, les consommateurs belges apprenaient que des produits bio étaient concernés. Dans les médias, le ministre de la Justice a dû reconnaître « des soupçons de falsification de la traçabilité interne chez Veviba en vue d'introduire de la viande non biologique dans la filière bio ». D'après la RTBF[2], « une première enquête du parquet de Neufchâteau portant sur la [même] filière bio aurait déjà eu lieu en… 2013 », soit cinq ans auparavant !

Aux Pays-Bas, foodwatch a révélé[3] à l'été 2018 que, outre le fipronil, quinze autres produits interdits[4] – pesticides et désinfectants – avaient été utilisés par une soixantaine d'élevages bio.

---

1. « Le scandale Veviba a un impact limité sur la vente de viande dans les magasins », *La Libre* (source Belga), 12 mars 2018.

2. « Scandale Veviba : la filière de la viande bio remise en cause », RTBF, 22 mars 2018.

3. « Des traces de pesticides et de désinfectants retrouvés dans des œufs bio aux Pays-Bas : "On s'attend à un autre scandale alimentaire" », RTL.be, 17 juin 2018.

4. Des insecticides ou des désinfectants comme MenthoBoast, MiteClean, CID 20, Kilcox, Virocid, Inciprop Extra, Kickstart, M50Q et Macrodes, dont l'usage n'est pas permis par le Conseil néerlandais pour l'autorisation des produits phytosanitaires et biocides.

Rester en alerte

Face au risque élevé de fraude dans le bio, les fabricants s'organisent pour repérer les moteurs de telles pratiques frauduleuses. La première étape, préventive, consiste à identifier les «tensions» dans l'approvisionnement en matières premières, qui peuvent être le résultat de divers facteurs : incidents climatiques ou sanitaires, pic de la demande. «Ces dernières années, on a connu des épisodes de tension sur le lait de chèvre ou la vanille. Les approvisionnements se sont améliorés depuis. Plus récemment, il y a eu un impact de la crise du Covid-19 avec notamment des tensions sur les œufs», explique Charles Pernin de Synabio. Pour appeler à la vigilance, Synabio informe ses membres en leur communiquant le «baromètre sur les tensions dans les approvisionnements», newsletter régulière, fruit de la veille et des remontées des membres. Partager l'information avec les autres acteurs de la filière est clé pour prévenir plutôt que guérir. «On part du principe que plus il y a de tensions sur une matière première, plus il y a un risque de fraude», souligne Charles Pernin.

Autre critère tenu particulièrement à l'œil : un prix anormalement bas. Un producteur qui constate que son voisin et concurrent écoule de la marchandise parfois importée mais vendue pour du *made in France* à un tarif bradé n'hésitera pas à alerter les instances en charge du contrôle, m'a raconté le directeur d'un organisme certificateur qui reçoit de temps en temps de tels signalements dans sa boîte mail.

Enfin, cultiver l'humain semble le meilleur moyen trouvé par les fabricants pour sécuriser leur chaîne d'approvisionnement. Chez Léa Nature ou Vitagermine (qui commercialise notamment Babybio), on en est convaincu. « Le bio, c'est un partenariat sur du long terme, de la confiance qui se crée, un accompagnement au quotidien, explique Amélie Juteau, responsable qualité chez Vitagermine. La meilleure stratégie reste le *sourcing* et de bien connaître ses fournisseurs, de dialoguer avec eux, de les auditer régulièrement. » Charles Pernin de Synabio confirme : « Le cœur de la lutte contre la fraude, c'est l'engagement avec les agriculteurs. Si vous changez de fournisseur tous les ans, si vous passez par des courtiers, cela augmente forcément le risque. Le meilleur moyen d'avoir des filières propres est de s'engager sur le long terme. »

La filière bio se veut plus transparente. Il est possible pour vous et moi, par exemple, de fouiller sur le site de l'Agence bio, parmi les 80 000 opérateurs biologiques répertoriés en France. J'ai fait le test avec l'huile d'olive et en ai recensé 31, avec leurs coordonnées. J'ai même pu télécharger le certificat émis par Ecocert (j'ai cliqué au hasard sur la carte), découvrant à quelle date il a été émis et pour quels produits. Aux États-Unis, le ministère de l'Agriculture va jusqu'à publier les certificats contrefaits, y compris ceux imitant les documents des organismes certificateurs français. Pour qui veut savoir, il y a donc des ressources disponibles en ligne. Mais peu d'informations sur les réels fraudeurs et les produits que nous avons consommés en pensant qu'ils étaient bio !

La Commission européenne a récemment mis le paquet sur le bio ; la transition vers l'agriculture biologique est prioritaire dans sa stratégie « De la ferme à la fourchette[1] » communiquée au printemps 2020. L'Europe

1. « Une stratégie "De la ferme à la table" pour un système alimentaire équitable, sain et respectueux de l'environnement », communication

veut tendre vers «un système alimentaire plus sain et plus durable, pierre angulaire du pacte vert», et s'est fixé des objectifs ambitieux : atteindre 25 % de terres biologiques sur la surface agricole totale européenne d'ici 2030, et réduire de moitié l'utilisation et les risques des pesticides chimiques dans dix ans. Il faudra donc produire autrement, suffisamment… mais toujours honnêtement.

Moins de pesticides, plus de bio : vous voyez comme moi le défi que cela représente ? «Il faudra s'assurer qu'on se donne les moyens d'enrayer les fraudes», me prévient un fonctionnaire de la Commission européenne. Et c'est dans les prochains mois que cela se jouera…

---

de la Commission au Parlement européen, au Conseil, au Comité économique et social européen, et au Comité des régions, Commission européenne, 20 mai 2020.

Épilogue

Solutions

> « Le lecteur peut beaucoup,
> en s'intéressant, comprenant,
> signalant des faits,
> il peut forcer les institutions [...]
> à prendre une position
> beaucoup plus forte
> qu'elles ne l'ont déjà fait. »
>
> Roberto Saviano

« Il y en a un peu plus, je vous le mets quand même ? », entendait-on autrefois chez certains commerçants. Mais non, ça suffit, il ne nous en faut « pas plus » pour comprendre. J'arrête là ma démonstration, laisse de côté les nombreux autres cas de fraudes alimentaires dont j'aurais pu vous parler, histoire de vous épargner une indigestion. Car il est urgent, maintenant, de s'attaquer aux solutions.

Par où commence-t-on ? Vous et moi ne sommes pas suffisamment armés pour repérer les fraudes à l'œil nu ou au pif : faut-il donc miser sur un coup de chance ?

Certes, en France, nous ne sommes pas les plus mal lotis face à ce risque global. Mais pas pour autant à l'abri.

Car si nos responsables s'attellent à gérer au mieux les crises lorsqu'elles surviennent, ils sont dans la réaction alors que l'ampleur de la fraude alimentaire, elle, nécessite la mise en œuvre d'une solide prévention. Les spécialistes du sujet s'accordent à dire qu'il faut la cartographier, l'anticiper, mesurer la vulnérabilité des produits, des marchés. Encore conviendrait-il de s'intéresser sérieusement à la question et se donner les moyens d'une telle politique. Or, depuis que j'ai commencé à enquêter sur les « faux aliments », bien d'autres thèmes ont focalisé l'attention des autorités, considérés – je le comprends – comme prioritaires : Charlie et les attentats terroristes, les migrants abandonnés dans les eaux européennes, le mouvement « MeToo » et les violences conjugales, le Brexit qui a déstabilisé notre cher continent, la réforme des retraites et les revendications des Gilets jaunes, puis le dévastateur coronavirus.

On devine aisément qu'il y aura dans les mois à venir bien d'autres dossiers urgents sur les bureaux des ministres, députés, autorités de contrôle et agences sanitaires. Mais, pendant ce temps, nous allons tous continuer de manger, n'est-ce pas ? Et j'aimerais être sûre que des boissons, aliments illégaux ou dangereux ne profitent pas de l'attention détournée pour se frayer un passage jusqu'à nos frigos. Et je crois que nous sommes nombreux dans ce cas. Pour faire barrage au phénomène, il est plus que temps que nos décideurs soulèvent enfin le couvercle de la casserole et osent regarder ce qu'elle contient. Il serait bon, aussi, que les élus s'emparent du sujet, comme l'ont fait récemment les parlementaires anglais en publiant un rapport très documenté[1] sur les meilleures stratégies à adopter dans la lutte contre la

1. « Food fraud. Research Briefing », Parlement britannique, 21 mai 2020.

fraude alimentaire, mais également la Food Crime Unit écossaise[1].

Lors de son intervention à la conférence Food Risk de Nîmes début 2020, Francesco de Angelis d'Interpol[2] a déclaré : « La prise de conscience est le tout premier pas vers le succès. » Il s'agit de s'attaquer enfin au sujet de la fraude alimentaire, au lieu de nous endormir sur le fait que nous avons sans doute le meilleur système sanitaire au monde.

Des autorités complaisantes

Je ne suis pas une marchande de peur. Dans ces pages, j'ai dressé un constat. Qui montre pas mal de dysfonctionnements. Je les ai documentés, vérifiés, discutés avec de nombreux femmes et hommes de terrain, que j'admire pour leur pugnacité, qui m'ont fait confiance – je les remercie ici de leurs précieux éclairages (elles et ils se reconnaîtront) – et qui aspirent, comme moi, à ce que ces errements, escroqueries, mensonges… disparaissent. Car il s'agit d'un enjeu d'intérêt général. Aucun acteur de l'industrie agroalimentaire ne veut courir le risque de voir sa réputation engagée, ternie si un scandale semblable à celui de la viande de cheval éclatait.

Face à l'ampleur du chantier, le cruel manque de moyens dédiés à la lutte contre les fraudeurs et l'opacité des autorités hexagonales – qui pourrait amener à penser qu'elles sont, sinon complices, du moins complaisantes avec les contrevenants – deviennent insupportables.

1. « FSS Food Crime Control Strategy 2020/2021 », Scottish Food Crime & Incidents Unit, Food Standards Scotland, septembre 2020.

2. Criminal Intelligence Officer – Illicit Goods and Global Health Programme.

Au cours de cette enquête, vous l'avez lu, obtenir des réponses des ministères français à mes questions s'est transformé en parcours du combattant, alors que je n'ai eu aucun mal à creuser le sujet avec les autorités italiennes, irlandaises, britanniques, écossaises, belges ou danoises. Dès lors, cessons de faire de ce thème un tabou, d'espérer régler le problème discrètement, dans l'ombre. Une attitude aussi infantilisante qu'agaçante et contre-productive. Avec ce livre, j'ai voulu braquer les projecteurs sur les « faux aliments » dans l'espoir de créer du débat. D'autant que le thème est devenu un sujet brûlant… à Bruxelles.

La fraude, une priorité à Bruxelles… mais pas à Paris ?

La présidente de la Commission européenne, Ursula von der Leyen, a personnellement chargé[1] la commissaire à la Santé, Stella Kyriakides, de développer « une stratégie avec des mesures concrètes contre la fraude alimentaire », en travaillant avec les pays de l'UE et l'Office européen de lutte antifraude (OLAF)[2]. Stella Kyriakides a du pain sur la planche : en quatre ans, le Système d'assistance administrative et de coopération pour la fraude alimentaire (AAC-FF[3]) a vu le nombre de notifications (les

1. Ursula von der Leyen, President-elect of the European Commission, « Stella Kyriakides. Commissioner-designate for Health. Mission letter », Commission européenne, 10 septembre 2019.

2. Ces mesures s'inscriront dans le cadre de la feuille de route du Green Deal (le Pacte vert) européen et de la stratégie « De la ferme à la fourchette », publiée en mai 2020, mais les contours sont encore flous.

3. Un outil informatique qui permet aux pays de l'UE d'échanger des données sensibles de manière structurée et sécurisée concernant les non-conformités et les cas suspectés de fraude alimentaire.

communications entre États membres à propos de fraudes supposées ou avérées) croître de 85 %[1] ! « Des chiffres qui montrent une augmentation du nombre d'activités frauduleuses présumées signalées, mais qui sont surtout les résultats directs de la coopération accrue entre les États membres, avec le soutien de la Commission, dans la lutte contre la fraude alimentaire », précise Philippe Loopuyt, chef de l'unité en charge des « Alertes, traçabilité et comités » au sein de la DG Santé et sécurité alimentaire.

La commissaire ne démarre donc pas d'une page blanche. L'Europe s'est dotée d'un vaste arsenal, surtout depuis l'affaire des lasagnes au cheval. Il y a du monde mobilisé à l'échelon européen : le Food Fraud Network (communication entre les États membres), le Rapid Alert System for Food and Feed (RASFF, Système d'alerte rapide pour les denrées alimentaires et les aliments pour animaux), les laboratoires du Centre commun de recherche (JRC), l'Autorité européenne de sécurité des aliments (EFSA), sans oublier Europol. Le système informatique intra-communautaire sur les contrôles officiels (IMSOC) a même été renforcé (l'information devrait, *a priori*, mieux circuler) et un procureur européen désigné, qui pourrait avoir à plancher sur des dossiers liés à la fraude.

Est-ce que cela suffira ? Le doute existe, car les voyants concernant la fraude sont partout très rouges.

En France, l'Association nationale des industries agroalimentaires (ANIA) s'apprête, à l'heure où j'écris, à diffuser à ses membres son premier guide sur les fraudes

1. « 2019 Annual Report. The EU Food Fraud Network and the Administrative Assistance and Cooperation System », Commission européenne, 2020.

pour «les aider à évaluer le risque de fraudes (cartographie de la chaîne d'approvisionnement, points de vulnérabilité, plan d'action)» et à s'y retrouver dans le magma des réglementations.

La fraude alimentaire inquiète tellement que le Conseil de l'UE[1] (les ministres) s'est montré, fin 2019, particulièrement préoccupé par son impact sur la santé et par le fait qu'elle coûte à l'industrie agroalimentaire la bagatelle de… 30 milliards d'euros par an[2] ! Et a demandé à la Commission et aux États membres d'y «allouer les ressources adéquates».

Comment la France, patrie de la gastronomie, compte-t-elle enrayer ce fléau alors que les effectifs consacrés aux contrôles se réduisent comme peau de chagrin d'année en année ? J'ai interrogé les agences de contrôle hexagonales, histoire de me rassurer un peu… La réponse reçue a été fort vague, alors que je demandais des précisions sur ce que comporte concrètement la proposition française de lutte contre la fraude alimentaire : quel calendrier, quels moyens, quelle stratégie. «Les autorités françaises ont engagé une réflexion sur la lutte contre les fraudes alimentaires, réflexion qui a rejoint l'analyse menée par la Commission européenne, m'a-t-on dit. Il s'agit de renforcer les moyens de lutte contre la fraude alimentaire en vue, *in fine*, d'améliorer la protection du consommateur et de redonner

1. «Next steps how to better tackle and deter fraudulent practices in the agrifood chain. Council Conclusions», Conseil de l'Union européenne, 16 décembre 2019.

2. L'industrie alimentaire et des boissons de l'Union européenne génère un chiffre d'affaires de 1,2 billion d'euros et 236 milliards d'euros de valeur ajoutée, ce qui en fait la plus grande industrie manufacturière de l'Union. Source : «Data & Trends of the European Food and Drink Industry 2019», FoodDrink Europe, 21 novembre 2019.

confiance aux citoyens européens dans une Europe qui les protège. » Chacun jugera.

Qui est responsable : l'Europe ou la France ?

En vérité, il est impératif d'aller au-delà des discours d'intention. Sur l'échiquier européen, le souhait de Paris est de créer une super *task force*. Une bonne idée (on murmure que l'Allemagne y serait favorable) puisque personne ne peut, décemment, être opposé à plus de collaboration entre États. Mais il conviendrait, aussi, de regarder la poutre dans son œil avant de s'atteler à dégager la paille dans celui de la grande Europe. Le projet français de *task force* s'avère une proposition forte et utile s'il ne s'agit pas de se planquer derrière pour, au prochain scandale, remettre la faute sur l'UE.

De ce point de vue, la gestion de la crise du fipronil, à l'été 2017, a été désastreuse. Cet insecticide dont l'usage sur les animaux destinés à la consommation était interdit avait été aspergé sur de nombreuses volailles d'élevage, en guise d'antipoux. Des millions d'œufs contaminés – bio compris – avaient envahi le marché européen. Et on avait vu les retraits-rappels organisés très différemment d'un pays à l'autre – pour ne pas parler de désorganisation la plus totale –, car les États membres n'avaient pas la même interprétation du risque. Aucun pays n'a été capable d'indiquer précisément où ont fini les œufs contaminés, de fournir une liste exhaustive des produits transformés contenant du fipronil ; et ce alors qu'il s'agissait d'une fraude aux conséquences massives ! Chez nous, gouvernement, fabricants et distributeurs se sont posés en victimes ; finalement, personne n'était responsable.

Trois ans après le fipronil et bientôt huit ans après le scandale de la viande de cheval, les leçons politiques ne semblent en fait pas avoir été tirées. Les opérations Opson (fraude alimentaire) et Silver Axe (faux pesticides) coordonnées chaque année par Europol et Interpol montrent que le phénomène est mondial et croissant. Au-delà des chiffres affolants de saisies des marchandises frauduleuses, ce qui doit nous inquiéter, c'est le fait que le système actuel, à l'exception de quelques plans de surveillance[1] et du plan national de contrôles officiels pluriannuel, est essentiellement correctif et non préventif. Ce qui est grave. Car les autorités ont la responsabilité (c'est écrit noir sur blanc dans le règlement européen 178/2002[2]) de tout mettre en place pour protéger leurs citoyens.

Nécessaire prévention et laboratoires qui savent

Qui prête un tant soit peu attention aux publications[3] des plus grands experts mondiaux – comme Chris Elliott (Queen's University de Belfast) ou John Spink (Michigan State University) – sur la question sait que la prévention

1. https://agriculture.gouv.fr/plans-de-surveillance-et-de-controle et https://www.economie.gouv.fr/files/files/directions_services/dgccrf/securite/produits_alimentaires/pncopa-2016-2020.pdf

2. Article 17 du règlement (CE) numéro 178/2002 du Parlement européen et du Conseil du 28 janvier 2002 établissant les principes généraux et les prescriptions générales de la législation alimentaire, instituant l'Autorité européenne de sécurité des aliments et fixant des procédures relatives à la sécurité des denrées alimentaires.

3. J. Spink, P.V. Hegarty, N.D. Fortin, C.T. Elliott et D.C. Moyer, « The application of public policy theory to the emerging food fraud risk: Next steps », *Trends in Food Science & Technology*, 85, mars 2019, p. 116-128.

figure en haut de la liste des réponses à apporter par les politiques publiques face au risque de fraude alimentaire. À la National Food Crime Unit en Grande-Bretagne, de manière pragmatique on appelle cela le modèle des 4 P. D'abord on comprend la menace, ensuite on y répond en 4 P : (se) Préparer (*Prepare*), Prévenir (*Prevent*), Protéger (*Protect*) et Poursuivre (*Pursue*).

De toute évidence, avec la quantité de faux aliments circulant dans le marché unique européen, on n'est ni complètement préparés ni en train de mettre en place une prévention digne de ce nom. Il va falloir donner de sacrés gages aux consommateurs pour regagner leur confiance : de la transparence, des moyens publics sur le terrain renforcés, des sanctions réellement dissuasives et communiquées, des outils pour recueillir les renseignements (ce qui va de pair avec la garantie qu'ils seront traités), une véritable protection des lanceurs d'alerte, de nouvelles obligations pour les fabricants et les distributeurs, qui devront donner des garanties, et les laboratoires – ces derniers savent mais gardent le secret, comme la loi le permet encore.

Car les laboratoires auxquels les fabricants envoient leurs échantillons (ce que l'on appelle les « autocontrôles ») sont au courant que des fraudes ont lieu. Dans leurs salles immaculées, aseptisées, les résultats qui montrent parfois des menaces pour la santé ou des pratiques frauduleuses apparaissent clairement. Mais si les labos transmettent les fâcheuses analyses à leurs clients, les autorités n'en sont, elles, pas forcément averties. À moins que ces dernières n'aient eu l'idée de les demander expressément pour les besoins d'une investigation, personne n'en saura jamais rien. « On ne peut pas nous obliger à communiquer toutes les non-conformités aux autorités, me glisse une directrice de labo. Il y en aurait beaucoup trop, des alertes ! » Du coup, il faudrait fermer les yeux ? « Devant l'impossibilité de tout savoir, la plupart ont choisi de ne savoir rien », écrivait l'auteur surréaliste Louis Scutenaire. C'est pourtant l'option qu'ont prise nos régulateurs.

J'ai visité des laboratoires et je sais combien leurs technologies de pointe font des merveilles. Repérer du lard de cochon dans l'huile de palme, un mélange de poissons dans un joli filet, de la chlorophylle dans une banale huile végétale déguisée en huile d'olive, ils y parviennent. Des tests portatifs permettent de scanner une bouteille de whisky et de voir son vrai contenu, de déceler sur un jambon suspendu s'il est ibérique comme il le prétend… Ces méthodes et technologies sont impressionnantes, prometteuses. « Contrôler ce qui se passe, c'est éviter de se prendre tout seul tout dans la gueule », me lança un jour le créateur d'une start-up qui fournit des outils de blockchain au secteur agroalimentaire. Certes, mais la technique ne suffira pas sans prise de conscience des autorités. Car elle n'est pas dissuasive, elle !

De nouvelles obligations pour les industriels et fabricants d'aliments

Je ne compte plus le nombre de témoignages d'experts, français ou européens, qui se plaignent du secret entretenu par l'industrie agroalimentaire. Cette dernière sait énormément de choses sur la fraude puisqu'elle en est victime. Elle pourrait donc aider les autorités à mieux cerner le phénomène, à identifier des tendances, à démanteler des réseaux, mais ne joue pas vraiment le jeu, ne communique pas assez avec les enquêteurs publics à ce propos. Ou quand elle n'a plus le choix, comme lorsque les fabricants de pesticides ont besoin du « bras armé » de la répression pour faire respecter la loi et capturer de faux produits.

Les fabricants et distributeurs devraient être contraints de déclarer les fraudes aux instances de contrôle, et pas seulement lorsqu'il y a incidence potentielle sur la santé (comme le prévoit la réglementation européenne).

Imposer de nouvelles règles devient urgent

Une approche déjà discutée dans certains cercles politiques européens et approuvée par nombre de spécialistes, à commencer par ceux qui luttent contre la criminalité. « Il est important que l'industrie comprenne qu'il lui incombe de veiller à la mise en œuvre des contrôles adéquats en matière de fraude alimentaire », souligne ainsi Peter Whelan (FSAI, la Food Safety Authority d'Irlande). De la même manière qu'il existe un « pack hygiène » (HACCP[1]) qui instaure des mesures obligatoires afin de garantir la sécurité sanitaire des aliments, il conviendrait d'en décliner un « pack » visant à lutter contre la fraude. Que d'aucuns appellent le VACCP (Vulnerability Assessment and Critical Control

1. Hazard Analysis Critical Point Control Points ou analyse de danger et points critiques pour leur maîtrise. Les professionnels ont l'obligation de mettre en place un système de maîtrise préventif de la sécurité sanitaire des aliments reposant sur la mise en œuvre de bonnes pratiques d'hygiène (formation du personnel, plan de nettoyage et désinfection, maîtrise des températures, etc.), un système qui identifie, évalue et maîtrise les dangers significatifs au regard de la sécurité des aliments dit HACCP, et un système de traçabilité permettant notamment la gestion des produits non conformes.

Plan), une évaluation de la vulnérabilité et un plan de contrôle critique à rendre obligatoire. En bref, les exploitants du secteur, ainsi que les autorités publiques, devraient être tenus de procéder à une évaluation de la vulnérabilité à ce sujet et, s'ils en rencontraient, à vérifier la probabilité de fraude alimentaire. Une stratégie de prévention ou de contrôle serait alors mise en place, prévoyant des actions, « notamment l'échantillonnage des aliments et les tests en laboratoire des ingrédients et des matières premières. Une traçabilité sans faille sur toute la chaîne. Des contrôles plus pointus sur les denrées provenant de pays où l'on sait qu'il existe des problèmes de fraude. Des audits stricts des fournisseurs, en vérifiant leurs antécédents. En somme, il s'agit de bien comprendre toutes les étapes de la chaîne d'approvisionnement », détaille Peter Whelan de la FSAI.

Des tests obligatoires

Les multinationales ont déjà intégré l'évaluation d'un tel risque dans leur business : Coca-Cola, Mars, Callebaut, Ducros/Vahiné, Vitagermine (Babybio, Vitabio), Léa Nature, Kellogg's, McDonald's, Danone, Nestlé… appliquent des modèles d'évaluation, fondés sur des questionnaires développés par des universitaires[1] avec l'industrie agroalimentaire[2]. Cela ne veut pas dire qu'aucun de leurs produits n'est exposé à la fraude, mais au moins la tiennent-ils à l'œil.

1. Food Fraud Vulnerability Assessment tool (FFVA) développé par Wageningen University, RIKILT Wageningen UR et VU Amsterdam.
2. Global Food Safety Initiative.

« La solution idéale, selon Chris Elliott[1], professeur à l'université Queen's de Belfast et expert mondial de la fraude alimentaire, serait que les grandes entreprises soutiennent les petites afin de protéger les consommateurs. Les fédérations ou regroupements, par exemple, collecteraient et distribueraient des informations sur la fraude à d'autres personnes au sein de l'industrie alimentaire. »

C'est ce qu'ont mis en place, en France par exemple, le Syndicat national du commerce extérieur des produits congelés et surgelés (SNCE) et le Syndicat national des entreprises bio (Synabio). Au sein de l'Association nationale des industries agroalimentaires (ANIA), l'idée avait été évoquée au moment du scandale de la viande de cheval. Mais, finalement, l'ANIA a laissé aux secteurs alimentaires le soin de s'organiser.

J'entends déjà nombre de petits producteurs hurler. Déployer une telle prévention et effectuer des tests en laboratoire serait un sacré budget pour eux. Évidemment, explique Peter Whelan (FSAI), « comme pour le système HACCP, il devrait y avoir une certaine souplesse dans la manière dont ce serait appliqué. Les petites entreprises du secteur alimentaire ne seraient pas tenues de procéder à une évaluation aussi complète que les grands exploitants, mais toutes devraient être en mesure de démontrer aux inspecteurs qu'elles ont pris en compte les vulnérabilités potentielles auxquelles leur entreprise peut être soumise, qu'elles ont évalué ces vulnérabilités et, le cas échéant, mis en œuvre des plans de contrôle ou des stratégies d'atténuation ». Matthias Wolfschmidt, directeur de campagnes chez foodwatch International,

1. Tom Levitt, « Three years on from the horsemeat scandal: 3 lessons we have learned », *The Guardian*, 7 janvier 2016.

va plus loin[1] : « Les tests devraient être obligatoires pour la grande distribution, point barre. Si les grandes chaînes de supermarchés craignaient de payer elles-mêmes de lourdes pénalités pour des marchandises frauduleuses, elles effectueraient des contrôles intensifs dans leur propre intérêt. Ce serait le moyen le plus efficace de lutter contre la fraude alimentaire. »

Il y a les règles et les règles du jeu : en France, elles sont questionnables

Parlons de la transparence. Assez de cachotteries ; nous ne sommes pas des enfants à qui on ordonne : « Mange et tais-toi. » Ainsi, rien n'interdit aux autorités françaises de nous divulguer la vérité. Notez donc que leur silence sur les fraudes alimentaires relève du *choix* politique. J'en veux pour preuve que cela ne se passe pas ainsi ailleurs en Europe. Pourquoi ce qui est si simple chez nos voisins paraît étrangement compliqué sur notre sol ?

« Le secret, c'est décidément une tradition en France. À la DGCCRF, on en convient. Si c'était un agent français des fraudes, et non irlandais, qui avait découvert inopinément de la viande de cheval dans des lasagnes, personne n'en aurait jamais rien su », écrit la journaliste Géraldine Meignan dans son livre *Les Réseaux de la malbouffe*[2]. Un enquêteur précise : « On aurait monté une enquête en toute discrétion sur l'ensemble de la filière, on aurait constaté les infractions, pris les mesures de police nécessaires. Et vous n'en auriez pas entendu parler. Ça aurait évité à l'entreprise de couler. »

1. Thorsten Fuchs, « Wir brauchen eine gesetzliche Kontrollpflicht der Handelsketten », *Wolfsburger Allgemeine*, 14 décembre 2018.
2. JC Lattès, 2015.

Bien des années après l'affaire Spanghero, la transparence n'est toujours pas de mise. La Cour des comptes a pourtant allumé à plusieurs reprises la direction générale de l'alimentation (ministère de l'Agriculture) et la Répression des fraudes (ministère de l'Économie) pour leur opacité à l'égard des consommateurs en écrivant : « Quelle qu'en soit la justification, cette situation est anormale. » Après le scandale du lait infantile Lactalis contaminé à la salmonelle, le gouvernement s'était engagé en 2018 à mettre en place une plateforme en ligne sur les rappels. Presque trois ans plus tard – on l'a vu dans ce livre –, celle-ci n'a toujours pas vu le jour !

En Belgique, en Suisse, en Irlande, en Écosse, il suffit de communiquer son adresse e-mail pour recevoir des détails concernant les produits rappelés. J'ai testé ces outils : allergènes non mentionnés, seuils de pesticides explosifs sur des fruits importés, *E. Coli*, salmonelle... rien ne manque. L'information tombe dans la boîte e-mail du demandeur en temps réel, week-end compris. En Belgique, l'Agence fédérale pour la sécurité de la chaîne alimentaire (AFSCA) va même de plus en plus souvent jusqu'à mentionner où ont été vendus les produits problématiques !

Si l'information du public au moindre risque pour la santé est obligatoire (même si cela prend, parfois, la forme de ridicules affichettes planquées dans un coin de supermarché), on ne tergiverse pas ; en revanche, lorsqu'il s'agit de fraude, c'est le brouillard complet : la réglementation européenne 178/2002 ne prévoit absolument aucune contrainte pour les produits frauduleux[1].

1. « Règlement général européen sur l'alimentation (CE) 178/2002 : Pourquoi la législation de l'Union européenne ne parvient pas à protéger les consommateurs des scandales alimentaires », rapport de foodwatch, juillet 2018.

Informer, ne pas informer ? Chacun fait un peu ce qu'il veut. Du coup, les autorités françaises ont pris le parti de cultiver le secret, de ne quasiment jamais rien dire aux consommateurs, en tout cas pas en détail, de ne pas dévoiler les marques concernées, les quantités, les points de vente, etc. Or l'information du public est essentielle pour inciter efficacement les fabricants et détaillants à prévenir la fraude.

Une transparence qui a trois vertus. D'abord, être dissuasive. En Irlande, les informations sur les établissements osant refourguer des aliments impropres ou frauduleux sont tellement détaillées que la honte doit se déverser sur eux et qu'on ne les y reprendra pas à deux fois. Même chose au Danemark, où est publié chaque rapport des inspecteurs afin « que tout le monde puisse voir qui a triché ».

Ensuite, la transparence redore la confiance. Le fait de savoir comment les responsables s'attaquent à la fraude crée un sentiment favorable chez les consommateurs. « Il est important que les gens sachent que nous enquêtons sur toutes les allégations de malversations signalées, que nous réagissons et dénonçons les pratiques frauduleuses et trompeuses », abonde Peter Whelan, directeur de la division d'audits et d'investigations à la Food Safety Authority d'Irlande. Même son de cloche en Italie, où Stefano Vaccari, chef d'une Répression des fraudes (ICQRF) qui se targue d'avoir l'un des systèmes de contrôle les plus efficaces d'Europe, considère que « la transparence aide toujours. Les organismes de contrôle communiquent sur leurs activités et leurs opérations autant que possible. Pour chaque opération extraordinaire de l'ICQRF, par exemple, le ministre publie son propre communiqué de presse ». Au Danemark, Michael Rosenmark, chef d'unité de la brigade volante au sein de l'unité de lutte contre la criminalité alimentaire, part du principe que tout le monde peut tricher : « Nous tâchons d'appliquer la politique de zéro tolérance. C'est ce que j'appelle la théorie de la fenêtre cassée. Même une toute petite fenêtre brisée doit être réparée ; sinon, c'est une invitation à jeter des pierres dans les autres fenêtres, et alors vient l'escalade. » Michael Rosenmark constate que l'information génère l'information : « Nous communiquons énormément, ce qui a permis de développer une culture de confiance chez les gens. Lorsque nous parlons ouvertement de violations des règles dans les médias, s'ensuit un sérieux pic d'appels téléphoniques. »

Pouvoir vérifier que les sanctions sont « effectives, proportionnées et dissuasives[1] » rassurerait. Au fond, bien que la loi Hamon ait musclé ces sanctions, en France, frauder vaut toujours la peine. « Dans les faits, les suites données aux non-conformités sont peu nombreuses, insuffisamment contraignantes et très hétérogènes d'un service à l'autre. [...] Seules 41 % des inspections constatant une non-conformité moyenne ou majeure ont donné lieu à une suite, quelle qu'elle soit », écrivait la Cour des comptes dans un rapport de 2014. « Il devrait être financièrement plus avantageux de respecter les règles que de les enfreindre, ce qui n'est pas le cas », me lâchait un gendarme expert.

Enfin, il existe un troisième avantage à la transparence : elle valorise les producteurs qui travaillent dans les règles de l'art. Pourquoi respecter les règles si ceux qui les enfreignent ne sont jamais dénoncés publiquement ? Bien faire ou pas est, au final pour l'opinion publique, la même chose quand l'opacité règne !

1. Article 17 du Règlement général européen sur l'alimentation (CE) 178/2002.

Se doter enfin de moyens à la hauteur de la situation

Avant de parvenir à cette transparence, il convient déjà de constater les fraudes sur le terrain. Dans son rapport 2019, la Cour des comptes notait que les services de la DGAL avaient relevé, suite à leurs contrôles, 41 % de taux d'anomalies en 2016 et 2017 !

Le responsable d'une direction départementale de la protection des populations (DDPP) me confiait que, alors que ses services constatent parfois des fraudes à l'échelle européenne, voire mondiale, les « moyens d'action au niveau des départements sont insuffisants. Rechercher des anomalies dommageables aux consommateurs est le carburant de la majorité des équipes. Mais on croule sous le travail de reporting, les lourdeurs administratives. Nous ne sommes pas suffisamment nombreux ». Enquêter sur le fait que les consommateurs sont lésés ou plutôt sur des dangers pour leur santé : « Chaque jour, il faut choisir », admet-il. Et lorsqu'il débusque, avec son équipe, des pratiques frauduleuses, « parfois, ça nous démange. On voudrait que les consommateurs inquiets sachent que nous effectuons ce travail d'investigation, qu'ils en aient un bon niveau de connaissance. Mais seul le procureur peut décider de rendre l'affaire publique », regrette-t-il.

Une approche pluridisciplinaire serait bienvenue. En Irlande, où Peter Whelan travaille avec ses équipes sur une cinquantaine de cas de fraude alimentaire par an, cela se passe ainsi : « Notre force est d'être une petite unité centralisée flexible qui a le pouvoir de réagir très rapidement aux informations reçues. Nous enquêtons sur ces cas en collaboration avec les inspecteurs alimentaires et d'autres membres des forces de l'ordre d'un grand nombre d'agences en Irlande.» *Idem* au Danemark. «Hélas, chez nous, il n'existe pas de véritable service (de police ou autre) faisant le lien entre toutes les problématiques liées à la fraude alimentaire, et ce avec une approche multidisciplinaire», déplore un responsable amené à enquêter sur ces sujets.

Dénoncer ou lancer l'alerte ? Mais comment ?

«Culturellement, en France, la communication de l'information n'est pas valorisée, poursuit le directeur de la DDPP. Le fait de dénoncer a une connotation péjorative, liée à la Seconde Guerre mondiale. Pourtant, cela nous aiderait. Car nous sommes parfois contactés par des personnes qui ont un comportement citoyen, mais sont aux prises avec un conflit de loyauté. Ces sources nous sont très utiles.»

Le «renseignement» (*intelligence*), comme on dit dans le milieu, est inestimable. Au Danemark, Michael Rosenmark, chef d'unité de la brigade volante au sein de l'unité de lutte contre la criminalité alimentaire, croit au travail de renseignement de la police «à l'ancienne» : «Quelqu'un qui me révèle une information sur un parking, pour moi, c'est précieux. La majorité de nos cas (près de la moitié) proviennent d'ailleurs de ces personnes : ex-employés, ancienne épouse, parent...» Peter Whelan, en Irlande, confirme : «Nos enquêtes les plus importantes ont été menées grâce à l'aide de lanceurs d'alerte. Les citoyens sont les yeux et les oreilles des inspecteurs. Les informations fournies à la FSAI sont essentielles; sans elles, il est beaucoup plus difficile de détecter et combattre la fraude alimentaire.» Pour lui, les citoyens doivent savoir qu'il existe un endroit où signaler des problèmes. Et il n'est pas le seul à le penser. La Grande-Bretagne, l'Irlande, l'Écosse, le Danemark ou l'Italie ont mis en place des systèmes qui permettent aux individus d'alerter sur de potentielles fraudes alimentaires, par le biais de lignes téléphoniques – *hotline* –, d'une plateforme Web pour les plaintes et d'une messagerie électronique. À Dublin, quatre personnes à temps plein gèrent la réception de ces alertes dans une grande salle à accès très limité. Avec tableaux blancs, tables gigantesques pour étaler les documents et autres preuves, deux grands écrans de télévision, des installations de vidéoconférence et de téléconférence.

Un auditeur français dont le job consiste à vérifier que les fabricants sont dans les clous pour prétendre à une certification qui leur ouvrira les portes de la grande distribution m'a confié avoir vu dans son métier des horreurs. Des aliments à même le sol, des origines de foie gras modifiées frauduleusement (d'Europe de l'Est, il était devenu français par la magie d'étiquettes falsifiées), des morceaux impropres traités avec des substances douteuses puis renvoyés dans la chaîne alimentaire. Des manipulations tellement dégoûtantes qu'il aurait aimé, m'a-t-il dit, les yeux pleins d'espoir, disposer d'un canal anonyme pour transmettre ces informations sans risquer de faire capoter sa boîte d'audit.

L'Europe reconnaît que « les lanceurs d'alerte peuvent jouer un rôle important dans la mise au jour d'activités illicites qui portent préjudice à l'intérêt général et au bien-être des citoyens et de la société[1] ». Une

1. « Protection des lanceurs d'alerte : la Commission fixe de nouvelles règles applicables dans toute l'UE » (communiqué de presse), Commission européenne, 23 avril 2018.

directive a même été votée en octobre 2019[1] qui permet aux lanceurs d'alerte de choisir soit leur entreprise, soit une autorité externe (judiciaire ou administrative, nationale ou internationale) pour dénoncer des faits, alors qu'en France, pour l'instant, ils doivent saisir d'abord leur hiérarchie interne[2].

Un directeur de la DDPP aimerait que la réglementation française soit renforcée en ce sens. La Défenseure des droits elle-même a appelé, dans son avis de décembre 2020[3], « à renforcer les droits des lanceurs d'alerte, qui ne sont pas aujourd'hui pleinement garantis compte tenu de l'absence de mécanisme complet et cohérent d'accompagnement et de suivi des lanceurs d'alerte comme des alertes elles-mêmes ». Ce que des dizaines de journalistes et organisations de la société civile (syndicats, ONG) réclament également[4]. En Irlande, le Protected Disclosures Act de 2014 offre une protection très forte à la personne qui fournit des informations sur des actes répréhensibles : elle ne peut être licenciée, suspendue, harcelée, victimisée ou pénalisée de quelque manière que ce soit. Chez nous, il faut du courage pour divulguer l'information, risquer de perdre son emploi ou supporter les années qui verront la partie adverse multiplier les intimidations. En France, 36 % des cadres

1. Directive (UE) 2019/1937 du Parlement européen et du Conseil du 23 octobre 2019 sur la protection des personnes qui signalent des violations du droit de l'Union.

2. « Un tiers des cadres témoins de "pratiques illégales" dans leur travail », *L'Express* (source AFP), 7 novembre 2019.

3. Défenseure des droits, « Avis 20-12 relatif à la transposition en France de la directive (UE) 2019/1937 du Parlement et du Conseil du 23 octobre 2019 sur la protection des personnes qui signalent des violations du droit de l'Union », 16 décembre 2020.

4. « Une loi pour mieux défendre les lanceurs d'alerte », tribune à l'initiative de la Maison des lanceurs d'alerte, *Libération*, 10 décembre 2020.

disent être témoins de pratiques contraires à l'intérêt général et 1 cadre sur 2 considère comme risqué le fait de les signaler ; donc, souvent, ils s'abstiennent de les dénoncer. Comme porter plainte à la police ou à la gendarmerie suppose de décliner son identité et que les informateurs, comme me l'a expliqué un gendarme, sont, eux, protégés, il y aurait plus de sécurité pour ces courageux.

Chez foodwatch, je suis régulièrement contactée par des personnes qui, n'en pouvant plus de garder pour elles un intenable secret, se tournent vers moi afin d'explorer les pistes possibles, de comprendre le système. Des hommes et des femmes qui aspirent à améliorer le système quand il déraille, à faire remonter l'information, tout simplement. Je vous invite d'ailleurs à le faire, cher lecteur, quand vous avez vu quelque chose, par le biais d'une adresse e-mail sécurisée que vous pouvez créer très simplement[1]. Je m'engage à vous répondre et – avec bien sûr votre accord et la prudence de rigueur – soit à creuser l'information, soit à la faire remonter auprès d'enquêteurs qui s'y pencheront sérieusement. Contre la fraude alimentaire, nous pouvons et devons créer une nouvelle dynamique. Pour ne plus craindre de manger du faux pour de vrai, enfin agissons.

1. C'est simple et gratuit. Les échanges entre adresses Protonmail sont sécurisés, cryptés de bout en bout. Votre adresse Protonmail peut être utilisée sur tous vos appareils sans installer de logiciel, aucune information personnelle n'est requise. Pour vous inscrire, c'est ici : https://protonmail.com. Une fois votre adresse activée, vous pouvez m'écrire en toute confidentialité à l'adresse : ingrid.kragl@protonmail.com

Glossaire

AAC-FF Administrative Assistance and Cooperation System : outil informatique qui permet aux pays de l'Union européenne d'échanger des données sensibles de manière sécurisée concernant les non-conformités et les cas suspectés de fraude alimentaire

AFSCA Agence fédérale belge pour la sécurité de la chaîne alimentaire

Agence bio Agence française pour le développement et la promotion de l'agriculture biologique qui vise à développer, promouvoir et structurer l'agriculture biologique en France

AMM Autorisation de mise sur le marché, préalable obligatoire à toute possibilité de commercialisation d'une spécialité pharmaceutique

ANIA Association nationale des industries alimentaires, organisation professionnelle représentant les intérêts de l'industrie agroalimentaire en France

Anses Agence nationale de sécurité sanitaire de l'alimentation, de l'environnement et du travail française, placée sous la tutelle des ministères chargés de la Santé, de l'Agriculture, de l'Environnement, du Travail et de la

Consommation. L'Anses assure des missions de veille, d'expertise, de recherche et de référence sur un large champ couvrant la santé humaine, la santé et le bien-être animal ainsi que la santé végétale

AOP Appellation d'origine protégée, désigne un produit dont toutes les étapes de production sont réalisées selon un savoir-faire reconnu dans une même aire géographique, qui donne ses caractéristiques au produit. C'est un signe européen qui protège le nom du produit dans toute l'Union européenne

BNEVP La Brigade nationale d'enquêtes vétérinaires et phytosanitaires est l'unité d'investigation de la Direction générale de l'alimentation (DGAL) qui lutte contre la délinquance organisée, notamment les trafics de sécurité sanitaire des aliments, de santé des animaux et des végétaux vivants, de médicaments vétérinaires et de produits phytopharmaceutiques interdits ou falsifiés

CIVB Conseil interprofessionnel du vin de Bordeaux

DGAL Direction générale de l'alimentation (ministère de l'Agriculture et de l'Alimentation), la DGAL veille à la sécurité et à la qualité des aliments à tous les niveaux de la chaîne alimentaire, ainsi qu'à la santé et à la protection des animaux et des végétaux

DGCCRF Direction générale de la concurrence, de la consommation et de la répression des fraudes (ministère de l'Économie), elle a pour missions la régulation concurrentielle des marchés, la protection économique et la sécurité des consommateurs en France

DG Santé Direction générale de la Santé, c'est le service de la Commission européenne responsable de la politique de l'Union européenne en matière de sécurité alimentaire et de santé

ECPA European Crop Protection, l'organisation de « Protection des cultures en Europe » représente et défend les intérêts de ses membres qui sont les fabricants de pesticides et produits phytosanitaires

EFSA European Food Safety Authority, c'est l'Autorité européenne de sécurité des aliments chargée de l'évaluation des risques dans le domaine des denrées alimentaires. Elle fournit aussi des conseils scientifiques sur les risques existants ou émergents

EUIPO European Union Intellectual Property Office, c'est l'Office de l'Union européenne pour la propriété intellectuelle

Eurojust European Union Agency for Criminal Justice Cooperation, c'est l'Agence de l'Union européenne pour la coopération en matière de justice pénale, qui coordonne les enquêtes sur les crimes graves transfrontaliers en Europe et au-delà

Europol Agence européenne spécialisée dans la répression de la criminalité, Europol soutient les 27 États membres de l'Union européenne dans leur lutte contre la grande criminalité internationale et le terrorisme

FAO Food and Agriculture Organization, c'est l'Organisation des Nations unies pour l'alimentation et l'agriculture, une agence qui lutte pour la sécurité alimentaire à l'échelle de la planète

Food Fraud Network Réseau sur la fraude alimentaire composé de la Commission européenne, d'Europol, des organismes de liaison désignés au sein de chacun des États membres. C'est un outil de communication entre les autorités compétentes qui permet de transmettre et de recevoir des demandes d'assistance

FranceAgriMer Établissement national des produits de l'agriculture et de la mer, il a notamment pour mission d'appliquer, en France, certaines mesures prévues par la Politique agricole commune, lieu d'échanges, de réflexions stratégiques et d'arbitrage pour les filières françaises de l'agriculture et de la pêche

FSAI Food Safety Authority of Ireland, l'Autorité irlandaise de sécurité des aliments se consacre à la protection de la santé publique et des intérêts des consommateurs dans le domaine de la sécurité et de l'hygiène alimentaires, placée sous l'égide du ministre de la Santé

ICQRF Ispettorato centrale della tutela della qualità e della repressione frodi dei prodotti agroalimentari (ministère des Politiques agricoles, alimentaires et forestières), c'est l'inspection centrale pour la protection de la qualité et la prévention des fraudes dans le domaine des produits agroalimentaires en Italie

IGP Indication géographique protégée, garantit des qualités, la réputation d'un produit liées à un terroir

INAO Institut national de l'origine et de la qualité, il assure la reconnaissance et la protection des signes officiels d'identification de la qualité et de l'origine des produits agricoles, agroalimentaires et forestiers, sous tutelle du ministère de l'Agriculture et de l'Alimentation français

INFOSAN International Food Safety Authorities Network, c'est le Réseau international des autorités de sécurité sanitaire des aliments (de l'Organisation mondiale de la santé, Nations unies) dont font partie les autorités nationales de 186 États. INFOSAN facilite l'échange rapide d'informations dans les situations d'urgence de manière à arrêter la propagation d'aliments contaminés d'un pays à l'autre

INTERBEV Association nationale interprofessionnelle du bétail et des viandes, qui défend les intérêts de la filière en France

INTERPOL Organisation internationale de police criminelle, elle compte 194 pays membres et favorise la collaboration entre les autorités de police pour créer un monde plus sûr

NFCU National Food Crime Unit, au Royaume-Uni, l'Unité nationale de lutte contre la criminalité alimentaire est le service répressif au sein de la Food Standards Agency, l'Agence des normes alimentaires

OAV Office alimentaire et vétérinaire de l'Union européenne, il réalise audits, inspections et activités connexes en Europe et dans les pays tiers. Il contribue à la mise en place et à l'application de systèmes de contrôle efficaces dans les domaines de la sécurité alimentaire, de la santé animale et du bien-être des animaux, ainsi qu'en matière phytosanitaire

OCLAESP Office central de lutte contre les atteintes à l'environnement et à la santé publique, en France, composé de gendarmes et policiers et dont la mission est de lutter contre les atteintes à l'environnement et à la santé publique

OGM Organisme génétiquement modifié

OLAF Office européen de lutte anti-fraude, c'est l'organe de l'Union européenne chargé de détecter les cas de fraude concernant l'utilisation des fonds de l'UE, d'enquêter à leur sujet et d'y mettre un terme

OMS Organisation mondiale de la Santé, agence des Nations unies

OPSON Opération conjointe d'Europol et d'Interpol visant les aliments et boissons de contrefaçon et de qualité inférieure

RASFF Rapid Alert System for Food and Feed, c'est le système d'alerte rapide qui permet aux États membres de l'Union européenne de signaler les problèmes relatifs aux denrées alimentaires et aliments pour animaux

SEPRONA Servicio de Protección de la Naturaleza (Guardia civil, ministère de l'Intérieur), Service de protection de la nature en Espagne, veille au respect des dispositions visant à la conservation de la nature et de l'environnement, des ressources en eau, ainsi que des richesses de la chasse, de la pêche, de la sylviculture et de tout autre élément lié à la nature

SNA Syndicat national d'apiculture en France

TIAC Toxi-infections alimentaires collectives. On parle de TIAC dès qu'apparaissent au moins deux cas similaires d'une symptomatologie, en général gastro-intestinale, dont on peut rapporter la cause à une même origine alimentaire

UIPP Union des industries de la protection des plantes, elle représente et défend les fabricants de produits phytosanitaires en France auprès des autorités

UNAF Union nationale de l'apiculture française, syndicat apicole français

UNIFAB Union des Fabricants – Protection internationale de la propriété intellectuelle

UNODC United Nations Office on Drugs and Crime, Office des Nations unies contre les drogues et le crime, Nations unies

WTO World Trade Organization, l'Organisation mondiale du commerce (OMC) s'occupe des règles régissant le commerce entre les pays

Remerciements

Je tiens à remercier celles et ceux qui m'ont apporté leurs précieux témoignages, fruits de leur expérience, et que je cite au fil des pages.

Le tableau dressé dans cet ouvrage aurait été incomplet sans les nombreux anonymes (néanmoins experts) en France et ailleurs qui ont accepté de me parler ; je suis extrêmement reconnaissante de la confiance que vous m'avez témoignée.

Un grand merci à Chris Elliott, éminent professeur à la Queen's University de Belfast, pour ses analyses et la richesse de nos échanges. Et à ces experts au sein d'agences européennes qui m'ont accordé de leur temps et véritablement éclairée : Peter Whelan, directeur de la division d'audits et d'investigations à la Food Safety Authority d'Irlande (FSAI), Stefano Vaccari, chef de la Répression des fraudes italienne (ICQRF), sa collègue Barbara Catizzone ainsi qu'Anna, Antonio, Domenico, Raffaele, Michael Rosenmark, chef de l'unité volante de lutte contre la criminalité alimentaire au Danemark, l'Agence fédérale pour la sécurité de la chaîne alimentaire belge (Afsca), la Seprona à la Guardia Civil en Espagne, la National Food Crime Unit de la Food Standards Agency en Grande-Bretagne.

Je veux aussi dire toute ma gratitude à quatre extraordinaires avocats – Antoine, Camille, François, Hermine – qui répondent toujours présents, avec un sens de la justice qui me porte depuis des années.

Merci à toi, Christophe, pour tes précieux conseils, samedi et dimanche compris.

Cet ouvrage n'existerait pas sans la confiance que Thilo Bode, Matthias Wolfschmidt et Martin Rücker de foodwatch ont placée en moi. Leur indéfectible soutien et leur vision m'ont beaucoup inspirée.

Merci à Karine Jacquemart, directrice de foodwatch en France, et à Thierry Billard, éditeur chez Robert Laffont, pour leur relecture exigeante et surtout d'avoir cru en ce projet en m'offrant une liberté rare. Dont j'ai profité pour me consacrer à cette enquête grâce à la patience et la bienveillance de mes collègues : Camille, Davila, Guillaume, Quentin.

Il y a aussi entre les lignes les bons produits de *Libera Terra* et de quelques producteurs locaux qui ignorent le bien qu'ils m'ont fait pendant la phase d'écriture alors qu'ils alimentaient délicieusement mes réflexions. Puis bien sûr, ces amis qui m'ont encouragée sans savoir ce que je mijotais. Elles et ils ont nourri mes sens alors que ce monde en crise n'en avait plus, de sens : Amaria, Anna-Maria, Anne, Arnaud, Carmen, Chloé, Fitore,

Françoise, Frédéric, Judith, Laure, Marilena, Olivier, Patricia, Thibaut.

Je dois l'énergie de mes mots à Artemisia et Felix, qui me bousculent avec leur formidable justesse. Formidable…

Enfin, je ne remercie pas [redacted] [redacted], [redacted] [redacted] ni [redacted] [redacted].

Tout mon respect et mon admiration vont à celles et ceux qui osent parler quand les faits sont inacceptables. Continuez. « Il y a une fissure dans toute chose. C'est ainsi qu'entre la lumière », chantait Leonard Cohen.

Table

La photocomposition de cet ouvrage
a été réalisée par
GRAPHIC HAINAUT
30, rue Pierre Mathieu
59410 Anzin

MIXTE
Papier
FSC FSC® C003309

L'éditeur de cet ouvrage s'engage dans une démarche
de certification FSC® qui contribue à la préservation
des forêts pour les générations futures.

Pour en savoir plus :
www.editis.com/engagement-rse/

CET OUVRAGE
A ÉTÉ ACHEVÉ D'IMPRIMER
SUR ROTO-PAGE
PAR L'IMPRIMERIE FLOCH
À MAYENNE EN MARS 2021

N° d'édition : 61507/01 – N° d'impression : 97884
Imprimé en France